普通高等教育经济与管理类专业系列教材

主　编　王伟青　姬　静
副主编　姜玉婕　王　薇　王卫民
参　编　田　雯　刘　娟　刘跃辉　郝书俊

机械工业出版社

公共关系作为一门实践性、应用性很强的课程，传授的是正确处理组织与公众关系的学问，以及塑造组织社会形象和化解组织形象危机的管理艺术。作为公共关系课程的教材，本书紧紧抓住公共关系行业发展的特点与趋势，全面、系统地阐述了公共关系的相关理论与操作方法。主要内容包括：公共关系学概述、公共关系的历史与发展、公共关系的主体——社会组织、公共关系的客体——公众、公共关系传播、公共关系的工作程序、公共关系危机及处理、公共关系专题活动策划、公共关系礼仪。

本书不仅全面介绍了公共关系的基本理论，而且还详细地介绍了这些理论的运用技巧，每章开篇均有导入案例，同时穿插了相关知识链接，课后附有多种形式的练习题，可提高学生分析问题、解决问题的能力。

本书既可作为普通高等学校经济管理类相关专业的教材，也可作为政府部门及企事业单位公共关系相关从业人员的参考用书。

## 图书在版编目（CIP）数据

公共关系理论与实务 / 王伟青，姬静主编. —北京：机械工业出版社，2022.4（2024.7 重印）
普通高等教育经济与管理类专业系列教材
ISBN 978-7-111-70387-7

Ⅰ. ①公… Ⅱ. ①王… ②姬… Ⅲ. ①公共关系学-高等学校-教材 Ⅳ. ①C912.31

中国版本图书馆 CIP 数据核字（2022）第 046498 号

机械工业出版社（北京市百万庄大街22号 邮政编码100037）
策划编辑：裴 泱　　　　　责任编辑：裴 泱　刘鑫佳　单元花
责任校对：肖 琳　李 婷　　封面设计：张 静
责任印制：张 博
北京雁林吉兆印刷有限公司印刷
2024 年 7 月第 1 版·第 3 次印刷
184mm×260mm·15 印张·333 千字
标准书号：ISBN 978-7-111-70387-7
定价：44.90 元

电话服务　　　　　　　　　　网络服务
客服电话：010-88361066　　　机 工 官 网：www.cmpbook.com
　　　　　010-88379833　　　机 工 官 博：weibo.com/cmp1952
　　　　　010-68326294　　　金 书 网：www.golden-book.com
封底无防伪标均为盗版　　　　机工教育服务网：www.cmpedu.com

# 前　言

当今社会，企业面对的危机越来越多，而企业危机产生的很大一部分原因在于，企业与公众之间缺乏良好的信息交流与沟通。通过建立良好的公共关系机制，可以增加企业与公众之间的相互了解，企业就有可能避免与公众的纠纷，并可通过公关手段重新塑造组织的形象。因此公共关系越来越受到企事业单位乃至社会各界的广泛重视。

在编写过程中，本书突出了以下特点：

### 1. 框架清晰，结构完整

本书将公共关系原理与实务分为九章进行论述，框架清晰，结构完整，体例设计新颖，强调实用性和可操作性，内容突出前沿性和先进性，表述方面深入浅出，以便广大读者掌握。

### 2. 内容丰富，知识性强

本书讲述的内容包括：公共关系学概述、公共关系的历史与发展、公共关系的主体——社会组织、公共关系的客体——公众、公共关系传播、公共关系的工作程序、公共关系危机及处理、公共关系专题活动策划、公共关系礼仪。

### 3. 案例新颖，实践性强

公共关系学是一门实践性很强的学科，本书有很大的篇幅是讲实务操作和案例分析的，它摒弃了以往陈旧的案例，大部分是富有时代性、现实性和原创的案例。在教材的内容处理上，本着"理论够用、技能突出"这一原则，坚持以能力为本位，教学内容与岗位任务对接，兼顾基本知识和实践教学两个方面，突出应用性和实用性，注重可操作性。

本书在具体的编排上，每章设置名人名言、知识目标、技能目标、导入案例、相关知识链接，每章最后有本章小结、同步测试。同步测试的题型丰富，并适当增加图片、图形、表格，力求通过上述形式引导读者运用公共关系的基本理论和方法分析实际工作中的问题，强化知识的应用性，同时极大地方便读者对公共关系相关知识的学习，加深理解。每一部分的课后习题均附有参考答案，整本教材配有专业的 PPT，可供教师参考使用。

本书作为国内系统介绍公共关系理论与实务的一本新教材，在继承、借鉴前人研究的基础上，力求系统、重点、求新地介绍公共关系的理论、知识、方法、手段，尤其强调公共关系意识理念的更新。

本书共九章，由王伟青拟定编写思路、编写框架以及编写的具体要求，并进行了最终统稿。具体编写分工为：姬静编写第一章；田雯编写第二章；郝书俊编写第三章；王薇编写第四章；王伟青编写第五章；刘娟编写第六章；姜玉婕编写第七章；刘跃辉编写第八章；王卫民编写第九章。另外，王晓华、杨文婧、胡松雨、魏丛对本书提出了大量修改意见。

在编写过程中，我们借鉴了国内外大量相关著作和论文，在此谨向各位作者表示深深的谢意。

由于我们的学识水平有限，加之时间仓促，本书不妥之处在所难免，敬请专家、读者赐教。

编者

# 目　录

前言

**第一章　公共关系学概述** ······················································ 1
　　第一节　公共关系的基本概念及本质属性 ···························· 1
　　第二节　公共关系的相关概念及分支 ···································· 5
　　第三节　公共关系的职能 ····················································· 11
　　第四节　公共关系学科体系的研究范畴 ······························· 17
　　本章小结 ············································································· 20
　　同步测试 ············································································· 20

**第二章　公共关系的历史与发展** ············································ 23
　　第一节　公共关系的历史渊源 ············································· 24
　　第二节　公共关系的发展阶段 ············································· 26
　　第三节　公共关系理论的演变 ············································· 30
　　第四节　我国公共关系的演进和发展 ·································· 36
　　本章小结 ············································································· 44
　　同步测试 ············································································· 44

**第三章　公共关系的主体——社会组织** ································· 47
　　第一节　社会组织的含义、特征和分类 ······························ 48
　　第二节　公共关系组织机构 ················································· 53
　　第三节　公共关系人员素质 ················································· 66
　　本章小结 ············································································· 72
　　同步测试 ············································································· 72

**第四章　公共关系的客体——公众** ········································ 74
　　第一节　公众的含义、特征和分类 ····································· 75
　　第二节　公关公众的心理研究 ············································· 81
　　第三节　公关公众的分类及管理 ········································· 84
　　本章小结 ············································································· 97
　　同步测试 ············································································· 97

## 第五章　公共关系传播 … 100
第一节　公共关系传播概述 … 101
第二节　公共关系传播模式与媒介的选择 … 108
第三节　公共关系传播技巧 … 120
本章小结 … 123
同步测试 … 123

## 第六章　公共关系的工作程序 … 126
第一节　公共关系调查 … 127
第二节　公共关系策划 … 136
第三节　公共关系活动计划的实施 … 144
第四节　公共关系活动效果评估 … 149
本章小结 … 155
同步测试 … 155

## 第七章　公共关系危机及处理 … 157
第一节　公共关系危机概述 … 158
第二节　公共关系危机的预防和处理技巧 … 164
本章小结 … 171
同步测试 … 171

## 第八章　公共关系专题活动策划 … 173
第一节　新闻传播型公共关系专题活动 … 175
第二节　展示型公共关系专题活动 … 180
第三节　社区型公共关系专题活动 … 184
第四节　庆典型公共关系专题活动 … 191
本章小结 … 196
同步测试 … 196

## 第九章　公共关系礼仪 … 199
第一节　公共关系礼仪概述 … 200
第二节　公共关系工作人员形象礼仪 … 203
第三节　社交会面礼仪 … 211
第四节　社交活动礼仪 … 217
本章小结 … 231
同步测试 … 232

## 参考文献 … 234

# 第一章 公共关系学概述

公共关系是一种管理职能，它确定、建立和维持一个组织与决定其成败的各类公众之间的互利关系。

——美国著名学者 卡特里普

## 知识目标

- 了解公共关系的基本含义
- 理解公共关系的特征、职能
- 掌握公共关系的学科性质及研究范畴

## 技能目标

- 能够正确区分公共关系和与其相关的概念
- 能够利用公共关系职能分析和解决问题

## 导入案例

### 无 B 站不营销

哔哩哔哩（英文名 bilibili，简称 B 站），号称是年轻人潮流文化娱乐社区，其自带强话题的特性吸引了年轻消费者的目光。B 站利用直播手段，让消费者随时参与新品发布，再加上弹幕形式，让品牌与消费者之间的沟通更为高效。除了直播带货，B 站还凭借《后浪》狠狠地在大众面前刷了一波存在感，利用"万物皆可鬼畜"的风潮带火了入驻 B 站的品牌，使各品牌积极输出适合 B 站的内容，赢得了用户的认可和喜爱。B 站的视频创作者利用"鬼畜""二次元"等方式让品牌快速入圈，产生出圈的话题效应。如今的 B 站已成为"两微快抖"之后全新的年轻化的沟通渠道。

## 案例分析

1. 公共关系本意是社会组织、集体或个人必须与其周围的各种内部、外部公众建立良好的关系。
2. 公共关系倡导人与人之间友好相处、建立互助合作的关系，力求以双赢取代残酷的竞争。

## 第一节 公共关系的基本概念及本质属性

公共关系的定义是公共关系学研究中首先要面临的问题，也是公共关系理论的核心内容之一。

## 一、"公共关系"词源

公共关系学产生于西方工业发达国家,它虽然没有悠久的历史,但由于具有促进社会经济、政治、文化发展的独特功能,而越来越广泛地应用于社会生活的各个领域,成为风靡世界的现代思潮。公共关系的发展情况,已经成为一个国家或地区经济和文明发达程度的客观标志之一。

"公共关系"一词源于英语"Public Relations"的中文译称。"Public"通常有两种解释:一是公开的、公共的;二是公众。"Relations"为复数,译为"关系",表示为多人的,"公众""群体"之间的关系。公共关系是现代社会的产物,随着商品经济和传播技术的发展,公共关系的客观存在性日益为人们所重视,对它的研究也越来越广泛和深入。

## 二、公共关系的丰富含义

### (一)历史上各种公共关系定义的表述

历史上有关公共关系定义的表述非常多,从某种意义上可以说,有多少位公共关系学家,便可以产生多少种公共关系的定义。在公共关系定义的众多表述中,有一些表述是很有代表性的。这里首先介绍历史上对公共关系学的发展产生过重要影响的公共关系定义,并对这些定义进行分析。

1. 管理职能论

管理职能论的观点认为:公共关系是一种管理职能,是社会组织对社会公众的一种有目的的传播与沟通活动,可以影响公众的行为,实现组织的目标。因此,公共关系是社会组织的一项重要管理职能,甚至有人将其视为一种新的管理哲学或管理方法。该定义强调公共关系的目标,认为公共关系就是组织实现自己目标的一项重要管理职能。

在这种理论框架下,国际公共关系协会曾经给公共关系做过如下定义:公共关系是一种管理功能,它具有计划性和连续性。公立的和私立的组织机构利用公共关系试图赢得与其有关的人们的理解、同情和支持,并借助对舆论的估价,尽可能地协调它们自己的政策和做法,依靠有计划的、广泛的信息传播,赢得更有效的合作,更好地实现它们的共同利益。

美国《公共关系新闻》(Pubilc Relations News)杂志给公共关系下的定义是:公共关系是一种管理职能,它评估公众的态度,检验个人或组织的政策、活动是否与公众的利益相一致,并负责设计与执行旨在争取公众理解与认可的行动计划。美国著名的学者莱克斯·哈罗(Rex Harlow)给公共关系下的定义是:公共关系是一种独特的管理职能,它帮助一个组织在其与公众之间进行沟通、理解、接受和合作;它参与各种问题和事件的处理;它帮助管理部门了解公众舆论,并对之做出反应;它明确并强调管理部门为公众利益服务的责任;它帮助管理部门掌握情况的变化,并监视这些变化,预测这些变化的趋势,使组织与社会变化同步发展;它以良好的、符合职业道德的传播技术和研究方法作为基本工具。这个定义被公认为是最全面的。它完整地表达了公共关系的基本内涵,不仅把公共关系定义为一种管理功能，而且详尽阐述了公共关系在组织管理中的作用、范围、功能及主要运用方式。

2. 传播沟通论

传播沟通论的观点侧重于从公共关系的运作过程和特点来考虑，认为公共关系是社会组织与公众的一种传播沟通方式和活动。该定义强调公共关系的手段和过程，认为公共关系离不开传播沟通。

英国学者弗兰克·杰夫金斯（Frank Jefkins）在《公共关系》一书中提出公共关系的定义：公共关系就是一个组织为了达到与它的公众之间相互了解的确定目标，而有计划地采用一切向内向外的传播沟通方式的总和。

美国学者约翰·马斯顿（John Marston）给公共关系下的定义更为坦率，即公共关系是运用有说服力的传播去影响重要的公众。

《韦伯斯特新世界辞典》对公共关系是这样定义的：公共关系是通过宣传与一般公众建立关系，公司、组织或军事机构等向公众报告它们的活动、政策等情况，企图建立有利的公众舆论职能。

《大不列颠百科全书》将公共关系定义为：公共关系旨在传递有关个人、公司、政府机构或其他组织的信息，并改善公众对于它们态度的种种政策或行动。

3. 社会关系论

社会关系论的观点是任何人或社会组织都处于一个纷繁复杂的关系环境中，为理顺各类关系，形成良好的关系氛围，个人或组织有意或无意地开展着一系列关系协调与管理活动。

美国普林斯顿大学教授希尔滋（H. L. Chils）认为：公共关系是我们所从事的各种活动、所发生的各种关系的统称，这些活动与关系都是公众性的，并且都有其社会意义。

英国公共关系学会（Institute of Public Relations，IPR）对公共关系所做的定义是：公共关系的实施是一种积极的、有计划的以及持久的努力，目的是建立和维护一个机构与其公众之间的相互了解，并且公共关系是社会关系的一种。

4. 现象描述论

现象描述论的观点更偏向于公共关系的实务操作，有些定义不仅形象生动，而且具体直观。例如，"公共关系就是讨公众喜欢""公共关系就是博取好感的技术""公共关系是内求团结、外求发展、树立形象、推销自己的艺术""公共关系就是说服和左右社会大众的技术""公共关系就是通过良好的人际关系来辅助自己事业的成功""公共关系就是创造风度的技术"，等等。

5. 表征综合论

持表征综合论观点的学者采用将公共关系的各种表征综合起来的办法解决问题。国际公共关系协会（IPRA）于1978年8月发表的《墨西哥宣言》认为：公共关系是一门艺术和社会科学，公共关系的实施是分析趋势，预测后果，向机构领导人提出意见，履行一连串有计划的行动，以服务于本机构和公众利益。这个定义目前在国际上具有一定的代表性和权威性。

### (二) 我国对公共关系的表述

我国自20世纪引入公共关系概念以来，已经出版了许多教材、著作，提出了多种关于公共关系的定义。下面列举几种关于公共关系的定义。

居延安等人的《公共关系学》的表述是：公共关系是一个社会组织为了取得与其特定公众的双向沟通和精诚合作而进行的遵循一定行为规范和准则的传播活动。

蒋春堂主编的《公共关系学教程》（新版）的表述是：公共关系是社会组织为了实现某种利益目标，通过传播沟通与其公众建立并协调发展的互利互惠的社会关系。

熊源伟主编的《公共关系学》的表述是：公共关系是社会组织为了塑造组织形象，通过传播、沟通手段来影响公众的科学与艺术。

谢玉华主编的《公共关系教程》的表述是：公共关系是组织为了自身的发展，运用传播、沟通等手段与公众协调关系，树立组织的良好形象，以促进组织目标的实现。

李占才编著的《公共关系学概论》的表述是：所谓公共关系，就是一个企业或组织，为了增进内部公众及社会公众的信任与支持，为自身事业发展创造最佳的社会环境，在分析和处理自身面临的内外部各种关系时，采取的一系列政策与行动。

目前，还没有一个公认的公共关系的定义，这说明作为一门学科的公共关系学本身还不成熟，人们对公共关系本质认识的统一还需要一个过程。公共关系涉及面广，内容丰富，由于认识的角度不同，人们提出的定义所强调的侧重点也各有差异，可以做出如下评价：公共关系定义的多样性源于公共关系含义的多维性，我们不必强求马上有一个统一定义，历史上形成的各种定义各具特色，各有优缺点，公共关系的定义尚需进一步完善。

### (三) 公共关系的科学定义

在不同学者对公共关系定义的不同界定中，不难发现其中的一些相似之处。因此，可以将公共关系的含义表述为：公共关系是社会组织为塑造组织形象，运用传播手段，与公众进行双向交流沟通，达到相互了解、信任和支持合作的管理活动。

该定义包含以下五层意思：①公共关系是社会组织与公众之间的关系，其中社会组织是主体，公众是客体；②主体与客体之间联系的纽带是传播活动，这种传播活动借助一定的行为规范，以保证活动正常有效地进行；③主体与客体之间是双向信息交流，主体发布信息给客体，并从客体处获得信息反馈；④主体是一个控制系统，它能够根据信息的反馈时刻调整自己的行为及规范，以便与客体进行进一步的交流和合作；⑤公共关系活动具有明确的目的性，其目的是使社会组织与公众相互了解和相互合作，以利于社会组织在公众中树立起良好的形象，并与公众获得共同利益。

总之，公共关系是一种公众关系，是一种信息交流关系，也是一种传播活动，是有目的、自觉的活动，具有管理职能。

## 三、公共关系的本质属性

公共关系的本质属性是什么？在公共关系学的学科领域中有几种不同的说法。其中最具代表性的有：一是"双向传播沟通"说，公共关系是社会组织和公众之间的信息双向传播和沟通过程；二是"关系"说，公共关系是社会组织与公众之间的社会关系；三是"形象说"，公共关系是塑造形象的一门艺术和科学。对公共关系本质属性认识的不一致，直接导致对公共关系定义表述的多样性和差异性，引起对公共关系理解的混乱和偏差。

所谓本质属性，是指事物一种内在的规定性，这种规定性是某事物区别于其他事物的根据。公共关系与其他社会关系的区别，就在于公共关系质的规定性。这种质的规定性，把公共关系学与其他学科区别开来，也是公共关系学成为一门独立学科的前提和基础。

公共关系是公共关系学的基本范畴。对公共关系本质属性的确定，是正确理解和界定公共关系的前提，也是构建公共关系学学科体系的基础。

## 第二节 公共关系的相关概念及分支

### 一、公共关系的相关概念

对同一概念下的子概念进行比较研究，历来是揭示事物（子概念所代表的事物）之间的本质特征、界定某一事物的常用研究方法。在"关系"概念下分析公共关系与人际关系、人群关系，在传播沟通概念下比较公共关系与宣传、广告活动的关系，在经营管理概念下研究公共关系和市场营销等相关活动的联系和区别，澄清人们在公共关系与这些相关活动方面的模糊认识，不但可以在理论上加深人们对公共关系特征的认识，而且对公共关系实践活动也具有现实的指导意义。

#### （一）公共关系与人际关系、人群关系的联系和区别

人际关系是指人们在社会实践中所形成的个人与个人之间的心理关系。人群关系是指社会组织内部的人与人、群体与群体、部门与部门间，以及人、群体、部门间的关系。公共关系是指社会组织与其内外公众间的信息交流关系。进一步比较人际关系、人群关系和公共关系，还可以看到它们之间有以下区别：

1. 研究角度不同

人际关系的研究角度是社会交往中的个体，人群关系的研究角度是组织内部管理中的个体和群体，公共关系的研究角度是组织经营管理中的组织与构成其社会环境的内部、外部公众的关系。

2. 研究目标不同

人际关系的研究目标是为达到人与人和谐的社会交往；人群关系是为了在组织内部建立良好的人际关系，以实现有效的领导和管理；公共关系的研究目标是构建适应组织生存和发展需要的社会生态环境。

3. 研究内容不同

公共关系涉及的内容要比人际关系和人群关系涉及的内容丰富得多。和人际关系相比，

它不但涉及个人关系，而且涉及群体以及组织等关系。和人群关系相比，它不但涉及组织内部公众的关系，还涉及组织外部公众的关系。可见，公共关系自然要比人际关系和人群关系复杂得多。

从上面的分析可知，公共关系有相当部分的工作需要有人际关系和人群关系的基础，需要这两方面工作的支持，但它又不只是人际关系或人群关系。这三种关系既相互区别，又相互联系，不可简单地等同起来。社交应酬并不等同于公关，社交只是众多公关手段的一种，况且它也不是公共关系工作最主要的手段。纯粹以社交为主要特色的公关，只属于公共关系中较为简单的工作。因此不能把公共关系工作混同于一般的接待应酬，而缩小了公共关系工作的范围，不能对公共关系工作进行简单化、庸俗化的理解。

此外，我们还要把那些纯属私人关系的请客吃饭、礼尚往来的交际，那些心怀不轨，以损公肥私、害人利己为目的的庸俗肮脏的交际应酬和公共关系工作中的社交应酬工作区别开来。

总之，公共关系不是人际关系和人群关系，更不是以人际关系、人群关系为主要内容的交际活动。

### （二）公共关系与宣传的联系和区别

公共关系和传统的宣传活动在一些具体的工作方式和内容上有共同或相似之处。从根本上讲，它们都是信息传播活动。从活动形式、使用的工具方面看，它们都需要运用新闻媒介开展新闻报道，印发一些具有宣传性的简报、杂志或小册子，通过演讲等来影响公众。因此不少人凭着这些共同点，而简单地把公共关系等同于宣传，错误地认为公共关系只是宣传的摩登称谓而已，也同样是一种报喜不报忧、对事物巧言令色的传播活动。

公共关系和宣传还是有根本性区别的，主要表现在以下四个方面：

第一，工作性质不同。宣传的目的主要是改变和强化人们的心理状态和精神状态，获取人们对某种主张或信仰的支持，宣传的主要内容是国家的方针、政策、社会道德、伦理、法制等。公共关系作为一种特殊的管理职能，目的是塑造组织形象，建立组织与公众的良好关系，除了宣传、鼓动以外，其主要内容是信息交流、协调沟通、决策咨询、危机处理等。

第二，内容不同。公共关系的内容要比宣传丰富得多。例如，它要监察环境，提供预测，协助决策，评估组织机构的形象，开展各种公关活动，进行包括政治、经济、科技、文化等内容的传播活动。

第三，使用的技术手段不同。宣传主要注重的是写作技巧、编辑技巧等传达方式。公共关系虽也重视传达方式，但它更注重调查、预测、反馈、定量分析等技术手段的运用。公共关系的技术手段比宣传的技术手段更为科学化。

第四，传播方式和传播关系不同。宣传的传播方式是以传播者为中心的，以强调传播主体对传播客体的影响为特征，经常是"一厢情愿"的，带有强制性单项灌输的性质。公共关系强调双向交流、相互理解，是一种平等的信息交流关系。

### (三) 公共关系与广告的联系和区别

公共关系和广告从总体上看有一些共同的特征，这些共同的特征主要表现为"CCS"（Creative Business，Communication Business，Salesmanship），即它们都是一种创造性的工作，如都要研究传达艺术，本质上都是信息传播工作，都要推销某种东西（观念或商品或服务等）。因此，不了解公共关系真正内涵的人常常会把公共关系与广告活动混为一谈，或把公共关系活动看作"免费的广告"，即通过发新闻稿来达到广告目的的活动。

这些看法是不正确的，公共关系工作确实需要做广告，但广告只是众多公关手段的一种，广告不能包含丰富的公关内容，公关并不等于广告。此外，公共关系的新闻报道或其他各种新闻性质的传播活动，确实能取得甚至超过"免费广告"的作用；但并不是所有组织机构的任何事物的新闻报道都具有大众传播媒体所要求的新闻价值，都能享有这种免费被广泛传播的待遇。组织的公共关系工作绝不能幻想坐享这种待遇，还是需要付出一定的财力、物力去积极主动地开展各种活动的。公共关系更不只是做广告或争取免费广告，它们之间是有一些原则区别的。

1. 目标不同

一般来说，广告是以直接推销产品或劳务为其目标的；公共关系活动则是以构建组织良好的生存发展环境、树立形象、增进好感为目标的。当广告被设计用来影响特定公众对广告主的态度和行为时，它便具有公关的性质，而不再是一种纯属于市场交换关系的活动。

2. 传播手法不同

广告为在很短的时间内引人注目、引起受众购买的兴趣、促使购买行为的发生，允许采用各种奇特想象，用各种艺术夸张的手法来达到目的。公开自我宣扬是这种传播显而易见的特点。公共关系的传播原则是以事实为依据，用事实来说话，传播艺术手法上尽量诚挚朴素，更多地采用让第三者说话或让记者代言的形式来达到传播目的。公共关系的传播手法常是含蓄的，力求达到的是一种"润物细无声"的效果。

3. 媒介关系不同

广告是客户付费的传播活动，是传播媒体主要的经济来源之一。大部分媒体是以广告作为其维持生存的条件的。大众传播媒介有赖于广告，只要不违背法规，广告的传播决定权在客户。公共关系活动就不一样了，除了小部分公共关系广告之外，大部分的传播如新闻稿、企业有关的经济及技术介绍材料，是否能被传播，怎样被传播，最终的决定权是掌握在媒体手中的。公共关系工作需要媒体的支持，应维持好与媒体的关系。

由于媒介关系的不同，因而广告基本上是组织自身可控制的传播工具或手段，公共关系则属于组织自身不可控制的工具或手段。

4. 传播效果不同

广告的效果一般侧重于告知，特别是在短期内创造较高的知名度；公共关系的效果一般侧重于建立偏好，提升美誉度，为人们接受一个组织、品牌提供理由，创造价值，建立联系，即"打造一个品牌"。

广告擅长对简单信息的传达，公共关系优于对复杂信息的传播；广告擅长图像，公共关系善用文字；广告偏向品牌外在形象包装，公共关系注重品牌内涵的构建。因此，它们在品牌建立的不同阶段所起的作用不同，对品牌价值创造的重要性也有很大的差异。

相对来说，广告的效果一般是较直接可见、具体单一、局部、短期的效果。公共关系效果一般是较间接的，一时不易被觉察的，不易计算的，是较稳定、复杂、整体、长期的效果。

5. 在组织机构中所处地位不同

广告在企事业单位属于劳务或商品营销推广的范畴，多是为具体产品、劳务服务的。它是实现企事业单位战略目标的一种工具，其成败并不会直接对整个企业造成决定性影响。公共关系则不同，它属于决策层的职能，是战略性的工作。它的成败直接影响整个企业的全局，对整个企业的生存、发展起着决定性作用。

由于公共关系和广告可以是同一机构的不同层次的传播活动，因此在同一机构里公共关系一般可以从全局出发，从战略的角度来指导、确定广告业务，运用公共关系的基本观念、原理和技术来参与广告决策的整个过程。例如，帮助确定广告的主题、对象、传播方式和方法等，受公共关系指导的广告，将更具有生命的活力，更具有长期全面的效力。公共关系活动需要运用广告这一工具，广告常常作为公关活动中沟通战略的组成部分。但公共关系并不等同于广告，在某种意义上可以说它的层次高于广告的层次。

### （四）公共关系与市场营销的联系和区别

公共关系在各非商业性机构的运用不等于市场营销，这一点已逐渐为人们所认识，但是商业性机构的公共关系活动常常被人误解或等同为市场促销活动，常被人简单地称为"无形的推销术"这种误解对全面研究和正确地评价公共关系是很不利的，特别是对充分发挥公共关系在企业中的作用阻碍更大。

把企业的公共关系活动误解为市场促销活动是有历史原因的，这主要是早期企业开展公共关系活动常常把它与推销产品、占有市场的目标联系在一起。公共关系活动特有的功能常常可以弥补广告和宣传的不足，达到市场运营中其他促销手段没有办法达到的效果，公共关系的这种作用后来得到西方企业界的重视。特别是 1986 年，菲利普·科特勒（Philip Kotler）提出了"大营销"概念，他认为一个公司虽然有一个优质的产品、一个完美的营销方案，但是要进入某个特定的地理区域时，仍可能面临种种政治壁垒和公众舆论方面的障碍。当代营销越来越需要借助政治技巧和公共关系技巧，以便在全球市场上有效地开展工作。在麦卡锡的营销组合 4P——产品（Product）、价格（Price）、渠道（Place）、宣传（Promotion）基础上，科特勒加入政治（Politics）和公共关系（Public Relations）这两个"P"。公共关系手段在市场活动中得到普遍运用，在市场营销学中也被视为市场营销组合活动的一个重要内容并加以研究，这一发展对市场营销活动的发展产生了深刻影响，公共关系活动成为企业市场活动成败的一个关键战略因素。

在市场竞争中，市场营销主要是推出一种具体产品参与市场竞争。公共关系则强调以整个企业、以企业形象作为单位的竞争。公共关系是企业因社会适应性的竞争需要而发展起来的、更高层次的竞争。市场营销在其活动中更强调"物"；公共关系则更关心"心"，更注意公众的态度、社会的舆论和社会各界的评价。西方一些公共关系人员认为公共关系和市场营销的根本区别在于公共关系是唯"心"的，而市场营销是唯"物"的。这种说法虽然不太准确，有把"心"与"物"截然分开之嫌，但它基本上指明了这两种管理职能在活动目标上的区别。

市场营销旨在让一个组织与其特殊种类的公众之间产生一种交易活动。这类特殊公众指的是产品或劳务的消费者，组织与消费者之间产生的是对等物的相互活动。公共关系处理的是与组织有关的更大、更广泛的多类公众（如政府公众、新闻界公众、金融界公众、教育界公众等）问题。它与各类公众之间产生的是一种双向信息交流活动。公共关系和市场营销都借助于传播学原理和方法，运用传播手段与自己的对象进行沟通。但是传播沟通在市场营销中只被作为一种手段来加以研究；而在公共关系活动中，传播学则被视为基本工作原理和方法、基本的工具来进行探讨。在活动中，公共关系和市场营销都恪守"互惠原则"。但市场营销的这一原则更多地着眼于市场上的等价交易，而公共关系对这一原则的理解要广阔得多，它不但考虑物质的问题，还要考虑心理的、情感的问题，以及考虑双方根本利益的问题。

从以上分析可见，把企业中的公共关系活动混同于市场营销活动纯属一种误解，这种误解主要是由于对公共关系没有深入的了解而造成的，随着企业公共关系实践活动的不断深入，人们对此将会有更正确的认识。

## 二、公共关系的分支概念

公共关系有多种分支概念，其中最常见的有公共关系状态、公共关系活动和公共关系意识。

### （一）公共关系状态

公共关系状态是指社会组织与公众之间形成的，并对社会组织的生存与发展产生影响的各种关系的总体状况，即一个社会组织与公众环境之间客观存在的关系状况和舆论状况，是社会组织的现实形象状态，是社会组织行为活动的结果，同时也是社会组织生存与发展的基本条件和基础。

公共关系状态虽然是无形的，但是客观存在的，不以社会组织的主观意志为转移。任何组织或个人都处在一定的公共关系状态之中。公共关系状态既是组织公共关系活动的基础，也是组织公共关系活动的结果。

人类社会的任何组织都处在特定的公众环境之中。这个公众环境由各种各样与组织相关的个人、群体和组织所构成。组织与公共环境之间客观上存在着某种特定的情形和状况，与组织相关的"社会关系状态"和"社会舆论状态"就是组织的公共关系状态。"社会关系状态"是指组织与其相关公众之间相互交往和共处的情形和状况。"社会舆论状态"是指社会公众对组织的认知和评价的情形和状况。任何组织客观上都面对着特定的社会关系和社会舆论，它们制约着组织的生存和发展。公共关系状态与公共关系活动存在着密切的联系。公共关系状态既是组织开展公共关系活动的基础，也是组织开展公共关系活动所形成的结果。一个组织总是在特定的公共关系状态之中去开始自己的公共关系活动的，任何公共关系活动都不能脱离特定的公众背景，必须以现存的关系状态和舆论状态为基础，针对现存的关系状态和舆论状态去进行。组织的公共关系活动又以形成、维持或改变特定的公共关系状态为目标，以适应和影响自己的公众环境为任务，因此公共关系活动的结果便形成特定的公共关系状态。评估公共关系活动的成效要以公共关系状态的变化情况为依据。良好的公共关系状态是与卓有成效的公共关系活动联系在一起的。

从社会组织对其公共关系状态是否有自觉努力的角度看，公共关系状态可分为自觉的公共关系状态和自然的公共关系状态；从公共关系状态对社会组织的生存与发展是否产生积极影响的角度看，公共关系状态可分为良好的公共关系状态和不良的公共关系状态。

**（二）公共关系活动**

公共关系活动是指社会组织通过交往和互动，即协调和沟通的手段与方法来改善组织的公共关系状态，从而优化组织的生存发展环境的公共关系实践或工作。公共关系活动是社会组织整体行为活动，特别是其经营管理活动的重要组成部分，它为组织实现目标提供重要的帮助和保障。通常公共关系活动可分为三类，即"自觉的公共关系活动和自发的公共关系活动""兼及的公共关系活动和专门的公共关系活动""单一的公共关系活动和系列公共关系活动"。

从一般意义上来说，朴素、自发的公共关系活动自古就有。现代公共关系活动的意义在于从自发转变为自觉，从无意识转变为有意识，从盲目转变为有计划，从零散转变为系统，从纯经验转变为科学，成为一种在现代公共意识和理论指导下的、有目的、有计划、系统、科学的行为。公共关系活动是否自觉、是否科学的一个重要标志，就是看是否有现代的公共关系意识和科学的公共关系理论作为指导，因此现代公共关系活动又和现代公共关系观念相联系。

公共关系活动是一种特殊的社会实践活动。从广义上说，当人们采取任何实际行动去改善自己的公共关系状态时，就是在从事公共关系活动。因此公共关系活动也包括日常人际交往中有礼貌、有涵养的沟通行为，如谦虚有礼、热情待人等。但现代组织中的公共关系活动已发展为一系列专业性、规范性较强的传播沟通业务，成为组织的一种经营管理或行政管理的操作实务，包括调查研究、决策咨询、活动策划、设计制作、信息发布、宣传实务、交际事务等，需要动用一定的资源，运用专门的媒介和技术，制订专门的目标与计划，由专门的职能机构和人员来实施。公共关系学所研究的"公共关系活动"主要是指这种专业的公共关系实务或者经营管理和行政管理工作中的公共关系业务。

### (三) 公共关系意识

公共关系意识是指在对公共关系状态和公共关系活动的认识过程中所形成的,对于公共关系活动具有指导作用的公共关系的思想、观念和原则。它是一种影响和制约着组织政策和行为的经营观念和管理哲学,不仅指导着公共关系实务工作的健康发展,而且渗透管理者日常行为的各个方面,成为引导、规范组织行为的一种价值观念和行为准则。公共关系活动是现代公共关系产生和不断创新的源泉,而公共关系意识则是公共关系活动的指导,以最终达到优化和改善公共关系状态为目的。

当人们自觉地意识到公共关系状态的客观性和公共关系活动的重要性时,便会形成特定的公共关系意识,如形象意识、公众意识、传播意识、协调意识、互惠意识、服务意识等。除此之外,公共关系意识还包括现代的信息意识、整体意识、社会意识、竞争意识、危机意识等。

专业的公关人员及管理者都必须具备这些公共关系意识。这些公共关系意识被用来指导实践,便成为一种行为规范和准则;将这些意识系统化、理论化,便形成现代的公共关系理论。因此,公共关系学是公共关系意识的理论表现。

## 第三节 公共关系的职能

【相关案例1-1】

### 谁挽救了"雀巢"咖啡

闻名天下的"雀巢"咖啡在20世纪70年代差一点信誉扫地。这家跨国公司在世界各地原本拥有稳定的市场,但是自20世纪60年代出现一种舆论,说"雀巢"食品的经销导致了发展中国家母乳哺育率下降,以致婴儿死亡率上升。这种舆论到了20世纪70年代竟发展成了一场世界性的"雀巢"咖啡抵制运动。直到这时,"雀巢"的决策者才认识到问题的严重性,不得不重金聘请世界著名的公关专家来商讨对策。公关专家发现,在舆论开始兴起并逐渐发展的过程中,"雀巢"决策者拒绝听取批评,同时对"雀巢"的经销行为始终保密,这种做法适得其反,恰恰助长了抵制运动的爆发。于是,他把工作重点放在抵制情绪最严重的美国,专心听取社会批评、开展游说活动,成立由公众代表参加的测评委员会,全面审查。这一系列活动逐渐挽回了"雀巢"的信誉,历时七年的抵制运动终于被取消。

【启示】

1. 处理危机是公共关系基本职能之一,危机是不可避免的,并且是客观存在的,在处理危机时,若能坚持公众利益优先原则,可为组织带来意想不到的益处。

2. 任何企业少不了公关部门,是公共关系活动挽救了雀巢公司。

公共关系是"内求团结,外求发展"的经营管理艺术,在许多方面都能发挥其他学科所不及的作用。研究公共关系的独特职能,对于进一步了解公共关系的实质,了解公共关系在社会组织及整个社会生活中的作用，从而有目的、有计划地开展公共关系工作有着重要意义。同时还要了解和把握社会组织有效开展公共关系活动应当遵循的基本原则。

## 一、信息搜集职能

公共关系对组织环境的把握是从搜集信息开始的，信息是现代组织赖以生存的基础。随着以电子计算机为代表的现代信息技术和信息工业的迅速崛起和发展，信息已渗透社会生活的各个方面，成为现实生活中不可缺少的重要媒介。同时信息量的激增也促使知识经济以前所未有的速度向前发展，造成了组织之间激烈的竞争，信息成为决定组织生存和发展的重要战略性资源。特别是在新经济时代，组织大量使用智能工具，采用灵活多变、适应性强、个性化的柔性生产方式，生产出知识含量高、品种多样化的产品，以满足多层次、多结构、多方面的特殊需求。这种产品不仅是知识主导型产品，而且是无形资产，呈现"轻型化"，附加值成倍提高的特点。由此组织的发展对信息的依赖性更强，不仅需要本行业和本地区的产品、技术、组织运行状况、发展趋势、公众需求等信息，还需要整个经济运行的信息、国际国内的信息、组织内外部一切有关生存发展的信息。同时组织的信誉、品牌、知名度需要通过组织宣传，被更多的人了解和认识。这一切都需要运用现代化的通信技术和传播媒介，运用互联网，使公共关系的搜集信息、组织宣传等职能得以充分发挥和体现。

### （一）信息搜集的内容

1. 组织形象信息

公众对组织在运行中所显示的行为特征和精神面貌的认识就是组织形象信息。公共关系的工作目标是树立组织的良好形象，因此了解社会组织在公众中的形象是公共关系活动的基本内容之一，组织形象信息的采集是公共关系活动过程的重要环节。组织形象信息一般包括以下三方面具体内容。

（1）公众对于组织领导机构的评价　例如，领导能力、创新意识、办事效率、用人眼光、威望与可信任度，以及机构的完善程度、设置的合理程度等。由于领导机构是组织的指挥中心，因此对领导机构的评价往往在一定程度上反映了人们对整个组织形象的态度。

（2）公众对于组织管理水平的评价　例如，决策是否合乎社会实际情况、生产节奏是否紧凑、内部分工是否合理、对市场变化的反应是否灵敏等。由于组织管理水平直接影响产品的质量和社会组织的竞争力，因而这类信息反映了公众对组织形象的基本态度。

（3）公众对于组织内部一般工作人员的评价　例如，他们的工作能力、道德修养、文化程度的整体水平等。由于组织的运行必须由工作人员来具体执行，所以对他们的评价也构成了公众对整个组织形象评价的一个方面。应当注意的是，这里所说的"公众"，不仅指外部公众，还包括组织内部公众。

2. 组织的产品形象信息

组织的产品形象信息一般包括消费者对产品（或服务）的价格、性能、质量和用途等主要指标的反映，同时也包括对产品的优点和缺点这两个方面的反映和建议。产品是组织运行中最重要的内容，也是组织与消费者发生关系的最根本原因，产品形象与组织的生存及命运直接相关，因此公共关系必须最先注意这方面信息的采集。

3．组织运行状态及发展趋势信息

组织运行状态及发展趋势信息包括内外两个方面：就内部来说，主要是指组织自身运行情况及其与组织预定总目标的要求之间的差距，以及组织可能的发展趋势；就外部而言，包括所有组织运行及发展趋势产生或将要产生影响的情况。这类信息反映了组织运行状况和将来状况，对于组织及时地调整运行机制极为重要，是组织形象重建的主要依据，因此它也是公共关系工作必须优先搜集的有关信息。

**（二）信息搜集的渠道**

信息搜集应当而且必须通过多种渠道和运用各种传播媒体。首先应当重视消费者的反映；其次，新闻媒体的社会舆论，政府有关部门、上级主管部门及同行的意见也十分重要；最后，必须认真听取内部公众的各种反映。只有这样，收集的信息才是比较全面的。此外，对于公共关系来说，固然要搜集赞扬组织的信息，但更要注意捕捉批评组织的信息，尤其要重视公众对组织的各种建议。公共关系信息的搜集主要有公众和大众传播媒介这两大渠道。

1．从公众中获取信息

组织的活动离不开各类公众，公众的意见和要求是组织行为的出发点和最终归宿。了解公众信息是非常重要的，它为组织决策提供了背景和依据。

公众信息包括内部公众信息和外部公众信息。内部公众信息是指从组织内部获取的各种信息，公共关系人员可以通过员工访谈、各部门的工作报告、组织的年度工作报告等方式获取内部公众信息。外部公众信息是指从组织外部获取的各种信息，这类信息搜集主要可以用现场观察、与公众交谈或当面提问的方式。例如，深入相关商店观察顾客的购买行为，到产品销售现场倾听顾客的意见，采用个人面谈和集体座谈的方式了解公众对本组织的意见和建议，等等。外部公众信息可以帮助组织及时了解各类外部公众对组织的态度和行为的变化，并根据公众环境的变化来及时调整组织的运行机制，为实现组织目标创造有利的条件。

2．从大众传播媒介中获取信息

大众传播媒介发布的信息具有及时性和广泛性。公共关系人员应当经常监测新闻，从报纸、杂志、书籍、电视、广播这些大众传播媒介中捕捉、筛选有价值的信息，这是一种高效率的信息搜集方法，也是公共关系信息搜集的主要渠道。从大众传播媒介中获取信息比从公众中直接获取信息要省时、省力得多，而且获得的信息数量更多，范围更广。

## 二、沟通协调职能

组织的决策方案确立后就进入了运行阶段。在运行中，组织必然要与现实环境中的各种因素发生关系并产生各种矛盾，组织与这些因素之间的矛盾大小、摩擦多少，在很大程度上决定着组织的运行是否顺畅，因而也在很大程度上决定着组织的预定目标能否顺利实现。

根据运行原理，摩擦是必然的，顺畅是相对的。因此在组织运行中，协调各种关系、沟通各种信息，以减少与现实环境的摩擦，就成为公共关系的又一重要职能。沟通协调职能一般包括内外两个方面。

## （一）组织内部的协调沟通

在组织的内部有各种各样的关系，但概括起来无非是上下级关系、平级关系及立体交叉关系。公共关系首先应该努力协调好上下级关系。任何组织的上下级关系的结构都是正金字塔形式的，下级占据多数，一旦上下级关系不协调，就会产生重心不稳的现象。如果重心不稳，则运行顺畅就无从谈起。因此，公共关系在这里必须发挥承上启下的作用。一方面，公共关系工作人员要经常向上级反映下级的情绪、意见和要求，并提出如何根据下级的实际情况调动他们积极性的建议，从而使上级不断了解和把握下级的状态，及时地调整自己与下级之间的关系。另一方面，公共关系工作人员要积极做好"上情下达"的工作，要及时向组织员工宣讲组织的目标和管理方针政策，传达领导层的意见和决定，消除可能产生的误会，使上级的意向以及组织的现状、发展方向能及时被下级员工所了解，从而使他们自觉地配合上级工作。

凡是具有一定规模的组织，总是由若干个职能部门组成的，如生产部门、销售部门、人事部门等。各部门的配合是否默契对它们的工作效率具有极大的影响。有时各部门的配合不够默契，这往往是信息不够畅通所造成的，一般说来，当遇到信息沟通不畅造成各部门之间存在矛盾时，公共关系工作人员有责任配合并协调各部门的关系。他们的主要工作是传播和沟通信息，这种工作并不只是在矛盾产生时才做，而是一种经常性工作，在平时就应该加强各部门之间的信息联系，使各部门能在相互了解的基础上协同工作。

## （二）组织与外部的协调沟通

组织与外部的协调沟通是公共关系的经常性工作。组织在运行过程中要与许多外部因素发生关系，并与各种类型的公众产生联系。一般情况下，公共关系的外部协调工作要把与组织目标直接相关的公众作为协调沟通的重点，这是因为这类公众作为组织产品的消费者，最有权对组织及其产品做出评价。协调的方式是多种多样的，其中很重要的一种是反馈调节，即根据反馈信息来调整组织的运行。在其他情况下，公共关系的外部协调工作根据组织运行情况，把对组织运行影响最大的那些类型的公众作为考虑的重点，这里反馈调节也是一种重要的调节方式。

公共关系的协调工作主要依赖传播信息来沟通关系双方的感情，以建立起相互信任、相互合作、融洽的关系。在组织的运行中，由于各种关系状态不同，因而公共关系沟通协调的重点和方法也不同。

当双方关系处于和谐状态时，沟通的重点就应当是通过不断传播组织方面的业绩来保持和强化其在公众方面的良好形象。如美国的南地公司（位于得克萨斯州达拉斯市）是全美第六大零售商，它在社会上有良好的形象。该公司从1981年开始就开展了一项说服自己的顾客（特别是青少年）改掉酗酒陋习的社会活动，这项社会活动通过各种传播媒介的宣传，进一步为南地公司赢得了声誉。由于这方面的工作有着比较好的社会基础，因此如果开展得当，就往往能取得事半功倍的效果。不少声誉卓著的组织都深谙此道，常常开展公共关系活动来加强自己的社会地位。

当双方关系处于紧张状态时，沟通的重点应该首先是"解剖"组织自身，反省组织自身的责任，其次才是客观地分析关系状态，并提出改进关系状态的具体意见和措施。双方关系之所以会紧张，一般有内外两个方面的原因：内部原因是组织自身工作没有做好，危及了公众利益，组织当然先要自责，然后再根据关系状态的现状，改进自身的运行机制，同时把自己的改进情况尽量向社会做出通报，以期扭转被动局面；外部原因是公众的误解或他人的陷害等造成了对组织形象的损害，这时组织也应当先自查哪些工作还有漏洞，然后在补漏洞的前提下向公众进行必要的解释，以澄清误会。

当双方关系处于不明状态时，沟通的重点首先是用善意的态度来明确地表达组织的主张，竭力使对方消除紧张或戒备等逆向心理因素，为双方的信息交流创造正常的、平衡的心理条件。这样就可以避免发生误会、产生偏见。在此基础上，还应当把双方关系格局中含有的双方利益关系交代清楚，使对方对关系状态的实质及趋势有个"预存立场"，心中有底，这样便可减少摩擦。总之，在这种关系状态下，作为公共关系主体的组织，一要向公众（客体）交心，二要向公众交底，努力使公众明确双方的关系状况，以利于今后关系的建立和发展。

## 三、咨询建议职能

在现代组织的经营管理中，正确的决策已成为组织生存与发展的首要前提。正确的决策取决于对环境的监测。组织所处的社会和经济环境复杂多变，组织要适应这种环境，就必须严密地观察环境，对环境变化做出科学的预测、分析、评价与研究，保持清醒的头脑和敏锐的感觉。公共关系信息搜集为决策提供合理的咨询建议，真正帮助决策者弄清和掌握其在决策过程中所面临的不确定因素和信息，弄清和处理好与其相关的各种关系，使决策者把主要精力放在考虑全局性、战略性问题上。信息是决策的依据，发达的信息技术手段有助于组织更好地了解社会经济环境，掌握组织所需要的信息。但信息又是变幻莫测的，稍有不慎就会错失良机。为此公共关系部门要站在社会公众和组织的立场上，对决策目标既反映组织发展的需求，又反映社会公众的需求。决策目标确定后，公共关系部门还应帮助组织拟定和选择决策方案，通过观察、调整、反馈，最终付诸实施。

### （一）组织形象的咨询服务

公共关系人员是组织的"智囊"，其一项基本职责就是向领导层提供组织形象方面的咨询服务。组织形象的咨询服务在于找出组织存在的问题，为组织形象的塑造提出合理化建议，促使组织形象不断完善。组织形象的好坏主要用知名度和美誉度来衡量。因此，公共关系人员要利用手中掌握的公众对组织形象的评价信息，对组织形象进行客观、科学、准确的评估，并及时给组织决策部门提供参考信息。

### （二）公众一般情况的咨询服务

这类咨询服务主要提供社会组织与公众状态的一般情况说明，如内部员工的归属感，组织在社会上的口碑，消费公众对组织产品的反映，新闻媒体对本组织的评价，政府、主管部门对本组织的了解程度、支持程度，等等。这类信息不仅被作为最高领导层组织决策的客观依据，而且被提供给组织的各个专业部门，以便各部门能够及时了解和掌握公众的一般情况及组织运行的整体情况，进而适时调节组织的运行机构，为实现组织目标创造有利条件。

### （三）公众心理的分析预测和咨询

公众是公共关系活动的工作对象，也是公共关系的客体，了解公众是公共关系人员有效开展公共关系工作的前提。公共关系人员不仅要了解有关公众的一般情况，而且要对公众进行有层次的心理分析，把握公众的各种态度和意向的动态变化，对公众的心理状态、行为动机和心理发展变化进行科学的分析和预测，并将分析、预测的结果及时传递给决策层和有关管理部门，供组织决策参考。由于组织面对的公众是多方面的，因此公共关系人员必须分析、预测不同公众的心理特征，给出相应的建议。

总之，公共关系的咨询建议职能实际上体现为公共关系工作人员有选择、有分析地向社会组织的领导层转送公众有关信息的过程，可以说咨询建议是公众向社会组织反馈信息的中间环节。因此，从根本上说，公共关系仍是一种信息的传播活动。

## 四、处理危机职能

在现代社会中，组织是一个开放系统，它必须和周围环境建立广泛的联系，沟通各种信息，减少社会摩擦，协调社会关系。在组织内部，公共关系要协调上下级之间、部门之间的关系，通过沟通促使全体成员相互理解、信任与合作，增强凝聚力和竞争力。在组织外部，公共关系要协调与组织外部公众的关系，承担对外沟通、增进了解、加强友谊、消除误解、预防纠纷的职责，创造良好的人际关系环境。然而，组织在经营管理活动中面对的内外公众是异常复杂的，面对的内外环境也是不断变化的，有时可能会遇到危机。通常危机来自两个方面：一是人为因素造成的，如领导者素质低下、组织内部管理不善、生产工艺水平落后、产品质量低劣、公众自我保护意识提高、有人故意破坏等；二是不以人的意志为转移的灾变，如地震、火灾、水灾等。有些危机是可以避免的，特别是随着科学技术手段的不断完善，网络化趋势的不断加强，知识和技术取代了规模而成为竞争优势的重要来源，法律、法规的建立与完善使组织运行得更为顺畅，组织可以建立起灵敏的预警系统、完善的管理系统，把很多问题消灭在萌芽状态，把损失降到最低，使组织健康发展。

## 五、塑造形象职能

在以知识为基础的经济时代，社会经济迅速发展，人们强烈地意识到文化的影响和作用。组织可以从文化的角度来审视自己，考查自身的文化特质及经营方法中的文化要素，并从文化的角度对组织内部人员的整体素质、经营活动的质量进行诊断，形成一种稳定的文化观念和组织传统。树立良好的组织形象是市场经济发展的要求。这是一个复杂的过程，也是一项艰巨的任务，需要启动整个组织系统，动员各方力量才能完成。塑造组织形象可从以下三个方面入手：

一是培育组织文化。首先要树立科学的组织文化意识，即集体主义意识、以人为中心意识、创新服务奉献意识和团结互助民主意识。其次要培育组织精神和基本价值观念，培育具有行业特点的组织精神，选择正确的价值标准，积极强化行为，发挥组织领导的带头作用，信守价值观念。最后要创建良好的组织环境，主要从文化环境和心理环境的创建入手。

二是改善组织行为。组织行为与组织形象密不可分，必须强化员工的质量意识，规范组织全体成员的行为，积极承担社会责任，使组织行为与公众期望保持一致。

三是宣传推广组织。通过大众传播媒介、互联网，制造舆论、强化舆论、引导舆论、控制舆论，扩大影响；通过专题活动宣传推广组织形象，使美好的组织形象深入人心。

## 第四节　公共关系学科体系的研究范畴

### 一、公共关系与公共关系学

公共关系学是以公共关系的客观现实和活动规律为研究对象的一门综合性应用学科，是研究组织与公众之间传播与沟通的行为、规律和方法的一门学科。公共关系学产生于20世纪20年代的美国，而被引入我国并轰轰烈烈地运用也只有30多年的时间。公共关系学一经产生，就显示了强大的生命力，并以发展快、应用性强的特点引起了学者的普遍关注。

人们对公共关系学的学科性质的认识仍在不断发展和深化。一种比较统一的看法是，公共关系学是一门社会应用学科。的确，公共关系学有很强的应用性，这一方面可以从公共关系学的研究对象和内容上来看，另一方面可以从公共关系从业人员所必须担负的基本工作的性质得到验证。美国公共关系学会（PRSA）教育委员会对公共关系从业人员提出过八项基本工作，包括资料的写作、编撰和散布，公共关系计划的策划和执行，演讲和宣传等，这些工作全部是应用性的。但如果因其应用性强，就认为公共关系学是关于社交、宣传、广告、推销等一般传播技巧的学问，那就是对公共关系的一种误解。

更确切地说，公共关系学是一门综合性的边缘应用学科，它涉及的内容十分广泛，如历史唯物论、社会学、心理学、逻辑学、新闻学、传播学、管理学、舆论学、广告学、市场营销学和经济学等基础学科和应用性学科的知识。正因为如此，公共关系学的学科归属问题就像公共关系的定义一样，至今还没有完全一致的意见。目前，国内外较为流行的观点有三种：①公共关系具有管理的职能，属于管理学的范畴，因此公共关系学是管理学的一部分；②公共关系是一种社会关系，本质上是一种社会组织的行为，因此公共关系学是社会学或组织行为学的分支学科；③公共关系是一种传播活动，公共关系过程是一个传播过程，因此公共关系学是传播学的一个应用领域。

显然，这三种观点各有侧重点，分别强调了公共关系的管理职能、组织主体行为和传播过程这三个方面，都有一定的合理性。由于公共关系的管理职能、组织主体行为和传播过程三者之间有着必然的联系，因此这三种观点既是交叉的又是统一的。这种交叉统一性实际上揭示了公共关系学的一种学科性质，简单地把公共关系学归属于某一学科，是有悖于该学科交叉统一性这一特征。公共关系学"横跨"诸多学科，这一显著特点决定了人们必须从多学科各自的学科角度对公共关系现象和规律进行研究，也就是说，任何单一学科都不可能独立地完成对公共关系的交叉综合研究任务。

把公共关系学看作一门综合性的边缘应用学科，并不是说公共关系学是上述各门学科的简单组合，这种说法忽视了公共关系学独特的专业理论和应用业务。公共关系学需要研究社会组织的一般行为，但重点是研究社会组织的传播行为；公共关系学需要研究社会组织的一般管理职能，但重点是研究社会组织的传播管理和信息管理职能；公共关系学需要研究一般传播活动，但重点是研究社会组织对其特定公众的传播活动。事实上，任何一个体系尚在发展、处在自身扩延中的新兴边缘学科，其理论研究的很大一部分总是要横跨多门学科的，公共关系学也不例外。但一门学科既然能够作为一门自成体系的独立学科，那么它的理论、应用和历史必定有自己的独特内核。公共关系学自身的理论内核，就浓缩在前文所述的公共关系定义中。围绕公共关系定义所进行的理论研究，如公共关系的基本构成要素、基本类型、基本功能和基本原则等，是任何其他学科都不能替代的。

总而言之，公共关系学已经发展成为一门具有自己的理论、应用范围、历史的较为成熟的边缘应用学科。

## 二、公共关系学的研究对象

公共关系是公共关系实践活动的反映，因此其研究对象是公共关系活动的现象及规律。

### （一）信息传播的现象与规律

社会组织要取得公众的理解与支持，建立良好的公共关系和信誉，既不能以财力作为筹码，也不能以权势作为基础，更不能靠请客送礼和拉关系走后门，唯一的法宝就是依靠实事求是的双向沟通。因此，公共关系学把社会组织与公众的双向传播活动的现象和规律作为重要的研究内容。它要研究信息传播的功能、信息传播的原理、信息传播的规律、信息传播的形式、信息传播的机制，以及信息传播的谋略与艺术，同时还要研究如何建立多层次、多渠道、多功能的信息传播体系，如何加快现代传播渠道的频率等，以准确、及时、有效地传递信息，反映外界环境的变化，消除不必要的误解，获得公众的理解与支持，提高组织的声誉。

### （二）社会组织与公众的各种具体关系的现象与规律

社会组织的运行离不开各种关系，诸如员工关系、股东关系、媒体关系、顾客关系、社区关系、国际关系等。因此，公共关系学把各种关系作为研究对象。例如，如何维护社会组织与新闻媒体的关系，以寻求尽可能多的、有益于本组织的信息来提高组织的声誉；如何处理好与员工的关系，调动广大员工创品牌、争信誉的积极性，提高社会组织的凝聚力和向心力；如何协调好相关方的关系，赢得各方的支持与合作等。一个社会组织面临众多的公众，处于立体关系网络之中，只有科学地分析、研究和处理各种关系，才能为社会组织的发展创造最佳的社会环境。"天时不如地利，地利不如人和"讲的就是这个道理。因此，研究各种公共关系的现象和规律，探索开发各种公共关系网络，谋求在实现公共利益基础上的社会组织的发展，是公共关系学研究的重要课题。

### （三）公共关系活动及其策划、实施的艺术和方法

社会组织要强化、维系或调整公共关系状态，就要有计划、有组织地开展各种公共关系活动。例如，开展公关调查，确立公共关系的目标，制订公共关系工作的程序和计划；组织大规模的传播活动；进行公共关系谈判；组织专题活动，书写新闻报道，等等。这就需要研究高层次的策划艺术与方法，研究实施策划工作的技巧，还要进行策划前的境况审视和策划效果评估等，以使各种公共关系活动卓有成效，创造积极的内外环境。

### （四）公共关系各要素的构成及规律

社会组织公共关系的目标是在组织、公众和传播这三要素的相互协调中实现的，因此研究公共关系各要素的构成及各要素之间相互作用、相互制约、相互联系的内在关联，探索公共关系的发展规律，是公共关系学研究的重要内容。例如，研究公共关系中社会组织的特点、运行方式、工作目标、工作原则及与其他因素的关系等；研究公众的构成和分类、公众的心理、公众的行为等。

除此之外，公共关系学研究的内容还包括公共关系的功能、公共关系的特征、公共关系人员的素质与培养、公共关系的发展历史等。公共关系学的根本任务是揭示社会组织与公众的内在联系及规律，指导公共关系活动的开展，以改善组织的管理与经营，获得成功。

## 三、公共关系学的研究范围

公共关系学的研究范围是由它的研究对象决定的，由理论研究、应用研究和发展研究三大块组成。

### （一）公共关系学的理论研究

公共关系学的理论研究分为基础理论研究和核心理论研究。基础理论研究是研究公共关系学基础的、许多与其交叉的学科内容，如心理学、社会学、人际关系学、传播学、广告学、新闻学、市场学等。公共关系学是在这些学科的交叉边缘上产生的，是横跨许多学科的研究领域、借鉴很多学科的有关理论和方法、综合诸多学科的研究成果而建立起来的边缘学科。公共关系学的综合性、交叉性决定了它的基础理论的广阔性及学科知识的广博性。公共

关系学的基础理论是其创立的理论基础。其核心理论研究是：研究公共关系本身的理论体系及其结构，主要考察公共关系的地位、功能；研究公共关系的构成要素及其工作过程、方法；分析公共关系的类型及公共关系中人际交往的规律与技巧等，如内部公共关系要研究员工关系、股东关系的特点及处理、协调其关系的谋略与艺术，外部公共关系要研究媒介关系、顾客关系、政府关系等，以及其协调方法与技巧。公共关系学的核心理论部分比较狭隘，反映的内涵较小，但却反映了公共关系学的本质。

### （二）公共关系学的应用研究

公共关系学的应用研究主要是研究如何应用公共关系学的原理去指导实践，以提高公共关系活动的效果，达到协调关系、塑造形象、促进发展的目的。公共关系学的应用研究内容十分广泛，包括所有公共关系活动的目标、过程、内容及其组织方法与技巧。例如：如何有效地采集、传播信息；如何编写新闻公报、举办记者招待会；如何获得专题活动的成功；如何通过建立个人之间的友谊而缔结组织的良好关系；如何策划、组织领导人的演讲、报告等。公共关系学不仅注重运用现代科学知识研究和揭示公共关系形成、发展变化的规律，而且注重研究如何运用这些规律卓有成效地开展公共关系活动。

### （三）公共关系学的发展研究

公共关系学的发展研究主要是研究公共关系产生、发展的历史，目的是了解公共关系的产生、发展与现代社会的政治、经济、文化、物质、科学技术等因素的关系，把握公共关系这门新学科的内涵与外延，以便探索、掌握公共关系发展的规律。

## 本章小结

公共关系是社会组织通过双向信息交流，塑造组织良好形象、赢得公众的支持与合作、获得事业成功的一种管理功能和经营艺术。

公共关系学是研究公共关系活动现象及其内在规律的一门学科。公共关系学的职能包括：搜集信息，组织宣传；监测环境，咨询决策；协调沟通，处理危机；创建文化，树立形象。

本章主要介绍了公共关系学中的基本概念和相关概念。首先介绍了公共关系的定义、特征；其次介绍了公共关系职能；最后简介了公共关系学的研究对象和研究范围。

## 同步测试

一、单选题

1. 公共关系的目标是（    ）。
    A. 建立良好的人际关系　　　　　　　　　B. 塑造组织形象
    C. 加强信息传播　　　　　　　　　　　　D. 组织与公众双向沟通

2. 在麦卡锡的营销组合 4P 基础上，科特勒加入政治和（　　）。
   A. 公共关系　　　　B. 产品　　　　C. 价格　　　　D. 渠道
3. 公共关系的主体是（　　）。
   A. 社会组织　　　　B. 公众　　　　C. 大众传播媒介　　D. 公关公司
4. 公共关系的客体是（　　）。
   A. 大众传播媒介　　B. 人民大众　　C. 公众　　　　D. 社会群体
5. 树立交往合作的观念，提高社交能力属于公共关系的（　　）。
   A. 优化环境功能　　B. 提高素质功能　　C. 塑造形象功能　　D. 协调关系功能
6. 公共关系的研究对象是（　　）。
   A. 机关与个人　　　B. 组织与公众　　C. 社会与团体　　D. 传播手段
7. 关于公共关系，下列说法错误的是（　　）。
   A. 它的主体指的可以是不具备任何社会职能的普通个人，也可以是社会组织
   B. 它特指社会组织与其所面对的公众的社会关系网络
   C. 公共关系是关系的一种
   D. 它的客体一般是指公众
8. （　　）是公共关系的根本目的。
   A. 提升社会组织在公众中的影响力　　B. 为了让公众更加了解社会组织
   C. 为了塑造社会组织的良好形象　　　D. 为了促进社会组织与公众的交流与合作
9. 美国著名公关学者莱克斯·哈罗博士认为公共关系是（　　）。
   A. 一种传播管理行为　　　　B. 一种管理职能
   C. 一门艺术和科学　　　　　D. 一种公众性的关系
10. 公共关系学专门研究（　　）。
    A. 组织与公众的传播沟通　　B. 组织与公众的稳定问题
    C. 组织与社会的传播沟通　　D. 组织的内部运营问题

## 二、简答题

1. 公共关系的定义包含哪几层含义？
2. 公众具有哪些含义？
3. 试述公共关系与市场营销的关系。
4. 公共关系的职能有哪些内容？

## 三、案例分析题

2020 年，微博上一位旅行博主发布的探访某饭店的视频引起热议，内容表示该饭店价不符实，不好吃且不实惠。随后该饭店发表声明表示该博主有损饭店名誉，要求道歉并报警。

此事在微博上引起热议，网友纷纷站队嘲讽该饭店，认为这是消费者的正常反馈行为，对该饭店食品差评事件也随之发酵。事情闹大之后该饭店出面回应，解决方式居然是"壮

士断腕"，直接关闭相关门店。

**问题**：你认为该饭店的公共关系事件处理得是否正确？谈谈你的看法。

## 四、实训题

角色扮演：一位顾客冲进秘书的办公室，怒气冲天，因为她上个月买的洗衣机坏了，让客户服务部派人去修理，却迟迟未见答复。这时，秘书该如何接待这位客人，并与之进行有效的沟通和谈判，维护公司的形象。

要求：两个人一组，分别扮演秘书和顾客。

# 第二章 公共关系的历史与发展

势者，因利而制权也。兵者，诡道也。故能而示之不能，用而示之不用，近而示之远，远而示之近。

—— 著名军事家、政治家 孙武

了解过去是明了现在及未来的基本条件。许多人都觉得公共关系并无过去，它是一夜之间长成的。实际不然，公共关系有一段悠长的历史，它是沿着一个合理的方向向前发展的。

—— 美国公共关系专家 爱德华·伯内斯

## 🔍 知识目标

- 了解公共关系产生的历史条件
- 掌握公共关系产生的各历史阶段状态特征、代表人物、主张及贡献
- 了解公共关系在全球的发展过程

## 🎯 技能目标

- 能够明确各历史阶段的公共关系发展状态
- 能够熟练掌握公共关系在我国的发展过程

## 💡 导入案例

### 竞争变竞合

在一个偏僻的小山村，有一家小百货商店，产品单一，利润并不多。后来和它相邻处又开了一家百货商店，两家从此展开了竞争。老店新进的货，新店立即赶上；新店采用的服务，老店也不落后。渐渐地，两家因竞争而矛盾重重，有时甚至大打出手，可他们没有注意到：他们各自的利润比从前独一家时还多。后来，一个内行人一语道破玄机，两家才意识到自己的发展离不开对方的竞争，于是双方握手言和。

## 📝 案例分析

1. 在市场经济条件下，组织在竞争环境中求生存、求发展。没有竞争，组织就不可能得到发展。

2. 组织应该树立正确的竞争观念，运用科学的竞争手段，依法竞争，公平竞争，与竞争对手建立良好的公共关系，相互学习，相互支持，相互帮助，共同发展。

3. 组织的经营者首先应向竞争对手学习，解决自己在经营方面存在的问题，发挥自己

经营方面的长处，寻求特色经营；同时也向消费者调查和了解他们的需求，通过满足他们的需求来扩大自己的经营范围，与竞争对手建立和谐的关系。

## 第一节　公共关系的历史渊源

### 一、公共关系的起源

现代公共关系产生于20世纪20年代的美国。但是作为一种客观存在的社会关系及一种理念，公共关系有着长远的历史，无论是在我国还是在西方社会，几乎都可以从古代历史中找到大量的例证。但从严格意义上来讲，古人的那些公共关系活动，还不是真正意义上的公共关系，只是具有了类似于现代公共关系活动的思想，因此有学者称之为"史前公共关系""类公共关系"或"准公共关系"。

1. 我国古代的准公共关系

在我国古代社会中，一些朴素的公共关系思想及活动在政治、经济、文化、军事及人际交往中都有明显的表现。

随着我国古代政治及人际关系的完善与成熟，在我国古代的政治活动中，公共关系的理念有明显的呈现。如我国古代一批开明的统治者已经注意到了民意和舆论在国家政治生活中的重要性，早在黄帝、舜、禹时代及夏、商朝之际，那些传说中的及非传说中的君王，就设立专门的地点听取臣民的谏议或议论。

西周时期提出了著名的"防民之口，甚于防川"和"口之宣言者，善败于是乎兴"（《国语·周语上》）等观点，意即统治者对待舆论的方法是国家管理的关键所在。在《诗经》中，有许多"风"诗就是当时的统治者为了观察风俗民情，特意派采诗官员巡行搜集起来的；"雅"与"颂"诗则主要是歌功颂德，因而有人也愿意将《诗经》称为一本公共关系著作。在春秋战国时期，管仲采取了"与民同好恶"的政策和措施为齐桓公奠定了齐国霸主的地位。我国古代的"准公共关系大师"——子产，任郑国宰相期间，采取了多方面的改革措施，其中"子产不毁乡校"（乡校是郑国学生和乡人聚会议事的场所）的故事包含了典型的公共关系思想。在我国古代的经济活动中，公共关系的影子也随处可见。例如，在酒店或茶馆门口，挑出一面旗帜，上面写着"酒"或"茶"字来招揽顾客，这类似于今天的广告宣传；许多商店招牌上写着"百年老店"的字样，目的就是让人们知道这家店牌子老、信誉好；许多商店常用"如假包换""童叟无欺"来说明经营作风正派，公平诚实，以赢得顾客的信任。广州是近代史上的商业名城，沿袭至今的饮茶风俗，最初就是为了适应商业、行业间信息沟通、洽谈生意、协调共同利益等的需要而形成的。尽管我国古代的经济关系发展得不很完善，但是人们在经济交往中同样也显现了公共关系的理念，如"和气生财""宾至如归"的服务意识。

在军事方面，《孙子兵法》中的"知己知彼，百战不殆"的战略思想，苏秦、张仪的连横、合纵策略等都与现代公共关系管理中的搜集信息、分析趋势、预测未来及有针对性地游说有着共同的逻辑基础。

在人际关系方面，在我国古代以孔孟为代表的儒家思想占据了主流，如孔子极力主张的"取信于民"及孟子的"得天下之道，得其民，斯得天下矣；得其民有道，得其心；得其心有道，所欲与之聚之，所恶勿施尔之"等思想。"诚""礼""信"等构成了其主要内容，这与现代公共关系管理中的以真实为底线、以信誉为核心、以信任为目标的长远意识也有着共同的思维方式。孟子的"天时不如地利，地利不如人和"的思想更是道尽了现代公共关系所追求的终极目标及价值取向。

2. 西方古代的准公共关系

在西方古代社会，同样也出现了丰富的公共关系意识及自发的公关活动。如古希腊、古罗马的政治家非常擅长自我宣传，利用各种场合发表演说，宣扬自己的政绩和德行从而扩大自己的政治影响。古罗马的统治者特别注重人民大众舆论的力量，重视民意的反映，并通过信使及复杂的间谍网络来进行舆论研究，因为古罗马人认为"人民的声音就是上帝的声音"。古罗马统治者同时还使用了制造舆论的工具，公元前59年恺撒当执政官时，办起了早报——《每日纪闻》，并运用早报引导舆论，这份早报使用了当时的大众化语言——拉丁语，面向具备阅读能力的人，为恺撒歌功颂德。恺撒出征高卢及"英伦三岛"时，为了扩大自己的影响，不断地派人将他和军队的情况写成报告用快报送往古罗马城，这些报告通俗易懂、生动且富有感染力，在古罗马广场上被人们争相传诵，恺撒的个人威望也不断地提升。同时，恺撒把远征高卢的事迹写成了《高卢战记》一书，四处宣传自己的丰功伟绩，从而保证了他在公元前46年登上了独裁者的宝座。

恺撒认为，要想获得民意的支持就必须以自己的思想观念去影响他们，因此不得不感叹，他的那本《高卢战记》绝对有资格称得上是一本"第一流的公共关系著作"。古希腊人认为，较强的修辞能力是参与政治过程的基本条件之一，因为政治家与公众之间的沟通桥梁是靠修辞来架筑的。古希腊哲学家亚里士多德在他的经典著作《修辞学》一书中，详细阐述了修辞的艺术，即如何运用语言来影响公众思想和行为的艺术，他提出用"充满感情"的语言来影响公众的情绪，因此西方公共关系学界认为，亚里士多德的《修辞学》堪称最早问世的公共关系学的理论书籍之一。

在传递思想及观念方面，西方的宗教活动更堪称楷模。早期基督教的广泛流传在很大程度上依靠了现代社会所谓的"公共关系技术"或"公共关系活动"。公元一世纪，教徒保罗和彼德通过布道演讲、发送函件、策划事件等活动来宣传基督教的教义。"四福音书"不仅记述了耶稣的生平事迹，而且宣传了对基督教的信仰。因此有人认为，西方基督教卓著的宣传活动，如果用现代公共关系理论来衡量，可以说是"应有尽有"。

从组织上来看，教会是一个自成体系的、遍布各地的宗教组织，既有教皇、主教、教士，也有教区、教堂，组织非常严密；从公众上来看，教徒遍布各地；从传播手段上来看，除广为传播的宣传品《圣经》外，还通过洗礼、弥撒、演讲、各类函件及其他类似于公共关系的活动来传经、布道，宣扬其主张，扩大其影响。

总之，公共关系的渊源可以追溯到古代社会，无论是在我国历史中，还是在外国历史中都可以找到许多非常生动的公共关系现象。但严格意义上来说，这些与现代意义上的公共关系有着很大的区别，只能看作现代公共关系的萌芽，因而被称为"史前公共关系""准公共关系"或"类公共关系"。当然，古代公共关系的萌芽为现代意义上的公共关系的产生与发展奠定了基础。

### 二、公共关系产生的社会条件

进入21世纪以来，随着经济全球化趋势的加快及信息产业的飞速发展，方兴未艾的公共关系在世界范围内迅速发展。经济全球化使整个世界成为一个"地球村"，互联网的普及更是极大地改变了人们的生产和生活方式，公众的自我意识越来越强。公共关系活动日益职业化、国际化，公共关系理论日益系统化、科学化，公共关系手段、方法日益现代化。所有的这些变化使公共关系活动呈现新的社会条件与发展趋势。

从公共关系发展的基本趋势来看，公共关系在未来的社会发展中有更加广阔的前景，并占领更加广阔的市场。这主要是因为，当前世界范围内存在诸多有利于公共关系发展的客观条件。把握这些客观条件，对于更加具体地了解和认识现代公共关系发展的主流、推动公共关系事业顺利发展，具有十分重要的现实意义。具体来说，保障公共关系进一步发展的社会条件主要有以下两个方面：

#### （一）世界范围内的交流更加频繁而广泛

当今世界的显著特征就是不同民族、不同国家和不同地区之间在经济、政治和思想文化领域开展更加频繁而广泛的交流，人们的交往关系更加复杂多样化。因此，任何一个社会组织要想求得生存与发展，就必须更加自觉地协调、疏导和改善各种关系，这就为公共关系在广度和深度上的进一步发展创造了良好的条件。

#### （二）信息传播媒介和通信手段的现代化

公共关系不仅在其活动的领域和内容上发生了重大变化，而且已经从根本上改变了人们的活动方式，改善了人们的活动技巧，提高了活动效率，这就为公共关系的进一步发展提供了更加充分的物质条件。

总之，随着社会的进步和人们思想观念的不断更新，公共关系事业必将具有更加广阔的发展前景。

## 第二节　公共关系的发展阶段

虽然公共关系的历史可以追溯到古代，但公共关系作为一种全新的思想、一种系统而科学的理论，其建立远远落后于实践。作为一种新型的、专业性很强的职业，它发端于19世纪末20世纪初的美国。此后，随着社会、政治、经济的飞速发展，公共关系也发生了日新月异的变化。公共关系发展大致经历了四个明显的阶段，并呈现不同的特征。

## 一、单向吹嘘式阶段

有组织、有意识的公共关系活动，起源于19世纪中叶在美国风行一时的报刊宣传代理活动。1833年9月，本杰明·戴（Benjamin Day）创办了第一张面向大众的通俗化报纸——《纽约太阳报》，从此开启了美国报刊史上以大众读者为对象、大量发行的、价格低廉的"便士报"时期。由于这种报纸发行量大，因而广告费用迅速上涨，当时一些大的公司和财团为了节省广告费，雇用专门人员炮制关于自己的煽动性新闻，以扩大影响；报刊为迎合大众读者的需要，增加发行量，也乐于接受。这样一来，便出现了美国历史上有名的报刊宣传代理活动，其中最突出的代表之一便是马戏团的老板菲尔斯·巴纳姆（Phines Barnum）。巴纳姆可以说是新闻传播方面的行家，他具有很强的吸引公众注意的才能。他的信条是"凡宣传皆好事"，而完全不把公众放在眼里。他运用自己的才能和技巧，编造出许多荒诞离奇的故事来吸引公众的注意，引起公众的好奇心，制造新闻、愚弄公众。巴纳姆曾经在报纸上发表了一篇文章，说他所在马戏团的一名黑人女奴海斯在100多年前曾养育过美国第一任总统乔治·华盛顿将军。这一"新闻"引起了美国社会的巨大轰动，引起了公众巨大的兴趣。巴纳姆乘势又在报纸上使用不同的笔名制造"读者来信"，人为地引起了一场巨大的争论，有的来信说巴纳姆的所谓"海斯"故事只是一个骗局，有的来信则说巴纳姆发现了海斯是一大功劳。

巴纳姆作为这一骗局的制造者则大获其利，他每周可以从希望一睹海斯风采的美国人那里获得1500美元的门票收入。但是，海斯死后，人们对她的尸体解剖表明，海斯只不过80岁左右，并非巴纳姆说的161岁。事已至此，巴纳姆居然还厚颜无耻地"深感震惊"，声明他本人也是受骗者之一。

从上面这则例子可以发现，巴纳姆对初露锋芒的大众传媒有很强的感悟能力，他能够熟练地运用各种手段，无中生有，编造"神话"。他在制造"新闻"来愚弄公众之后，又推波助澜，使事件朝着他希望的方向发展。但是，他走向了极端。首先，他这种宣传完全不顾及公众的利益；其次，当时的报刊宣传员都以获得免费的报刊版面为首要目的，并为此不断地编造"神话"，欺骗公众，这种做法与公共关系职业的基本要求和道德准则相去甚远。这种忽视公众利益的做法，给现代公共关系的健康发展带来了巨大的负面影响。那些滥用公众信任的大众传播手段，一味地无中生有，制造"新闻"来欺骗公众的人，最终遭到了公众的唾弃，落得"搬起石头砸自己的脚"的局面。因此，人们把整个巴纳姆时期称为"公众受愚弄"时代、公共关系的"黑暗"时代、公共关系的"不光彩"时代。

综合来分析这一期的公共关系活动：虽然巴纳姆等人不顾公众利益、欺骗愚弄公众的行为应该受到谴责，但这在客观上促进了传播业的发展和现代公共关系的诞生也是不争的事实。这一时期的公共关系活动已带有一定的组织性和较为明确的目的性，而且这一时期的公共关系活动已不局限于政治领域,而逐渐与谋利愿望结合在一起,为公共关系向各行业、各领域的发展奠定了基础。

## 二、单向传播式阶段

巴纳姆时期,一些人利用新闻媒介一味地制造离奇"新闻",愚弄公众,所以当公众发现自己上当受骗时,那一股股怒不可遏的抵制浪潮几乎使新闻媒介无立足之地。那些"声名显赫"的工商企业也受到了公众的普遍怀疑而信誉扫地,整个社会几乎陷入了"信誉"危机。这对当时的公共关系来说无疑是当头一棒,使其发展陷入了一种进退两难的尴尬境地,又使那些意气风发的公共关系人员反思,重新审视这一全新职业的职业要求和职业道德。于是,一些报纸、杂志率先开始揭露实业界那些"强盗大王"的丑恶行径,从而掀起了美国近代史上著名的"清垃圾运动",又称"扒粪运动"。在这场运动中,一批新闻行业的年轻人在新闻界发表了大量为民众鸣不平、揭露资本家丑行的文章和漫画。据统计,当时各种报纸、杂志发表的这样的文章达 2000 多篇,从而使许多大企业和资本家声名狼藉,公众的普遍怀疑与抵制使他们费尽心机建立起来的封闭的"象牙塔"开始摇摇欲坠。垄断财团最初试图采取高压手段威胁新闻界,威胁失败后,他们又试图贿赂并高薪聘请新闻代理人撰写虚假新闻以掩盖矛盾和丑闻,但同样无效,最终他们终于认识到:为求得生存与发展,他们必须取得公众的信任。于是他们纷纷从"修建"封闭的"象牙塔"逐渐转向"建造"透明的"玻璃屋",力图提高企业的透明度,让公众广泛地了解整个企业,以期取得他们的信任。

在这一过程中,以"讲真话""讲实情"来获得公众信任的主张被提了出来,并得到了越来越多工商界人士的支持与提倡。艾维·李(Lvy L. Lee)就是这种公共关系思想的代表人物。取得公众的信任和理解,无疑是组织生死存亡的关键,艾维·李正好顺应了这一时代需求。他以公众的需求为出发点,致力于改变这种无中生有、制造"新闻"的状况,让重视公众利益的理念在当时成为不可逆转的潮流,从而使公共关系进入一个"讲真话"的时代。他也因对公共关系发展做出的杰出贡献,而被誉为"公共关系之父"。

艾维·李(1877—1934),出生于美国佐治亚州一个牧师的家庭,曾就学于哈佛大学法学院,毕业于普林斯顿大学,早期受聘于《纽约世界报》当记者。1903 年,他成立了世界上第一家具有公关公司性质的公司——宣传顾问事务所,以收费的方式为客户提供许多有效的传播沟通服务,它标志着公共关系职业的诞生。艾维·李作为公共关系之父,不仅首创了"公共关系"这一专门职业,而且提出了"说真话""公众应被告知"的理念,将"公共利益与诚实"带进了公共关系的领域,使公共关系这门学科从对一些简单问题的探讨上升为探求某些规律性的原则和方法,大大推动了这门学科的发展。但是,由于受历史条件和个人精力的局限,他从个人实践经验得出的理论缺乏系统性和科学性。随着公共关系的不断发展,建立系统理论的需求越来越迫切,而这个工作最终是由爱德华·伯内斯完成的。

## 三、双向沟通式阶段

爱德华·伯内斯（Edward L. Bernays）出生于奥地利，后移民美国，他是著名的心理学家弗洛伊德的外甥。1913年，爱德华·伯内斯受聘于美国著名的福特汽车公司，担任公关部经理。第一次世界大战结束后，他和夫人在纽约开办了一家公共关系公司。1923年，他的第一本专著《舆论的结晶》问世。在这本书中，他首次提出了公共关系咨询的概念。他认为公共关系咨询主要有两个作用：一是为工商企业推荐它们应采纳的政策，而这种政策的实施必须符合公众的利益；二是把工商企业采纳和执行的合理的政策、采取的有益于社会公众的行为广为宣传，帮助它们赢得公众的信任和好感。1923年，他在纽约大学首次讲授公共关系这门课程。1925年，他的一本教科书《公共关系学》出版。1928年，《舆论》出版。他通过不断研究和反复实践，使公共关系的基本理论、原则和方法初步形成一个较为完整的体系。伯内斯的公共关系的核心思想是"投公众所好"。他认为：以公众为中心，掌握公众对组织的期待与要求的态度，确定公众的价值观念，应该是公共关系的基础工作；只有按照公众的意愿进行宣传，才能做好公共关系工作。爱德华·伯内斯以其不懈努力，为现代公共关系的发展做出了一系列重要的贡献：公共关系职业化；公共关系工作摆脱了附属于新闻界的地位，开始独立自主地发展；归纳出公共关系的运作程序、方法、技巧，提出了整个运作过程的八个基本程序；初步建立了现代公共关系的理论体系；强调了舆论及通过投其所好的公共宣传来引导公众舆论的重要作用；主张获得公众的谅解与合作应当成为公共关系的基本信条等。

## 四、双向对称式阶段

第二次世界大战后，公共关系实践和理论的发展都进入了一个全新的阶段。1947年，美国公共关系学会成立。1955年，国际公共关系协会（International Public Relations Association，IPRA）在英国伦敦正式成立。这一时期，以卡特李普（Scott Cutlip）、森特（Allen Centre）和杰夫金斯（Frank Jefkins）为代表的一大批公共关系专家和大师，在理论和实践上把公共关系推向了一个新的历史发展阶段。其中，又以卡特李普和森特提出的"双向对称"（Two-Way Symmetrical Communication）公共关系模式最具有代表性。第二次世界大战以后，国际经济、技术和劳务合作日趋频繁和紧密。但由于不同民族和国家的文化背景各有差异，客观上需要一批公共关系人员从中斡旋，进行有效的沟通和协调。事实上，这种跨文化交际的障碍已成为那些跨国企业进一步发展的最大障碍之一。跨国企业在拓展世界市场中发现，是否能够与不同文化背景的人进行沟通交流、协调关系是它们的事业能否成功的关键。传统的公共关系理论认为，在公共关系实践中，公共关系都是作为"一项具体工作"而表现出来的，这类工作只注重将有关组织的信息扩散到组织的环境之中，而忽略将有关环境的信息传递给组织。这种理论实质上是把公共关系看成一个"封闭系统"，这种一厢情愿式的单向传递模式在特定的历史条件下可能会收到一定的效果，但其弊端随社会的发展日渐显露出来。

现代公共关系理论要求以"开放系统"的思想去分析公共关系问题，以"双向对称"的理论模式去规划公共关系工作，即组织与公众间关系的维持与改变是建立在输出—反馈—调整的互动模式基础之上的。在这种模式中，公共关系具有潜在的、能够发挥参谋或顾问作用的能力，可以对决策过程施加影响。这种潜能能够在危机期产生控制局势的作用，而且公共关系作为外界环境的感应系统，还可以阻止潜在危机的发生。开放系统的、双向对称的公共关系模式一方面要把组织的行为和信息传递给公众，另一方面又要把公众的想法和信息传递给组织，从而使组织和公众形成一种互动的、和谐的状态。根据"双向对称"模式，组织必须区分那些对组织影响较大的公众，通过调查研究并展开适当的公共关系活动，来协调和这部分公众的关系。

由上述内容可以看出，从19世纪由巴纳姆提出的"凡宣传皆好事"到艾维·李的"讲真话"、爱德华·伯内斯的"投公众所好"，再到20世纪中叶卡特李普和森特提出的"双向对称"论，现代公共关系经过多年的发展，已明确地形成了完整的基本思想和基本原则。这种基本思想与基本原则是符合当时社会的进步与发展的，因此它以不可阻挡之势迅速传遍了世界各地。

## 第三节 公共关系理论的演变

### 一、公共关系理论产生的背景

#### （一）诞生于政治需要

1. 最早的公共关系活动

1641年，为了筹集哈佛大学的发展资金，由美国三位传教士组成的使团前往英国。抵英后，使团要求哈佛学院编辑一份适合于完成任务的宣传资料。很快，小册子《新英格兰的第一批成果》(New England's First Fruits) 在马萨诸塞州完成，并于1643年在英国伦敦印刷，这本宣传手册使使团成功地影响了英国议院，为哈佛大学筹集到了发展基金，这是较早记录的使用宣传手段实现组织目标的典型事例。

2. 美国独立战争时期的宣传活动

美国独立战争之前，美国的政治独立与经济发展受到严重羁绊。为了实现完全独立的愿望，一些革命家进行了大量的政治宣传工作。他们利用各种手段进行反英宣传，逐渐造成强大的社会舆论。这些早期革命家的主要做法如下：

1）建立相关的组织机构。如1766年成立"自由之子"社；1775年组建通信委员会，用于发动群众、宣传理论、制造声势。

2）设置容易识别和能够引起共鸣的象征性标志——自由树，便于广泛宣传，扩大影响。

3）将宣传的宗旨变成好说易记的标语口号，加速其传播的速度，从而形成舆论，其口号是："没有代表权的征税就是暴政。"

4）安排一些公益活动，吸引公众参与，借此进一步开展宣传，扩大影响，如定期举办波士顿茶会等。

5）把握事件的优先解释权，对已发生的事件抢先在第一时间予以解释、宣传。

6）利用一切可以使用的渠道开展宣传，如讲台、笔、符号、活动等，持续向公众渗透反英新思想、新观念。

上述积极主动的宣传为美国独立战争的爆发营造了一个极为有利的舆论环境，使"来克星顿的枪声"成为值得宣传家讴歌的事件，同时也为今后的政治宣传活动提供了经验。

3. 立宪宣传活动

美国独立后，为使宪法在全国得以通过，在1787年—1788年，政治宣传家亚历山大·汉密尔顿（Alexander Hamilton）等人努力使85封联邦主义者的信件得以在报纸上发表，以此来鼓吹立宪，影响舆论，最终赢得全国性的认同，使宪法获得批准。美国历史学家阿伦·内文斯（Allan Nevins）评价说，这是"历史上最成功的公共关系工作"。随后通过的宪法第一个修正案《权利法案》明确提出，"法律不应该削弱演讲和新闻自由、人们和平集会的自由，以及为了获得对不幸遭遇的补偿而向政府请愿的权利"。由此，以说服和利用大众传媒影响他人的行为受到法律的保护，公共关系实践活动从法律地位上被予以捍卫。

### （二）美国是公共关系的发源地

美国是一个"移民国家"，国民思想中具有很强的平等意识与群体观念。移民来自不同的国家或地区，由于民族不同、语言不同、习俗不同，很自然地形成了强烈的群体观念。美国在独立战争后，成为一个独立统一的国家，在政治、经济和思想文化上形成了大融合。各个社会组织之间、组织与其公众之间有计划、有目的地沟通与协调，为公共关系首先兴起于美国奠定了思想基础。

### （三）公共关系职业的出现

艾维·李原是一家报社的记者，从1903年开始从事专门的新闻宣传代理工作。他曾经多次处理企业劳工纠纷，因成功地调解了宾夕法尼亚铁路公司和洛克菲勒公司的罢工事件，而名声大噪。艾维·李不是第一个使用公共关系名称的人，却是第一个大规模运用免费宣传品将企业信息向新闻界公开的人。他最早提出了"公众需要被告知"的概念，其著名的"原则宣言"，不仅对于新闻业务代理向新闻宣传的演进，以及新闻宣传向公共关系的演进有深刻的影响，而且标志着艾维·李成为职业公共关系人员的先驱。

艾维·李对公共关系职业化的贡献主要表现在以下三个方面：

1）最早意识到新闻宣传工作必须建立在企业的真实表现和努力之上，企业表现决定新闻宣传的内容。

2）认为企业应建立专门的新闻宣传部门（即后来的公共关系部），宣传人员需得到训练和培训。

3）认为新闻宣传不是纯粹的新闻代理，而是企业智囊团的重要组成部分。

艾维·李为公共关系的职业化进程做出了巨大贡献，这使他成为这一时期最具代表性的人物。

## 二、公共关系的初期理论

### （一）伯内斯的公共关系理论

爱德华·伯内斯是 20 世纪在公共关系领域极有影响的一位人物。他不仅较早地与艾维·李一样从事新闻代理工作，而且是第一个将公共关系写入理论著述并引入大学课堂的人。1923 年，他的著作《舆论的结晶》出版，这是一本专业的公共关系著作。在这本书中，首次出现了"公共关系咨询"一词，并对公共关系人员有了一个更高的职业要求。伯内斯在他的开创性的著作中强调，影响公众舆论的公共关系人员的能力的发挥应建立在比他的客户范围更大的社会职业道德之上。这在今天看来已是老生常谈，但在当时是革命性的思想。伯内斯是第一位在大学开设公共关系学课程的人。1923 年，他首次在纽约大学讲授公共关系学。他一生持续发挥着作者、演讲者、倡导者、评价者的多重作用，美国《生活》杂志在 1990 年的一期专刊中，将他列入"20 世纪 100 位最重要的美国人"名单。

伯内斯对公共关系理论化的贡献主要体现在以下三个方面：

1）第一个将"公共关系咨询"从原始的新闻代理中区分开来，确定公共关系人员的作用是劝告其客户在公共关系领域中取得积极的结果，并使客户从不利和受伤害的状态中脱身。

2）认为公共关系具有两个方面的特点：一方面，公共关系人员要将其客户介绍给公众，把客户积极的形象传递给公众；另一方面，公共关系人员也要把公众的意见反馈给客户，告诉它们公众的需要和要求，并改变客户各部门的不适当行为。

3）认为公共关系人员不仅需要智能和直觉，也需要了解心理学、社会学和其他能深入了解客户与公众的知识，以便掌握客户做事的方法和推动公众产生不同的行为。

在 20 世纪二三十年代，关于新闻宣传和舆论的书籍很多，但是最具影响力的还是伯内斯的理论著作，这使他成为这一时期理论水准的代表。

### （二）公共关系理论成熟时期的重要思想

20 世纪 50 年代以来，公共关系的实践和理论得到了突飞猛进的发展，其中最有代表性的人物有卡特李普、杰夫金斯等公共关系专家和大师。

卡特李普 1915 年生于西弗吉尼亚，1939 年获雪城大学学士学位，1941 年获威斯康星大学哲学硕士学位，1971 年在西弗吉尼亚卫斯理学院获文学博士学位，曾担任记者、编辑，1941 年—1942 年任西弗吉尼亚公路委员会公共关系主任，1946 年—1975 年历任威斯康星大学副教授、教授、副校长，1975 年任亨利·W·格雷迪新闻学院院长。他与阿伦·森特合著了《有效的公共关系》[注]及《当代公共关系导论》《公共关系咨询》等。其中，1952年出版的《有效的公共关系》已经成为公共关系的畅销书，被誉为"公共关系的'圣经'"。在此书中，卡特李普和森特有两大理论贡献：一是第一次明确提出了"双向传播"的公共关系原则，设计了公共关系的"双向对称"的工作模式，即将一个组织的利益与公众的利益放在同一地位，追求公共关系目的与方法上的对称性；二是提出了公共关系管理的四步工作模式，即公共关系管理过程要完成的是公共关系调查、策划、实施和评估四个环节的工作，这也被称为公共关系经典的"四步工作法"。

杰夫金斯是现代公共关系的著名代表人物之一，他是英国公共关系专家，早年主攻经济学，大学毕业后曾在伦托基尔公司从事公共关系工作，主要负责处理科技公共关系事务。1968年，他在英国开办了公共关系学校，并亲自讲授公共关系、广告学、市场营销学等课程，是一位出色的公共关系教育家。他还先后到比利时、埃及、肯尼亚、加纳、荷兰、赞比亚等十几个国家讲学。杰夫金斯是第一位获得英国传播学、广告学和市场营销学教育基金会公共关系学证书的人，也是第一位获得公共关系学和广告学双证书的人，他曾被许多大学授予荣誉学位。他由于出色的公共关系教育，尤其是为海外公共关系教育服务，被英国公共关系协会接纳为会员和理事，负责公共关系教育实践方面的工作。杰夫金斯是一位多产的公共关系作家，他写过许多著作，《公共关系学》《公共关系·广告·市场》《公共关系与成功的企业管理》等被译成中文，对我国的公共关系教育和理论发展起到了积极的推进作用。

## 三、公共关系全球化传播时期的理论

### （一）公共关系营销

从企业经营管理的角度看，企业良好公共关系的建立，往往可为市场营销铺平道路。反过来，成功的市场营销，对顾客需求的满足，也使一个企业与其公众之间的良好关系变得易于建立和维持，企业良好的公共关系也有赖于良好的市场营销活动的支持。从这一点看，这两种管理职能之间相互交叉，相互关联，是一种互动的关系。在企业经营管理中，由于公共关系的介入，使促销观念发生巨大的变化，它把促销活动从仅是卖方向顾客和潜在顾客提供商品信息，进行宣传劝说的活动，扩大到监察整个社会发展趋势、社会舆论，让社会大众了解企业的方针、政策及发展前景，建立起企业与社会公众的良好关系，把促销活动纳入树立适应企业生存和发展的最优形象的目标之中，使企业的市场运营活动更加注重自己的声誉和

---

[注] 目前国内译著名称为《公共关系教程》。后期在第六版时由于布鲁姆加盟，增加了重要的一章，即第八章"调整与适应——公共关系的理论模式"，从系统论的角度提出了"调整与适应"这一面向开放系统的公共关系理论模式，从而促使人们更深刻地理解组织与其公众在开放的社会环境中的动态关系，以及公共关系在协调这种关系时的积极主动作用。

形象，注重更广泛的社会发展问题。

### （二）网络公共关系

伴随着信息时代的到来，世界正以极快的速度实现全球网络化。互联网络的出现改变了人们的交往方式和购物方式，改变了组织之间以及组织与公众之间的沟通和联系方式，所有这些变化都要求相关联的公共关系也要与之适应和配合。当前，各国公共关系领域都十分重视公共关系的网络化，网上公共关系业务的出现和发展已是大势所趋。

网络公共关系与传统的公共关系相比具有很多显著特点。一方面，网络互动的特点使组织能在公共关系中处于主动地位，一个极为重要的变化就是组织可以不通过新闻媒体这个中介而直接向公众发布新闻，而且在网上可以全天24小时发布新闻。此外，QQ、微博、微信、App等即时应用软件能够实现信息传播与沟通的即时互动性，使网上公共关系还具有创建组织和公众"一对一"互动关系的优势。另一方面，网络具有无可比拟的传播优势。组织利用网络传播优势进行公共关系活动，主要通过主页或点对点的沟通实现，如在主页面上，组织可以方便、快捷地向全世界宣传自己的产品、技术，展示厂容、厂貌、员工形象。另一方面，互联网的使用也给公共关系人员带来了极大的方便，它使公共关系人员能在较短的时间内获得大量信息，公共关系人员也可在第一时间发布大量信息，组织与公众之间的沟通渠道更加畅通。

## 四、公共关系创新时期的理论

### （一）目标管理理论

目标管理理论是由现代管理大师彼得·德鲁克（Peter F. Drucker）根据目标设置理论提出的目标激励方案，其基础是目标理论中的目标设置理论，它是在泰勒（F. W. Taylor）的科学管理和行为科学管理理论的基础上，形成的一套管理理论。

目标管理理论把人视为"社会人"，认为人不只是为面包而生存，影响人的生产积极性的因素除物质条件外，还有社会、心理因素，工作效率主要取决于人的士气，而士气又取决于人的家庭和社会生活，以及组织中人与人之间的关系。

从"社会人"的假设出发，目标管理理论要求管理人员对下属采取信任型的管理措施。

1) 管理人员不应只注意完成生产任务，而应把注意的重点放在关心下属，了解下属的需要上。

2) 管理人员不能只注意计划、组织、指挥和控制等工作，而更应重视下属之间的关系，培养和形成下属的归属感和整体感。

3) 实行奖励时，提倡集体奖励制度重于个人奖励制度，并正面引导下属，通过竞赛去达到目标，争取集体荣誉。

4) 管理人员应充分信任下属，经常倾听他们的意见，实行"参与管理"，在不同程度上让下属参加工作目标和实现方法的研究和讲座，以提高他们对总目标的知情度，加强责任感,以便下属实行"自我控制"和"自主管理"。管理人员的任务在于发挥下属的工作潜力,并把下属的智慧和创造力激发出来。

### (二) 目标管理阶段理论

德鲁克认为管理人员必须明白自己的职责,虽然有些事情对组织来说是必要的,但管理人员必须界定自己的职务范围,把主要精力放在管理工作上,提高工作效率。管理者的具体任务包括以下几个方面:

1. 设定目标

管理人员负责确定决策目标标准、达到目标的方法,以及应向执行者传达以便目标能实现。

2. 组织

管理人员应分析业务活动、决策及必要的关系,对工作进行分类。管理人员应对管理活动进行分类,再进一步细分具体的工作。同时,管理人员也要把组织划分成不同的部门,选拔合适的人负责各个部门,处理应做的工作,也就是让合适的人去做必要的工作。

3. 激励和沟通

管理人员将负责各种工作的人组织起来,激励他们为达成组织的目标而努力,同时处理好人员配置、待遇、晋升等工作,与上级、下属及同事经常联系沟通。

4. 业绩考核

管理人员应建立考核的标准,这些标准对于考核下属的业绩是很重要的。利用这些标准考核每一位下属的工作业绩,并使上级、下属及同事了解考核的结果。

### (三) 格鲁尼格重要理论

著名公共关系理论家格鲁尼格(James E. Grunig)认为双向对称传播能促进组织及其公众的相互了解,为彼此带来最大的利益;他也强调公共关系应该是组织的"良心",督促组织服务好社会公民、负担起组织的社会责任。综观格鲁尼格一生的学术研究,我们大致可将其分为四大部分:早期的公众情境理论(Theory on Publics),公共关系模式研究(Public Relations Models),公共关系的策略性管理(Strategic Mangement of PR),晚期的公共关系价值及测量(PR Value & Measurement),其中包含了组织—公众关系及声誉管理(Relationships & Reputation)。格鲁尼格的夫人拉莉莎·格鲁尼格(Larissa A. Grunig)的学术贡献分为三大系列:行动主义理论(Activism),女性公共关系议题(Women in PR),公共关系哲学及伦理(PR Philosophy & Ethics)。卓越公共关系研究是将他们两个人及当代其他重要公关学者的理论观点整合,形成当代公共关系理论的整体架构。简单来说,由卓越公共关系研究衍生出的卓越公共关系理论(The Excellence Theory)说明了公共关系在组织整体策略管理方面的价值及战略性作用,并解释了策略性公共关系方案管理的特性。而且,卓越公共关系理论指出了影响一个组织卓越公共关系的内外部因素。

### （四）杰夫金斯的公共关系计划管理

英国著名公共关系专家弗兰克·杰夫金斯提出的策划公共关系工作方案的模式被称为六步工作法。"六步"分别是：确立目标、设计主题、分析目标公众、选择媒介、编制预算和审定方案。

第一步，确立目标。公共关系的目标是组织通过公共关系策划和实施希望达到的形象状态和目标。

第二步，设计主题。公共关系活动的主题是对公共关系活动内容的高度概括。

第三步，分析目标公众。形象策划中的公众研究包括：①以活动目标划定目标公众；②以组织实力划分目标公众，即以财力划分范围；③以组织需要划分目标公众，如组织目标出现危机时，考虑逆意公众、行动公众，以防危机的扩散和加强。

第四步，选择媒介。选择传播渠道和媒介。

第五步，编制预算。预算包括费用预算、人力预算、时间预算。

第六步，审定方案。审定方案并且对方案进行可行性分析。

## 第四节 我国公共关系的演进和发展

### 一、我国古代公共关系的思想意识

#### （一）纵横家的游说活动

战国时期，各国间的竞争十分激烈与复杂，各国对优秀治国人才的需求极为迫切，有才学的人也纷纷跃跃欲试，希望一展才智于天下。在这样的形势下，涌现出一批以游说各国、"出售"才智为生的职业说客——纵横家。其中最典型的人物当数主张"合纵"的苏秦和坚持"连横"的张仪。他们两个人的共同之处，均是殚精竭虑地将自己的主张与见解贡献于所服务的国君，纵横捭阖于诸国之间，巧施计谋，动用自己的丰富知识和应变才智，求取存身之所。他们常以某一国君主的代理人身份说服另一国君主。在辉煌时，他们确实展现了令人赞叹的业绩，实现了一定的诸侯格局变化。虽然他们的游说活动充满了才智和权谋，但国君常会由于对利益的权衡而无动于衷。他们的主张、见解及努力，对推动历史的发展起到了不可忽视的作用。

#### （二）对我国古代"公共关系"的评价

从前文所述的现代公共关系应该具备的条件看，我国古代所谓的公共关系活动，与真正意义上的公共关系还有着很大的差距。

首先，我国古代不具备现代公共关系所要求的条件。现代公共关系的首要条件是公共关系主体——组织对大众舆论的重视及自觉运用。古代诸侯国君主或封建皇帝处于高高在上的位置，信奉"君权神授"，考虑的是王朝和王位是否稳定，即便考虑民意也是为此目的服务的。对于影响王位的不稳定因素，常常采取极端手段根除之，如秦朝的焚书坑儒、雍正时期的文字狱等。诸侯国君主或封建皇帝在决策时，一般是随自己意愿或出于单方面的考虑，纵使有些决策是体察民情而做出的，那也是出于自身统治的考虑。另外，诸侯国君主或封建皇帝是世袭承继的，极少存在民间的竞争者，纵使有也十分短暂。因此，他们对大众舆论的反应几乎是麻木的，除非面临大规模的农民起义。

其次，我国古代没有职业的公共关系从业人员。古代的职业游说者并非真正意义上的公共关系从业人员。他们的行为动机中，政治追求远大于经济要求。无论是孔子还是纵横家，都期望自身的政治理想得以实现。宣传的内容主要是他们的治国方略，这与现代组织的经营活动完全是两个概念。在他们的游说活动中，极少采用当时的"大众传媒"，如告示、宣传单等，主要靠个人的语言才能；传播的内容十分狭窄，或是个人的政治见解，或是如纵横家们那样的适应诸侯的所思所想，很少有致力于把国君的思想传达给民众或反映民众意见的。他们虽然也有自己的下属或小团体（如孔子的弟子）等，但绝大多数情况下，他们是单独的个人。我国古代崇尚的"民为重"的思想，从某种意义上看只是"民可使由之""使民有时"而已。

最后，我国古代没有平等意义上的双向沟通。当时民众的觉悟程度很低，社会上只有极少数人掌握文化知识。从奴隶社会到封建社会，民众的社会地位极其低下，奴隶主、封建君主及其下属官吏掌握着对劳苦大众生杀予夺的权力，民众对自身的命运没有掌控能力，所谓希求公众被尊重和重视，仅是理想而已，没有实现的可能。现代社会公众的权威性在古代是没有任何现实基础的。

从上述分析可见，我国古代的所谓公共关系活动，并不是真正意义上的公共关系活动。但是，毋庸置疑，我国古代确实出现了无数杰出的计谋良策，有些活动的策划也取得了一定意义的宣传效果，如汉代昭君出塞、三国时期诸葛亮七擒孟获、各朝代征服异族常用的安抚之策等。我国古人丰富的政治谋略与人际沟通的高超艺术为现代公共关系的发展奠定了极为深厚的人文基础。

## 二、我国公共关系的发展

公共关系是在 20 世纪 80 年代伴随着我国的对外开放而进入的。但早在 20 世纪 60 年代，我国台湾地区和香港地区经济迅速发展时，现代公共关系便已传入这些地区并得到较快发展。特别是在香港地区，一些跨国公司在其分公司内部设立公共关系机构，聘用受过专业训练的人员从事公共关系工作，所开展的公共关系活动一般具有较高的水平。当时几乎所有的酒店和新闻机构，以及大中型工商企业都设置了公共关系部，社会上涌现了一批公共关系专业公司，公共关系从业人员迅速增多，公共关系以其独特的社会作用在香港产生了良好的影响。随着改革开放政策的确定和实施，1979 年我国经济特区的一些大型合资宾馆、酒店，如中国大酒店、花园酒家等，按照国外的管理模式设置了公共关系部门。之后，随着北京长城饭店公共关系部策划的邀请美国总统里根在饭店举办答谢会的公共关系活动的成功，公关系引起了人们极大的兴趣和重视，呈现由南向北、由东向西、由沿海向内地、由城市向村镇、由企业组织向事业单位、由服务行业向工业企业、由外资企业向国有企业、由企事业组织向政府部门逐步发展的格局。公共关系在我国的传播与发展，大致经历了以下三个阶段：

### （一）导入期

20世纪70年代末至80年代初是公共关系在我国的导入期，这时公共关系在我国处于引进萌芽阶段。1980年，深圳、珠海、汕头、厦门被定为经济特区，公共关系作为一种经营管理技术，首先在这些地区的合资企业中得到应用。深圳、广州、佛山、北京等地的一批中外合资企业和外商独资企业按照海外母公司的管理模式，设立公共关系部，这些企业的公共关系部经理多数由在海外受过公共关系专业训练的人员担任。为了适应经济特区建设的需要，1980年深圳蛇口华森建筑设计顾问公司率先成立，这是我国第一家公共关系性质的专业公司；1982年深圳竹园宾馆（深圳与香港合资）成立公共关系部；1983年北京长城饭店（中外合资）成立公共关系部；1984年广州中国大酒店、花园酒店、东方宾馆、白天鹅宾馆等设立公共关系部，广东电视台以这批宾馆、酒店的公共关系活动为背景拍摄了电视连续剧《公关小姐》，该剧在全国的上映对普及公共关系知识、扩大公共关系影响起到了重要作用。1984年9月，国有企业广州白云山制药厂率先设立公共关系部，在开展公共关系实务方面进行了大胆而有益的尝试。1984年10月，跨国公共关系公司希尔·诺顿公司在北京设立了办事处。1984年12月26日，《经济日报》发表了《如虎添翼——记广州白云山制药厂的公共关系工作》，并配发了题为"认真研究社会主义公共关系"的社论，阐述了对公共关系发展具有原则性和指导性的意见。新闻媒体的报道对于人们正确认识、了解和接受公共关系，以及公共关系在我国的传播起到了积极的作用。

公共关系在我国发展的导入期主要是把国外的公共关系思想意识、实践经验及某些具体做法引入国内，使人们对公共关系的功能或作用有了初步认识，并且开始尝试着开展公共关系活动。虽然由于当时人们对公共关系的了解和认识都仅限于表面现象，因此开展的公共关系活动多采取简单照搬或模仿外国的做法，但是当时人们能够以积极的态度接受外国的思想观念和经验技术，这已经是明显的进步了。

### （二）普及期

20世纪80年代中期至90年代初是公共关系在我国的普及期。当时，随着我国改革开放的迅速发展和社会主义市场经济的逐渐深入，公共关系在我国的应用和发展呈现勃勃生机的发展态势。

公共关系在我国的快速发展主要体现在公共关系公司的成立、公共关系协会的设立、公共关系教育培训、公共关系理论研究及公共关系实践活动等方面。

1985年，世界上影响最大的两家公共关系公司——伟达公司和博雅公司先后进入我国。同年8月，博雅公司与中国新华社所属的中国新闻发展公司签订协议，共同为在我国从事贸易的外国机构提供公共关系服务。中国新闻发展公司为此成立了中国环球公共关系公司，这是我国第一家公共关系公司；1986年1月，中山大学在广州成立了我国第一个公共关系研究会；1986年11月，我国第一个省市级公共关系协会——上海市公共关系协会成立；1987年5月，全国权威性的公共关系社团组织——中国公共关系协会在北京正式成立。此后，全国各省、直辖市、自治区及若干大中城市相继成立了地方性公共关系群众社团和学术组织，这些学术组织积极开展公共关系研究活动；从1988年起，全国公共关系组织联席会议相继在杭州、西安等地召开；1989年年底，全国高校第一届公共关系教学研讨会在深圳召开；与此同时，许多企业内部的公共关系部开始挂牌运作，在公共关系实践方面取得了初步成果。

1985年1月，深圳市总工会率先创办了公共关系培训班，开创了我国公共关系教育之先河；同年6月，北京大学研究生院举办公共关系讲座；全国各地的大专院校、企业和社会团体，也相继在不同的地区和范围内开办了各种形式的公共关系培训班。这些培训活动对公共关系知识的传播和普及起到了积极的推动作用。随着公共关系实践的发展，培养高级公共关系专门人才的教育也开始起步，从1985年起公共关系学就被列入我国的大学生课程：1985年9月，深圳大学首先增设了公共关系专业。此后，中山大学、国际关系学院等近百所大学相继开设公共关系课程，从而使公共关系的思想观念和理论知识在高等学校得到迅速传播和普及。

自20世纪80年代以来，随着公共关系实践及教育事业的发展，一大批有识之士开始结合我国政治、经济、文化的特点探索我国公共关系面临及需要解决的一些理论问题。1986年11月，中国社会科学院新闻研究所公共关系课题组编著的《公共关系学概论》率先问世；同年12月，王乐夫、廖为建等人的著作《公共关系学》出版；同时，英国著名公共关系专家弗兰克·杰夫金斯的著作《公共关系学》被译成中文出版；1987年，居延安的《公共关系学导论》出版；1988年1月，我国第一家公共关系专业报纸——《公共关系报》在杭州创刊，向全国发行；1989年1月，我国第一份公共关系杂志——《公共关系》在西安创刊，向国内外公开发行，在我国理论界掀起了一股研究公共关系的热潮，并取得了一定的研究成果。据不完全统计，在1986年到1989年这短短三年里，我国正式出版发行的各种公共关系教材、专著、译著达到100多种。

由于具有我国特色、适合我国国情的公共关系理论在公共关系的快速发展时期尚未建立起来，而引进的国外的公共关系理论又不能有针对性地指导我国的公共关系实践，这种理论落后于实践而导致的偏差与误解，使公共关系领域出现了机械模仿、鱼龙混杂等问题，这些问题不同程度地影响了公共关系事业在我国取得成就和进展。同时也应该看到，这一时期在理论研究方面取得的成绩和进展、在实践领域的经验和教训，都将成为公共关系在我国稳步发展的基础和前提。

**（三）实践期**

20世纪90年代初至90年代末是公共关系在我国的实践期（也叫发展期），主要表现为公共关系学术活动正常开展、公共关系专业教育逐渐走向成熟、公共关系理论研究符合我国现实、公共关系实践活动取得明显成效。

1. 公共关系学术活动

1990年7月,中国公共关系研究所受中国公共关系协会的委托在河北省召开了第一届全国公共关系理论研讨会,会议以"公共关系与社会发展"为主题,此后以不同的主题召开了第二届至第六届全国公共关系理论研讨会。1997年8月下旬,中国公共关系协会学术委员会在苏州召开了学术委员会四届一次(扩大)会议,会议以研讨"中国公共关系基本理论基础"为主题。以上会议都分别出版了文集,记录了以会议主题为主要内容的相关研究成果。中国国际公共关系协会(CIPRA)于1991年4月在北京成立。该组织成立后,联络国际性、地区性、全国性的公共关系组织及学术团体,通过学术交流增进彼此的相互沟通、了解与合作,为推进我国公共关系事业的发展做出了重要贡献。2000年3月,由中国国际公共关系协会主办的"中国最佳公共关系案例大赛"已经举办了4届,共评选出金奖案例45个,优秀奖或银奖案例46个。这些将理论与实践紧密结合、兼有社会性和学术性的活动,对于推进我国公共关系的理论和实践运作、促进我国公共关系事业向更高层次发展起到了重要作用。

2. 公共关系专业教育与培训

(1) 公共关系专业建设格局基本形成　从目前的情况看,已经呈现多层次的格局,有多所高校开设公共关系专科、本科专业,部分高校和科研院所招收了公共关系硕士和博士研究生,成人高等教育公共关系专业的自学考试已经由部分省市开设扩展到全国统一考试。

(2) 教材建设呈现不断创新的局面　当前各种类型的公共关系专业教材的编辑出版,已突破起步阶段的翻译、照抄和拼凑的形式,不断创新教材的内容和体系,由肤浅、交叉、零散发展到深刻、系统、正规。

(3) 师资队伍已经形成梯队　公共关系专业教师已不再是当初刚刚兴起阶段的半路改行、知识背景复杂的队伍,从目前师资队伍的年龄结构、职称、学历、专长等几个方面来看,基本形成了老中青结合、高中初成比例、整体素质较高、知识结构合理、理论联系实际、教学经验丰富的专业化师资队伍。

(4) 课程设置符合培养目标　公共关系专业教育起步阶段开设的课程绝大多数根据开设专业原来的学科和教师的知识背景而定,因此不同学校相同专业所开设的公共关系课程差异性较大,同一学校不同专业所开设的课程差异性较小。当前,这种课程设置不合理的问题已经基本上得到解决,公共关系相关专业开设的课程大体上能体现专业的培养目标。

3. 公共关系理论研究

任何一门理论学科的形成都有其特定的历史背景。理论源于实践又指导实践,与此同时,理论在实践中不断地完善和发展,公共关系也不例外。但公共关系学作为一门引进的交叉学科,能否有效地指导我国的市场经济实践,是一个摆在特定历史背景下的问题。虽然在我国引进公共关系的初期,介绍、移植、照搬都是学科发展的需要,但并不能形成适合我国实际情况、体现我国文化特色、具有独特研究对象的公共关系理论体系。引进的理论脱离国情，研究的对象不明确，业内人士无所适从，这些导致了公共关系在我国发展的过程中时冷时热，实践效果有功有过，对公共关系的评价褒贬不一。经过了一段时间的消化吸收、分化整合、总结概括，目前公共关系在我国的发展已基本克服了不切实际的崇洋媚外、盲从、浮躁、媚俗、近视、吹捧等弊端，总体上呈现如下格局：

1）在研究内容上，更加重视突出特色、洋为中用、致力求同、抓大放小、奠定基础、完善整体、紧扣现实、富有新意的理论体系。

2）在研究方法上，更加注重历史与逻辑相结合、理论与实践相结合、借鉴与创新相结合。

3）在学科体例上，趋向于学科细化和学科延伸。属于学科细化的研究成果基本上是公共关系原理在各个不同领域中的应用。属于学科延伸的研究成果基本上是公共关系原理与其他学科知识的结合，趋向于形成交叉学科。就目前的情况看，因为公共关系基本理论尚不完善，体系框架仍在构建，所以无论是学科细化还是学科延伸都处于探索阶段。

4. 公共关系实践活动

在我国，公共关系实践最早出现在宾馆、商场、饭店等服务性组织，进而扩展到生产性企业，现在已经延伸到政府机关、事业团体、军事单位、宗教部门、慈善机构等各类社会组织，我国的公共关系实践活动已经遍及国际上公认的三大应用领域，即政界、经济实业界、非营利性组织。

我国开展公共关系活动的方式已从片面强调"轰动效应""出奇制胜"等表面形式过渡到按科学程序办事，考虑近期影响，注重长期效应。公共关系活动的成效集中表现为：能够体现我国特色，具有科学理论指导，经得起实践检验和来自不同领域。公共关系活动的成功案例不断涌现，逐渐增多。如希望工程、亚都有偿请教、娃哈哈——可爱的中国娃娃、香港回归祖国倒计时、蒙牛——超女策划、奥运会的申办和举办，以及上海世博会的申办与成功举办，等等，这些成功的案例代表着当前我国公共关系实践活动的整体水平。

（四）成熟期

20世纪末至今是公共关系在我国发展的成熟期。公共关系的业务市场规模逐渐扩大、专业服务进一步细分，对公共关系从业人员的职业化规范要求越来越高。公共关系事业在我国虽然起步较晚，但发展较快，特别是其在两个文明建设中发挥的特殊作用受到了社会各界的高度重视。1991年1月，国家劳动和社会保障部正式批准成立了国家职业资格工作委员会公关专业委员会。公共关系于1999年5月被编入国家劳动和社会保障部出版颁布的《国家职业分类大典》中。国家职业资格工作委员会公关专业委员会成立后制定了公共关系职业标准，编写了《公关员职业培训与鉴定教材》，建立了公关员职业鉴定试题库。首届公关员考试已于2000年年底进行，这也标志着国家已正式承认公共关系专业，公关员由此成为正式职业。

## 三、我国公共关系的展望

### (一) 公共关系市场国际化

我国公共关系市场经历了一个从无到有、从分散发展到逐步规范、从纯国内化到国际化的过程。公共关系市场目前在我国终于被政府认可并拥有广阔服务领域，《中国公共关系业2020年度调查报告》显示，人才问题仍旧是影响行业发展的瓶颈，我国公共关系市场人才专业化问题依旧存在。在当前的传播媒介变革的形势下，企业对公共关系服务质量和公共关系人才质量的要求越来越高，公共关系行业要抓住机遇，迎接挑战，不断探索新的模式，在开展主营业务的同时，也要关注公共关系行业人才的培养。公共关系市场国际化具体表现在以下两个方面：

1. 更多的国际公共关系公司进入我国市场

自从2003年我国向外国公共关系公司敞开大门后，全球排名前50强的公共关系公司已经全部进入我国。目前，在国内开展业务的外资公共关系公司虽然只有几十家，但由于它们实力雄厚，在提供高端服务方面更有经验，因而让很多本土公司望"洋"兴叹。

2. 中资公共关系公司不断发展壮大，业务趋向国际化

20世纪90年代，中资公共关系公司的绝大多数客户是国内客户。进入21世纪后，中资公共关系公司的外资客户比例已大大提高，如世界著名的跨国公司的许多公共关系业务已收于中资公共关系公司名下。同时，一些合资公共关系公司不断增多，中外公共关系公司合作倾向更加明显，这种联合更多地带动我国一些著名企业走向世界，创国际品牌，抢占国际市场。

### (二) 公共关系实务专业化

经过近20年的磨炼，随着中外公共关系市场的逐步接轨，市场运作规则更加健全规范，我国公共关系业将真正走出公共关系就是所谓"笑脸相迎"的低层次漩涡而大踏步地迈入公共关系实务专业化的轨道。具体表现为以下方面：

1. 公共关系实务从内容到形式得到极大的丰富

公共关系实务从企业、政府发展到各行各业，出现高科技公共关系、时尚公共关系、环境公共关系、艺术公共关系、体育公共关系等。公共关系手段和技巧更为丰富多彩，从一般的新闻发布、媒介宣传、市场推广的营销公关到政府关系协调、大型活动策划等。

2. 专业服务进一步细分，更加到位

公共关系公司将从简单项目执行向高层次整合策划和顾问咨询方面转变。公关公司的业务操作规范更加国际化、标准化、服务水准将纳入国际统一的标准体系中。

3. 专门化的公共关系公司倍受各级组织青睐

针对不同行业组织的专门化公共关系公司层出不穷，如金融公共关系公司、通信公共关系公司、旅游公共关系公司等。这种专门化的公共关系服务公司给组织带来更为详尽的全方

位服务。

### (三) 公共关系手段高科技化

随着因特网（Internet）多媒体时代的到来，组织已越来越认识到信息网络及其他现代传媒新技术对公共关系传播的重要意义。这些新技术将完成对公共关系传播沟通管理方法和手段的调整与更新。实际上，网络传播已经实实在在地成为一种主流媒体，支持着公共关系传播的开展，如电子邮件（E-mail）、组织的介绍网址、主页、网上新闻发布、网上展览、网上市场调查、网上新品推广等，使公共关系传播的那种平等性、双向性、反馈性都得到更大程度地提升，信息传播涉及的双方已成为真正意义上平等的交流伙伴，实现了更深层次含义上的双向互动。随着高科技的发展，人类传播史上的革命还将继续，我们有理由相信，未来的公共关系手段将是一种更加数字化的手段，人们会在高科技服务支撑下，实现真正意义的人际互动。50年前我们不知道计算机会如此改变我们的生活，而50年后，高科技会再一次让我们欢呼雀跃。同样地，公共关系也会毫不含糊地选择最先进的高科技传播手段为自己服务、为市场经济服务。

### (四) 公共关系地位战略化

互联网技术、生物工程技术的发展引发全球经济革命，中国作为最具潜力、全球最大的市场之一，在加入世界贸易组织后，更是吸引了全球投资商的注意，越来越多的外国企业进入中国市场，而中国企业也逐步意识到专业公共关系服务的重要性，这些都导致了公共关系咨询业务量的急剧上升。经济发展为传统公共关系服务注入新的内容，信息技术、传播技术突飞猛进，媒体多元化、媒体互动化、信息个性化为公共关系业务的创新发展提供了新的机遇。一大批有识之士认识到，公共关系将在这场全球经济革命中发挥至关重要的作用。一方面，组织的形象竞争呈白热化状态，公共关系作为重要的传播手段和传播战略，将为组织塑造一种"全球形象"，从而被纳入组织的战略管理层面，其战略性地位日益加强。另一方面，全人类面临的一些全球性问题，如环保、人口膨胀、战争与和平、人权与主权等问题的存在与解决，已非一个国家和一个民族所能承受的，而必须通过国际的沟通对话，形成共识，制定国际化的标准，靠全人类通力合作来加以解决。公共关系在解决此类问题的过程中，是最有发言权和成效的。公共关系在未来发展中的战略地位将越来越突出，随着其战略地位的确立，公共关系产业化也将随之形成。公共关系业将与信息业、咨询业等构筑起我国新兴知识产业的又一道风景。

### (五) 公共关系教育规模化

2000年，中国国际公共关系大会通过的《新世纪中国公关业宣言》称"振兴公关、教育为本"。我国公共关系事业的发展以及与国际接轨，是与我国公共关系教育的水平成正比的。21世纪是世界经济大循环、经济技术快速发展的时代，信息技术、网络经济、生命科学等的发展，给人类的生活、学习、生产带来前所未有的机遇和挑战，同样全球公共关系事业面临的新问题也将是前所未有的，这对公共关系从业人员的数量和质量都提出更高的要求。一方面，市场迫切需要大量的公共关系人才；另一方面，复合型公共关系人才大受青睐。复合型公共关系人才既是公共关系领域的"专才"，又是社会科学领域的"通才"，其知识结构和技能结构是全面的。这首先就要求高校来完成对复合型人才的基本培养，让有志于从事公共关系事业的学生能接受从本科到博士的教育，一以贯之；其次社会化公共关系教育与培训将有增无减，在公共关系行业发展的推动下，在规范化高等教育的引导下，全社会普及型和提高型的公共关系教育与培训将有规模、有系统地交叉运行。建立完善的公共关系职业培训体系和理论研究体系，培训一大批掌握公共关系技能、高素质、敬业的高级公共关系从业人员，加快引进国际先进的公共关系技术和最新理论，最终促使整个行业与国际接轨。同时加强行业服务、行业指导，最终建立我国公共关系行业管理组织。

### （六）公共关系人才竞争白热化，行业自律更完善

随着我国公共关系市场的成熟、公共关系教育的规范化、公共关系市场的国际化，公共关系人才的竞争将更激烈。一方面，公共关系形成一项智力产业，专业化智力劳动的价值将得到前所未有的尊重；另一方面，由于市场经济体制的发展，各类组织均已改变了以往那种大而全的组织管理架构，并接受了资源稀缺的市场新观念，这势必促使组织在开展公共关系活动的时候考虑吸纳最优秀的公共关系人才加盟，让组织有限的传播资源能够取得最大的效益。而且公共关系市场的发展与不断完善，会激活公共关系的人才市场。

### 本章小结

本章主要介绍了公共关系的产生与发展过程。首先介绍了公共关系的萌芽；其次介绍了公共关系的兴起与发展，包括各历史阶段的主要特征，如代表人物、主要贡献、典型观点等；最后介绍了公共关系学在世界范围内的发展及未来发展趋势。

## 同步测试

### 一、单选题

1. 公共关系产生的首要条件是（　　）。
   A. 民主政治的发展　　　　　　B. 商品经济的繁荣
   C. 传播技术的进步　　　　　　D. 现代管理理论的发展
2. （　　）被誉为现代公共关系之父。
   A. 伯内斯　　　B. 巴纳姆　　　C. 艾维·李　　　D. 卡特李普
3. 我国引进公共关系始于（　　）年。
   A. 1990　　　　B. 1980　　　　C. 1987　　　　D. 1945
4. 国际公共关系协会成立于（　　）年。
   A. 1955　　　　B. 1959　　　　C. 1945　　　　D. 1956

5. 我国第一个省市级公共关系组织成立于（　　）年。
   A. 1984　　　　　B. 1986　　　　　C. 1987　　　　　D. 1989
6. 公共关系一词首先出现于（　　）。
   A. 1897年美国《铁路文献年鉴》
   B. 1923年伯内斯《舆论的结晶》
   C. 1906年艾维·李《原则宣言》
   D. 1882年一篇题为《公共关系与法律职业的责任》的演说
7. 美国卡特李普和森特在其专著《有效的公共关系》一书中（　　）。
   A. 提出了"双向对称"的公共关系模式
   B. 提出了"投公众所好"的主张
   C. 提出了"公众必须被告知"的命题
   D. 提出了"凡宣传皆好事"的命题
8. 公共关系作为一种职业和一门学科，最早产生于（　　）。
   A. 法国　　　　　B. 奥地利　　　　C. 英国　　　　　D. 美国
9. 我国权威性公共关系社团组织——中国公共关系协会，成立的时间和地点是（　　）。
   A. 1985年在广州　B. 1987年在北京　C. 1986年在上海　D. 1987年在天津
10. 现代公共关系发展史上的第一本公共关系专著是（　　）。
    A.《公共关系学》　B.《舆论》　　C.《有效公共关系》　D.《舆论的结晶》

## 二、简答题

1. 公共关系的产生和发展分为哪几个阶段？
2. 现代公共关系产生的条件有哪些？
3. 如何理解我国的国情是我国公共关系事业发展相适宜的"土壤"与"气候"？
4. 简述公共关系发展的新特点。

## 三、案例分析题

19世纪末，伴随着"揭丑运动"，许多企业开始修建开放透明的"玻璃屋"，以增强企业的透明度，增进与新闻界和社会公众的联系，××化学工业公司（简称××公司）是其中的佼佼者。

××公司是一家从事炸药生产事务的化学公司，那时化学工业刚起步不久，工艺技术尚不是很先进，难免发生一些爆炸事故，起初××公司采取保密政策，一律不准记者采访，结果大道不传小道传，社会公众对此猜测很多，议论纷纷。久而久之，××公司在公众心中留下了一个可怕的形象，这对其市场扩展和企业发展造成了极为不利的影响，××公司为此深感苦恼。后来，一位报界专家建议××公司实行"门户开放"政策，这位专家也受聘出任××公司新闻部部长。此后，××公司在宣传方面改弦更张，坚持向公众公开事故的真相，同时精心设计出一个口号并广泛宣传："化学工业能使你生活得更美好！"××公司还重金聘请专家学者在公众场所演讲，并积极赞助社会公益事业，组织员工在街头义务服务，这些做法改变了其原来的形象。

**问题**：通过案例，你得到什么启发？

四、实训题

1. 联系我国改革开放、市场经济的社会实际，思考公共关系的现实性和重要性。
2. 试举反映公共关系思想或公共关系活动的例子，并谈谈你的看法。

# 第三章 公共关系的主体——社会组织

在人际关系的记分台上,婚姻生活与家庭生活就是每个人的第一个"考场"。

——日本作家 原一平

## 知识目标

- 掌握社会组织的基本知识
- 认识并分析公共关系组织机构
- 了解公共关系人员的基本素质和能力要求

## 技能目标

- 能够区别不同的社会组织
- 能够分析公共关系组织机构
- 能够把握公共关系人员的基本素质和能力要求

## 导入案例

### "脏裤"弄脏"可口可乐"

一位明星因在与可口可乐公司签约广告的仪式上误穿了一条用英文写满脏话的裤子,引起媒体的指责。这件事使这位明星的形象遭受损失就不用说了,花大钱请这位明星做广告代言人的可口可乐公司也跟着"沾光","可口可乐"品牌形象也受到了负面影响。可口可乐公司在中国市场上一直致力于让消费者从可口可乐产品中产生快乐、冒险、朝气等良好的品牌联想。在记者云集的新闻发布会上,这位明星冷不丁地穿出一条密密麻麻地写着脏话的"脏裤",让人大跌眼镜。这种"脏裤"与可口可乐公司希望传递的快乐、冒险、朝气等正面、健康的信息根本不符。可口可乐公司一位负责宣传的人士无奈地说:"我们真的没想到,因为疏忽,这次活动的宣传焦点被转移了。"

## 案例分析

所谓"公众人物",就是指具有广泛社会影响力或社会知名度的人物。公众人物最初专指"公共官员",随着社会价值取向的多元化,以及现代经济、社会、文化产业的发展,一些社会非政治领域的著名人物也成为社会广泛关注的焦点人物,其言行会对社会产生不同于一般民众的影响力和感召力。

总之,社会组织应慎重选择公众人物代言,公众人物也应慎重选择社会组织。公众人物是个体,具有个性;社会组织是群体。两者应相互补充,达到互利互惠的效果。

公共关系的主体是公共关系的发起者、组织者和承担者，是主动开展公共关系活动的一方，是相对于公共关系活动对象而言的。

# 第一节　社会组织的含义、特征和分类

## 一、社会组织的含义及其特征

### （一）社会组织的含义、发展、要素及功能

1. 社会组织的含义

在现实生活中，人们通常把工厂、机关、医院、学校、商店等看作社会组织的具体形式，把规模较小的人群如家庭、邻里、同乡、朋友等视为初级群体的具体形式。然而社会学家关于社会组织的理解却存在着许多不同观点。被西方社会学誉为社会学奠基人的韦伯（Max Weber）认为，社会组织是法人团体，是一个用规章制度限制外人进入的封闭团体。美国社会学家凯普劳认为，社会组织是一种社会体系，有明显的群体特征、正确的成员名录、活动的计划及成员的更替程序。

综合学术界的多种看法，笔者认为，社会组织是指人们在社会分工的基础上，为合理有度地达到自己的目标，有计划、有目的地按照一定的任务和形式建立起来的一种社会机构。它包括政治组织、经济组织、文化组织、军事组织、宗教组织等。

2. 社会组织的发展

人类从出现在地球上的那一刻就开始了群体生活的历程，如果说家庭是社会的细胞，那么社会组织则构成了现代社会的基础结构和人们生活与工作的基本单位。"组织"一词，古已有之：在我国，组织的原意与纺织有关，是指用麻绳编织成布帛；在西方，则渊源于"器官"，指的是自成系统的有特定功能的细胞结构。随着人们认识水平的不断深化和扩展，人们对组织的理解开始从传统的物的意义逐步引申到人类社会层面。

社会组织可以由初级群体或正式群体演化而来，但是当它被称为社会组织时，就已和家庭、氏族、邻里等初级群体高度分离。在人类社会早期阶段，整个社会发展水平极为低下，人们共同活动的群体形式最初是以血缘关系为纽带的原始群、血缘家庭和家族，以及稍后出现的以地缘关系为纽带的村、社等。它们都是人类发展的初级群体形式。随着社会分工的发展、阶级的出现，人们之间的社会关系及人们的社会活动日趋复杂，社会组织因适应社会及社会成员的需要而逐渐形成并发挥作用。但这时人们的社会关系和共同活动的形式还是以初级社会群体为主的。人类社会进入工业社会以后，社会生产力飞速发展，社会组织更需要努力适应发展和社会活动的需要。因此，完成特定目标和承担特定功能的社会组织的大发展就成为近代社会发展的必然趋势。

社会组织的产生，其动力源于功能性群体的出现以及群体正式化的趋势。在社会的演进过程中，一方面功能性群体自然演化成了正规的社会组织；另一方面一些社会群体的正式

化，也造就了社会组织的形成。有学者认为，社会组织可以因社会功能的专门化、社会动员和社会暴力而形成。现代的社会组织也是如此，如各种跨国公司是功能性群体演化成的社会组织，而军队一直是战斗群体正式化的产物。那种认为社会组织只能通过社会分工来产生的观点是片面的。

3. 社会组织的要素

（1）特定的组织目标　任何社会组织的活动都有明确、特定的目标，成员加入组织、参与组织活动的目的和意愿可能千差万别，但他们必须服从于组织统一、共同的目标。当然组织的共同目标需要体现组织成员的愿望和利益。否则，人们即使走到一起也难以明确努力的方向，更不可能产生共同行动的热情。特定的目标是组织构成的重要因素，是组织赖以存在的基础和依据，也是组织的灵魂，一旦组织的目标丧失或模糊，组织就面临解体的危险。

（2）通过一定手续加入的成员　任何社会组织都是由一定数量的社会成员所组成的，这是社会组织生存的先决条件。但是，与初级群体不同，社会组织的成员人数多、规模大，更重要的是某个人要加入某个组织需要具备一定的条件、履行一定的手续。这样可以强化并确认成员对组织目标的认同，明确组织与成员的关系、各自的权利义务及社会组织的边界，同时也可以强化成员对组织的归属感，有利于社会组织对成员的有效管理。

（3）正式的规范性制度　任何社会群体开展活动都离不开一定的规范，社会组织也不例外。但与初级群体不同，社会组织的规范往往是组织正式的规定，是以书面形式明确固定下来的一些规则与制度，它规定着组织成员"应该做什么""应该怎样做"等。在社会组织中，由于实行高度的分工与协作，成员之间的互动多以间接的、非接触的方式进行，为了将成员各自独立的行动有机结合起来，保证组织正常运转与组织目标的完成，需要制定严格的规范，对成员的互动做出明确的规定，以保证成员的行动互相配合。

【相关案例3-1】

## 华为文化的企业之"魂"

华为文化就像企业的"魂"，推动着华为的管理改进与提高。管理制度和规范是在华为文化中酝酿而成的，任何管理制度和规范的制定都不能脱离华为的文化背景。企业的管理制度和规范不可能千篇一律，也不可能照搬其他企业的制度。制定华为的管理制度和规范，必须从实际出发，只有反映华为自身文化特色和业务特点，才能被员工接受和认同。华为文化是华为经营管理实践经验的总结，因此华为的管理制度和规范也应该是华为文化中相对稳定的、符合华为核心价值观并可再次被实践检验为正确的东西，用条文的形式固定化，通过试行反复证明，并在员工中达成共识后，经过正式签发和颁布，被员工共同遵守。实际上只有与华为人的文化背景相适应的管理制度和规范，才能与华为的实际相符合，才具有执行力。

管理机制是靠文化来推动的，文化是华为管理机制产生效力的润滑剂。管理者都必须认同华为的企业文化，并科学灵活地运用文化建设来推动、改善华为的管理。管理机制是由组织、岗位职责、管理制度和规范等构成的，具有刚性。它脱胎于企业文化，同时又是构建在企业文化的基础之上，靠企业文化的推动和润滑而运转的。一位管理者，尤其是中高层管理者，只精通业务而不懂得如何抓组织建设、制度建设和文化建设，就无法实施管理，实际上不适合做管理者。

【启示】
　　制度与文化是最基本的两种管理手段。一个优秀的企业一定是一个制度完善、管理规范、文化共享的企业。企业管理制度是企业为求得最大效益，在生产管理实践活动中指定的各种带有强制性义务，并能保障一定权利的各项规定或规章制度。企业规范管理制度是实现企业目标的有力措施和手段。它作为员工行为规范的模式，能使员工的个人活动得以合理进行，同时又成为维护员工共同利益的一种强制手段。因此，企业的各项管理制度是企业进行正常经营管理所必需的，它是一种强有力的保证。基于优秀企业文化的管理制度必然是科学、完整、实用的管理方式的体现。

（4）权威的领导体系　权威的领导体系是指由职位等级所确立的权力和领导体系，它确立了不同层级成员之间的权利、义务关系，保证了组织内部的秩序和共同行动的可能性。在社会组织中，权威是由具体的职位来代表的。一个人离开了职位，他的权威作用也就停止了。一般来说，现代社会组织中的权力结构是由决策层和执行层所构成的一种支配。决策者人数较少，处于塔尖的权力核心地位；少数管理者处于塔中的权力边缘；大量执行者则处于塔底的权力外围。在组织中，决策者往往以指令的形式通过管理者将自己的意志传递给执行者，要求其认真贯彻执行。除自上而下的纵向分配外，从横向分配来看，还存在着不同的权力之间的分工负责和相互配合协调。这种纵向的领导与被领导、支配与服从的关系和横向的分工负责、互相配合，使组织活动能有领导、有目的、有计划地进行。

（5）一定的物质设施与技术条件　社会组织的存在和发展需要基本物质设施和技术条件。组织的物质设施为硬设施，包括组织活动的场所、工具等。例如，学校要有图书馆、教室和教学设备等；医院要有药品、医疗设备、病房等；工厂要有厂房、机器、原料等。没有这些必要的物质设施，组织活动就难以展开，组织目标也无法达到。组织的技术条件为软设施，也叫软技术，是指组织成员熟练运用这些设施完成个人活动的技术，它有赖于组织对成员的培训及成员自身知识和技能的积累。

（6）组织环境　组织所处的环境也是组织的基本要素之一。社会组织是一个开放的系统，就每一个社会组织来说，它不仅自身要与周围环境进行物质、人员、信息的交换，而且根据与其他组织的关系，组成不同的组织体系，在更大的范围内和更高的水平上与外界环境进行各种形式的交换。一个组织如果绝对地自我封闭，组织的生命也就停止了。因此，对组织环境的关注与研究是现代社会组织发展的必要条件。

4. 社会组织的功能

（1）整合功能　所谓整合，是指调整组织中不同构成要素之间的关系，使之达到有序化、统一化、整体化的过程。具体表现为组织的各种规章制度（有形的、无形的）对组织成员的约束，从而使组织成员的活动互相配合、步调一致。通过组织整合，一方面可以使组织成员的活动由无序状态变为有序状态；另一方面又可以把分散的个体黏合为一个新的强大的集体，把有限的个体力量变为强大的集体合力。这种合力不是 1＋1＝2，而是 1＋1＞2。显然组织整合功能的有效发挥有利于组织目标的实现。

（2）协调功能　组织内部各职能部门、各组织成员尽管都要服从组织的统一要求，但是由于他们各自的目标、需要、利益等方面得以实现或满足的程度和方式存在着事实上的差异性，因此组织成员之间或组织的各职能部门之间必然存在一些矛盾和冲突。这就需要组织充分发挥协调功能，调节和化解各种冲突和矛盾以保持组织成员的密切合作，这是组织目标得以实现的必要条件。

（3）维护利益的功能　社会组织是基于一定的利益需要而产生的，不同的组织是个体利益分化的结果。组织利益与个体利益息息相关，正所谓"一荣俱荣，一损俱损"。维护利益功能的有效发挥能充分调动组织成员的积极性、主动性和创造性，提高组织的凝聚力，增强组织成员的向心力，从而顺利高效地实现组织目标。

（4）实现目标的功能　组织目标的实现要依靠组织成员的统一力量，而这种统一力量的形成，需要以组织整合和协调功能的有效发挥作为基础，以利益功能为动力。各种社会组织都是社会大系统的一个分子，因此实现目标的功能既包括实现组织自身目标，也包括实现社会大目标。

上述四种功能并不是相互割裂的，而是作为一个系统发挥其作用。值得注意的是，组织功能的正常发挥要以健全的组织构成要素为基础。因此，加强组织自身建设，是充分发挥组织功能的基本前提。

### （二）社会组织的特征

1. 特定的组织目标

组织目标一般是明确的、具体的，表明某一组织的性质与功能，人们只有围绕某一特定的目标，才能形成从事共同活动的社会组织。组织目标是组织活动的灵魂，它可以是单一的，也可以是具有内在联系的目标体系。

2. 一定数量的固定成员

社会组织是由至少两个人或两个以上的人组成的系统。组织成员是相对固定的，成员明确地意识到自己属于某一组织；社会组织如无固定的成员就失去了自身存在的实体基础。进入或退出一个组织必须按照一定的程序进行，组织成员资格的取得一般都要经过组织的考核与审查。

3. 制度化的组织结构

为了实现特定的目标并提高活动效益，社会组织一般都具有根据功能和分工而制度化的职位分层与部门分工结构。只有通过不同职位的权力结构体系，协调各个职能部门或个人的活动，才能顺利开展组织活动并达到组织目标。

4. 普遍化的行动规范

普遍化的行动规范一般是以章程的形式出现的，并作为组织成员进行活动的依据。组织的行动规范是每个成员必须遵守的，它通过辅助的奖惩制度制约组织成员的活动，以维护组织活动的统一性。

5. 开放式的组织系统

就每一个社会组织来说，其开放式特征主要体现在其与所处组织环境之间的人、财、物及信息资源的交换。自我封闭的组织生命是短暂的。社会生活中实际存在的工厂、机关、医院、学校、商店等都是社会组织的具体形式。

## 二、社会组织的分类

### （一）常见的分类

1）按照组织成员之间的关系，社会组织可分为正式组织和非正式组织。正式组织是指通过正规途径建立的组织，其成员关系比较确定和正规，对活动有明确规定和严格要求，有健全的制度和完善的管理，如政党、政府机关、军队等。非正式组织是指组织成员基于地理位置、兴趣爱好等形成的非正式团体，在该团体中，人们形成共同的感情，进而构成一个体系，它在某种程度上左右着成员的行为，但其活动规则不十分严格，参加和退出比较自由，如体育俱乐部、业余兴趣小组等。

2）按照组织的社会功能，社会组织可分为：以经济生产为目标的组织，如工厂、公司、饭店等；以政治为目标的组织，如政府部门；担负协调功能的组织，如法院等；担负教育功能的组织，如学校及文化机构等。

3）按照组织目标与受益者的关系，社会组织可以分为互利组织、商业组织、服务组织、公益组织等。互利组织指的是组织内部成员间互相获利，如俱乐部、工会等都属于此类。商业组织的受益者是商业组织的所有人和与其相关的组织或个人，如工厂、公司、批发商与零售商、银行、保险公司等。服务组织是以服务为基本功能的组织，如医院、学校、律所等，它的受益者是与该组织直接接触的人。公益组织指的是非政府的，不把利润最大化当作首要目标，且以社会公益事业为主要追求目标的社会组织，它的受益者为社会大众如，中国红十字基金会等。

4）按照组织对成员的控制类型，社会组织可分为强制性组织、功利组织和规范组织。强制性组织是指采取物理威逼手段对成员进行控制的社会组织。功利组织是指以金钱或物质控制成员的组织。规范组织是指通过将组织规范内化为成员的伦理观念或信仰来控制成员的组织。

5）按照组织的性质，社会组织可分为经济组织、政治组织及文化组织。经济组织是最基本最普遍的社会组织，它担负着为人们提供衣食住行和文化娱乐等物质生活资料的任务，履行着社会的经济功能，如生产领域的工厂、农场，流通领域的各种商业组织等。政治组织是具有各种政治职能的组织，如立法、行政、司法组织，各种军事组织、政党和政治性社团组织等。文化组织是以满足人们各类文化需求为目标，履行着文化和教育的功能的组织，如文化艺术团体，各类学会、学术和科研团体等。

### （二）特有的分类

由于公共关系研究的是组织形象塑造问题，因此对组织进行分类将有利于人们更好地把握公共关系。社会组织纷繁复杂、形式各异，可以根据不同的标准对其进行不同的分类。鉴于对公共关系行为影响较大的因素主要是营利和竞争，所以这里主要根据组织是否营利和是否具有竞争性为标准，将组织分为四类，即竞争性营利组织、竞争性非营利组织、独占性营利组织和独占性非营利组织。

1. 竞争性营利组织

这类组织一般包括生产型组织、商业组织、服务型组织等，它们为了自己的经济利益，为了在市场竞争中争取顾客，一般都会比较主动地争取公众的支持，树立良好的组织形象，但比较容易偏重与市场活动直接相关的公众，其公共关系行为的营利性较为明显。

2. 竞争性非营利组织

这类组织一般包括各类专业学术团体等，它们没有营利动机，但由于需要在竞争中赢得舆论的理解和公众的支持，因此也十分重视公共关系，会尽可能广泛地建立和发展自己的公共关系。

3. 独占性营利组织

这类组织是指在市场竞争中居独占性地位的组织。其产品或服务具有独占性，其他组织无法与其竞争，因此这类组织很容易产生损害公众利益的行为，从而使自己陷入不利舆论的困境。在我国这类组织不多。

4. 独占性非营利组织

这类组织由于利益驱动及压力竞争的缺乏，往往容易忽略自己的公众，甚至脱离公众，公共关系意识比较薄弱，公共关系行为相对滞后。

人类的经济、政治和社会需要，大部分是通过社会组织来满足的。人们无论从生理上还是智力上都无法以个人的形式满足自己的需要，只能以群体的形式来加强满足需要的能力。建立在社会分工基础上的专业化组织，将具有不同能力的人聚合在一起，以特定的目标和明确的规范协调人的活动和能力，从而更有效地满足人们的多种需要。大小不同、功能各异的社会组织构成了现代社会的主要基础。关于社会组织的知识和研究，已发展成为一个独立的综合性学科，即组织社会学。

## 第二节　公共关系组织机构

公共关系组织机构就是由专职公共关系人员组成的专门从事公共关系工作的部门或机构。

## 一、公共关系部

### （一）公共关系部的概念及性质

1. 公共关系部的概念

公共关系部又可以称为公共事务部、公共信息部、公共广告部等，具体是指企业、事业单位和政府部门内部设立的专门性的公共关系工作机构，主要负责处理、协调、发展本组织与社会公众和组织内部公众关系，是组织的重要职能部门。

2. 公共关系部的性质

（1）专业性　首先，公共关系工作是专业性很强的工作，如新闻写作、广告设计、美工摄影、编辑制作等；其次，从业人员应是受过一定专业训练、具有一定专业水准和能力的人。

（2）服务性　公共关系部的重要职能之一是信息和情报的搜集和反馈。公共关系具有服务的特点，能够为组织内各个环节的下一步计划提供有价值的信息和情报。

（3）协调性　公共关系部的协调性一是指公共关系部本身在工作时应产生整体效应；二是指公共关系部应充分协调各种内外关系，为组织发展营造良好的内外部环境，共同实现组织的目标。

（4）自主性　公共关系部作为社会组织内的一个重要管理职能部门，应有独立的地位，在一定的权限范围内，可以自主地开展公共关系活动。

3. 公共关系部的工作

公共关系部有大量的工作，具体概况为以下七项：

1）举办或参加专题活动，包括举办新闻发布会、展览会、参加经销会、筹划和组织纪念活动等。

2）对外联络协调工作，包括与新闻界和社会各界人士的联系，组织安排本组织参与外界有关活动等。

3）编辑出版工作，包括编写月度、年度报告和各种宣传资料，出版内部刊物，制作新闻图片、录像带、幻灯片和组织标志等。

4）调研工作，包括民意调查、报刊检索、市场分析、资料整理等。

5）礼宾接待工作，包括定期接待、日常接待等。

6）参与社会组织的决策，如提出对新产品开发与宣传的意见等。

7）对内协调工作，如加强供、产、销各部门间的信息沟通与合作等。

### （二）公共关系部的职能

1. 搜索信息

组织要想发展，就必须了解社会环境的状况。社会环境会受到不同因素的影响，正所谓"适者生存"。因此，公共关系部需要搜集大量组织经营发展的信息，并对信息进行调查和研究。

2. 咨询建议

公共关系部是资料储存中心，搜集、储存和处理与企业密切相关的社会信息；公关部是信息发布中心，它是企业的喉舌，对外的信息就由它来发布。公关负责人隶属于企业决策者，可以及时反映外界的信息、提供咨询和建议，准确地向外界和职工传递决策者的信息和意图，有效贯彻落实企业的公共关系思想和决策。

3. 塑造形象

公共关系部应不断地向公众传播"服务至上"的经营观念，组织开办有特色的服务项目和活动，积极联络社会各界公众，主动承办各类宣传活动，树立组织良好的社会形象。

4. 危机处理

公共关系部代表组织接受公众的投诉，建立组织和公众间的相互了解、信任和支持的关系，主动搜集公众的意见，监督各业务部门的工作情况以及不断督促它们提高管理水平和服务质量，及时对相应的危机事件做出回应并积极处理，维护组织声誉。

5. 实现战略

首先，要确立组织的战略地位，就必须明白社会环境的状况。社会环境会受到不同因素影响，对此需要调查和研究，这就是公共关系部应负的责任。其次，增强组织成员的群体意识，提高组织成员的士气，士气就是成员的精神状态。高昂的士气对成员来说是很重要的，它能使成员每天的工作充满快乐。成员的高昂士气对组织来说也极为重要，因为高昂的士气会带来高质量的产品和令人满意的劳动生产率，良好的内部公共关系正是公共关系部的职责之一。最后，提高成员素质。成员素质是组织决定性因素，提高成员素质主要是靠教育，教育可以引导组织内部的全体成员建立公共关系策划意识，使全体成员将公共关系意识融入日常的言行中，成为习惯和行为规范，这会直接影响组织的形象和经济效益。因此教育职能是公共关系部的职能之一。

6. 促进销售

产品销售是任何一个生产型或经营型组织的经常性活动，在产品销售上，公共关系部的作用为：新产品投放市场时开展公共关系活动，使顾客在了解产品的基础上产生购买的欲望和行为；现有产品的销售也存在扩大市场的问题，扩大市场也离不开公共关系，它帮助提升品牌知名度和关注度，树立良好的组织形象，建立良好的公共关系，促进组织的长期发展。

【相关链接3-1】

### 青岛狮王日用化工品有限公司公共关系项目

青岛狮王日用化工品有限公司为了让更多的消费者了解"狮王"牙膏这一新品种，特意在全国"爱牙日"向青岛新入学的小学生赠送附有"口腔卫生"有关内容的课程表和精美书签，它们至少能被使用一个学期。于是"小狮王"在这些孩子心目中留下了深刻的印象。不仅如此，这只教孩子爱护牙齿的"小狮王"也得到了家长和老师的喜爱。此公共关系项目成功的原因就在于企业抓住了儿童和家长的感情特点,以"情"作为公共关系活动的主题,充分体现了对下一代健康的关心,从而引发了消费者的购买动机。

### (三) 公共关系部的组织结构

1. 公共关系部的组建原则

公共关系部是组织内部的一个专门从事公共关系工作的部门,它的组建必须遵循一定的组织原则。

(1) 精简原则  精简原则是组建一个机构的基本原则,在组建组织内部的公共关系部时首先要考虑的也是这个原则。这意味着公共关系部下属的二级机构要精简,人员岗位和编制要精简,不要因人设岗而导致人浮于事。组织公共关系部的规模可大可小,大者几十人甚至上百人,小者3~5人,甚至只有1人。在确定公共关系部的规模时,一般要考虑组织本身的规模、组织内部各职能部门的职能分配、组织对公共关系部的要求、组织的公众特点等情况。一般说来,公共关系部的规模与组织规模呈现一种正相关态势。美国公共关系学者经过调查发现:年产值超过10亿美元的大型企业,公共关系部平均44人,一般的大中型企业公共关系部平均10人,其他文教、医疗、基金会等组织公共关系部约六七人。英国著名公共关系专家弗兰克·杰夫金斯在其《实用公共关系学》中也提出了一个参考标准,见表3-1。

表3-1  不同规模组织中公共关系部人数表

| 年销售额(亿美元) | 公共关系部人数(人) |
| --- | --- |
| >10 | 44 |
| 5~10 | 20 |
| 2.5~5 | 13 |
| 1~2.5 | 12 |
| 0.5~1 | 6 |
| <0.5 | 4 |

(2) 效能原则  公共关系部是专门开展公共关系工作的组织机构,它的每一项工作都可能涉及组织的声誉和形象。因此,组织在设立公共关系部时,一定要考虑让公共关系部充分发挥其效能,行使其职能。这就要求组织一方面要界定公共关系部的职责和权利,要让公共关系部拥有其职责范围内相应的人、财、物的决策权,以保证其工作的主动性和积极性;另一方面要合理设置公共关系部内部的二级机构,使整个公共关系部能有效地整合起来,形成整体效应,发挥最大效力。

(3) 灵活机动原则  公共关系部的工作既包括日常性的信息搜集和整理分析、公众来访接待、常规公共关系宣传等工作,也包括组织一些临时性大型专题活动和处理突发事件。这就要求组织在设立公共关系部时,充分考虑这两种不同性质工作的特点,使组织的公共关系部能适应客观环境变化和组织工作的调整,保持高度的灵活性和应变能力。

【相关案例 3-2】

### 某食品企业的消费者投诉风波

某律师在消费当地一家颇有影响力的食品企业所生产的食品时，发现产品存在严重的质量问题。于是，他与该食品企业进行了交涉，企业接待人员给了他一个答复，但此后便没了下文。那位律师将有质量问题的食品拿到当地一家颇有影响力的报社，将情况反映给记者。该报社遂派记者到食品企业进行现场采访。记者在企业拍摄到了很多违反国家食品生产规定的现场画面。食品企业领导发现后向记者索要其拍摄的图片资料，记者不给，遂将记者扣留。在当地公安人员的解救下，记者在被困一个多小时后得以安全返回。事后，该报社以系列报道的形式将消费者反映的有关该食品企业的问题、记者在食品企业中所拍摄的图片材料，以及记者的拍摄经历公之于众，食品企业一时陷入经营困境。

【启示】

该食品企业陷入经营困境的根本原因是企业经营行为不当，导致所生产的食品违反国家的有关规定，引起消费者不满。直接原因则在于食品企业没有很好地处理消费者的质量投诉，导致危机出现。更严重的是对前来采访的记者采取了非法手段，加重了危机程度，从而使自己陷入经营困境。

建议该食品企业负责人首先，要求负责处理此类事情的人员认真对待消费者的质量投诉，与消费者协商，根据国家有关规定和消费者意愿，妥善解决问题，以防止事态的扩大。其次，在此过程中，如有记者前来采访，在尊重记者的采访权的前提下，力争客观地表达食品企业对问题的处理意见及整改措施，求得媒体的客观报道。最后，在此基础上，查找自身管理中的漏洞，严格管理，杜绝类似问题的再次发生，从根本上杜绝危机源。

2. 公共关系部的结构类型

按公共关系部的隶属关系，公共关系部可以分为最高领导直接负责型、部门并列型、部门所属型、职能分散型四种类型。

（1）最高领导直接负责型　这类公共关系部的负责人是由组织的最高领导者直接担任的，充分体现了公共关系部在该组织中的重要作用，是最理想的模式，其组织结构如图 3-1 所示。

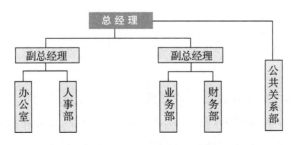

图 3-1　最高领导直接负责型组织结构

（2）部门并列型　这类公共关系部设在与其他职能部门平行的位置，公共关系部的负责人作为组织中层管理者的一员，有权参与组织重大决策，也能独立自主地开展公共关系活动，其组织结构如图3-2所示。

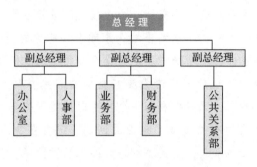

图3-2　部门并列型组织结构

（3）部门所属型　这类公共关系部设于某一职能部门之下，如隶属于办公室、经营部门、销售部门或宣传部门等。公共关系部偏重所隶属的职能部门的职能，其组织结构如图3-3所示。

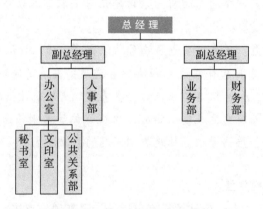

图3-3　部门所属型组织结构

（4）职能分散型　这类公共关系部是指一些组织在机构设置中没有专门设置公共关系部，而是将公共关系部的职能进行分解，在其他部门中分别体现与本部门相关的公共关系职能。如在销售部中设专门从事信息搜集工作的岗位，在宣传部门中设专人负责与新闻媒体联系，等等。

3. 公共关系部的结构模式

公共关系部的结构模式是指公共关系部的组成方式或结构形式，大致可以分为以下几种。

（1）根据公共关系工作的区域来设置公共关系部　这种模式适用于大中型企业或公众面比较广的社会组织。一般来说，可以分为国内部和国外部，而国内部又可以细分。这种结构模式的优点是能够针对不同区域公众的不同需求开展有针对性的公共关系工作。

（2）根据公共关系对象来设置公共关系部　任何社会组织的公众都是由内部公众和外

部公众组成的，内部公众主要是职工、股东等，外部公众主要是顾客、新闻界等。可以根据职能相应地设立公共关系部门，如顾客关系组、新闻界关系组等。它的优点是有利于组织与公众的联系，也有助于培养公众对组织的好感。

（3）根据公共关系工作所借助的手段来设置公关部　从事公共关系工作要借助于一定的手段，依手段不同可以设立新闻通信小组、美术制作组、编辑出版组、调查组等。它的优点是：由于每一位公关人员的职责明确，所以便于指挥和管理。

以上三种形式并不是完全独立的，组织可以根据自身的实际情况选用其中的两三种形式，公共关系部结构模式的唯一判断标准就是看它是否有利于公共关系工作的顺利进行。

4. 公共关系部的人员配置

1）编辑、拟稿人员负责采写本组织的新闻，编辑内刊、组织年鉴、年报等，答复、解释公众问题，写发言稿。

2）调查、分析人员负责调查公众的意见、建议，分析公众对产品和组织的态度，不同的公众态度产生的原因，以及与各类公众有效沟通的方法。

3）公共关系活动策划人员负责研究各类公众心理，分析整个社会环境，确定每一次公共关系活动方式和具体安排等。

4）公共关系活动的组织人员应能够充分了解公共关系实务的工作原则、方法、技巧；有足够的组织管理能力和应变能力。

5）其他专门技术人员负责摄影、美工等工作。

5. 公共关系部的优势与弊端

公共关系部作为组织内部公共关系机构，与组织外部公共关系机构相比较，有着自己的优势：①能够最大限度地发挥组织内部各种因素的作用，提高公共关系工作的成绩和效益；②能够充分提高公共关系工作的针对性和及时性；③有利于保持公共关系工作的连续性和稳定性；④有利于节约经费开支。

同时，公共关系部也有其存在的弊端：①职责不明，负担过重，这是公关部最常见的不足之处。由于公共关系工作涉及面广，组织的领导很容易把许多"三不管"的问题交给公共关系部去办，有时还很容易把许多虽然属于公共关系范畴，但应由其他部门办的事情也交给公共关系部去办，影响正常工作的进行。②看问题不够客观，公共关系部的人员在处理问题时有时不够客观，容易受组织内人际关系等因素的影响。如因人事、工资等方面受制于本组织，担心得罪领导，会违心地迎合领导的意图，不如实报道情况；或出于对自己前途的考虑，可能掩盖问题的真相，不能客观、实事求是地看待问题或处理问题。③总费用可能比聘用公共关系公司多，这是因为公共关系部的工作人员都要占有一定的组织编制，除了需要长期支付工作人员工资外，还需要购置大量的办公设备。④有可能成为组织的一种负担，如果组织内公共关系部的建立不具备条件，是为了赶时髦东拼西凑而成的，或者工作人员缺乏专业训练，难以胜任工作，或由于公共关系经理不具备领导素质，得不到领导和其他部门的重视，难以开展工作，这样的公共关系部既占用编制又浪费人力，就可能成为组织的一种负担。

## 二、公共关系公司

### (一) 公共关系公司的概念及特点

1. 公共关系公司的概念

公共关系公司是公共关系咨询公司、公共关系顾问公司、公共关系事务所、公共关系服务公司等独立的公共关系服务机构的统称。公共关系公司是由各具专长的公共关系专家组成的,是专门从事公共关系咨询服务或受理委托为客户开展公共关系活动的营利性服务机构。

【相关链接 3-2】

**中国环球公共关系公司**

我国公共关系咨询市场已发展了十几年,与这个市场同步成长的中国环球公共关系公司(简称环球公司)是我国大陆成立的较早的专业性公共关系顾问公司。环球公司1986年经中华人民共和国对外经济贸易部批准成立,至今已在我国公共关系市场上运作30多年。环球公司隶属于中国国家通讯社——新华社,总部设在北京,在我国的各省会及重要地区均设有分支机构。

凭借良好的背景、经验丰富的人才和专业化的服务,环球公司在学习中成长,在成长中壮大,在为客户提供优质服务的同时,赢得了客户的信任,也取得了自身的发展。今天,环球公司的客户已遍及信息技术、通信、医疗保健、金融、机械、化工、房地产和日用消费品等多个领域。

多年来,环球公司始终坚持:客户服务是经营工作的主体;有效的超值服务是工作的标准;业务的拓展是公司生存的基础;专业化管理是业务发展的核心;人才培养是环球公司承前启后的关键;团结协作是环球公司公共关系事业成功的保障。

2. 公共关系公司的特点

(1) 专业性 公共关系公司专门为客户提供某种公共关系技术服务或为某一特定的行业提供公共关系咨询服务。

(2) 全面性 全面代理是公共关系公司的发展趋势。公共关系公司不仅为客户提供某一方面的专项服务,而且可以提供综合性全面服务;或者与广告公司合营,扩大经营范围,提供全面的公共关系业务。

(3) 客观权威性 由于公共关系公司与委托办理业务的组织之间没有直接利益关系,因而观察问题的立场是客观的,对问题的评估也比较实事求是。

(4) 广泛性 广泛性是指公共关系公司的信息来源的广泛性、渠道的网络性。

(5) 经济性 经济性是指公共关系公司开展公共关系活动具有整体规划的经济性。

### (二) 公共关系公司的类型

1) 按服务性质,可以将公共关系公司分为综合服务公司、专项服务公司。

综合服务公司是指经济实力雄厚、专业水平高、业务范围广泛,能够为客户提供多方面的综合性服务的公共关系公司。公共关系专家是指在公共关系领域具有专业知识、实践经验的人,包括员工关系专家、媒体关系专家、消费者关系专家、社区关系专家等;技术专家包括民意测验专家、宣传资料专家、演说专家、出版物专家等。

专项业务公司是专门为客户提供某种单项公共关系技术服务的公司。例如,为客户制作广告,做形象调查等。这种公司规模一般不大,但服务内容灵活多样。

2) 按经营方式,可以将公共关系公司划分为合作型公司和独立型公司。

合作型公司是指与广告公司等合作经营的公共关系公司。独立型公司则是坚持自身经营的独特性,不论经营单项、专项、多项或综合性业务,都不与广告公司或其他部门合作的公共关系公司。

【相关链接 3-3】

### 独立型公司——爱德曼国际公关有限公司

爱德曼国际公关有限公司(简称爱德曼),1952年在美国芝加哥成立,是世界上最大的一家提供公共关系咨询服务的独立型公共关系公司,现在世界各地有几十家办事处,在几十个城市有合作伙伴。

爱德曼致力于在急剧变化和快速融合的世界中帮助客户建立和维护企业品牌形象,业务遍及亚太、中东及非洲地区。爱德曼于1990年进入我国,是最早落户我国且发展最迅猛的国际公共关系公司之一。30余年来,爱德曼在中国市场上充分发挥品牌优势与智慧,结合其全球网络与国际经验,为各领域的客户提供专业服务,协助客户在瞬息万变的中国市场上取得成功。

爱德曼对我国政策、法律、经济、市场、民情有深入理解,通过灵活运用传统媒体和网络媒体,迅速直达关键利益相关群体。爱德曼在我国的主要经营业务包括企业传播、企业战略定位、媒体关系管理、危机/突发事件管理、政府及公共事务及社交媒体与口碑营销等。通过运用专业优势与实践经验,从企业内部发展战略、业务领域开拓到品牌声誉、产品宣传,构建一个真正的全方位服务体系。

爱德曼拥有丰富的媒体资源,与近20个行业的媒体保持频繁互动。同时,爱德曼汇聚了众多业内最成功的传播人才,通过提供系统的培训机制和个性化的员工发展规划,使团队稳定率远远高于行业标准,这为向客户提供持续统一的高品质服务提供了有力保证。爱德曼拥有大量优质的客户,客户所在行业涉及金融投资、IT、快速消费品、化工、能源、汽车等领域,主要客户包括3M、希尔顿、蔻驰、强生、惠普、甲骨文、星巴克、塔塔集团等。爱德曼为客户提供企业品牌及声誉管理、企业社会责任、产品公关、危机管理、投资者关系等方面的服务,在帮助企业达成商业目标方面赢得了良好的声誉。

3) 按服务地区分,可将公共关系公司分为区域性公司、全国性公司、国际性公司等。

【相关链接 3-4】

### 奥美公共关系国际集团

1980年成立于美国纽约的奥美公共关系国际集团(简称奥美公关),它和奥美广告等姊妹公司分享同一企业品牌，1995年开始在我国大陆设立分公司。奥美公关从事建设和保护品牌形象的事业，并且协助客户进行改革。奥美公关的服务范围涵盖业务增长、企业变革、资金筹集、危机管理、领导地位定位、行政总裁来访安排、媒体关系、技巧开拓、产品销售、结盟关系拓展、员工和政府关系等。奥美公关被业内权威刊物 *PRWeek* 评选为2001年度最佳公关公司，也曾获 *Asian PR News* 颁发的年度"最佳公关网络"和年度"最佳公关顾问公司"两项大奖。奥美公关通过遍布美国、欧洲和亚洲区46个市场的51间办事处，以及隶属行销传播集团——WPP集团旗下的其他姊妹公司和附属机构，为世界各地客户提供全方位的专业公共关系顾问服务，范围涵盖医药卫生、策略行销、科技、娱乐和生物科技等产业。

### （三）公共关系公司的优势与弊端

公共关系公司作为旁观者的身份使其观察和分析问题更客观，外来者身份使其建议和方案更权威，一次性付费使组织公共关系活动"价效比"更优。知名公共关系公司的形象具有扩散效应。

#### 1. 公共关系公司的优势

与公共关系部门比较，公共关系公司有以下的优势：

（1）职业水准比较高　公共关系公司不仅向一般客户（包括已成立公共关系部的组织）提供服务，还承担培训公共关系人员的任务，因此其工作人员必须有较高的职业水准。另外，公共关系公司面向社会广泛搜罗人才，公司选择人员面比较广，通常都能选聘相当数量的各种专业的公共关系专家和人才。此外，公共关系公司承办的业务大多是各社会组织难以解决的，这类业务既复杂又难度大，在长期与各种复杂难题打交道的工作实践中，公共关系公司的工作人员积累了丰富的工作经验，练就了较高的技术水平，形成具备各方面能力的专家队伍。

（2）看问题比较客观　公共关系公司的专家和工作人员不是组织内的成员，不受组织内各种人事关系的影响，也不必听命于客户的某位领导。俗话说旁观者清，因此他们看问题不带主观想象或感情色彩，能以客观公正的态度，实事求是地分析问题和解决问题。

（3）社会关系广泛　公共关系公司活跃于整个社会，在长期的工作过程中，与社会各类组织及各类公众建立了密切的联系，如与政府部门、社会团体及社会各界知名人士都有良好的关系，特别是公共关系公司对大众传播媒介比组织的公共关系部更为熟悉，因此它能广泛地反映公众的意见，联系工作也方便，有利于扩大和提高组织的知名度与美誉度。

（4）信息比较灵通　公共关系公司的第一项任务就是搜集和提供信息，其所有咨询工作都是在对信息分析的基础上进行的。因此，信息是公共关系公司的最大优势之一，人们评价公共关系公司质量的一个重要方法就是看他掌握信息的多少。

（5）机动性强　由于公共关系公司，尤其是大型公共关系公司拥有雄厚的人力、物力和财力，可以针对不同的公共关系任务和不同的客户，组织相对集中的人、财、物来打"歼灭战"，在接受紧急任务或遇到紧急情况时，可以临时抽调有关专业人员，组织专门的工作班子，集中力量解决问题，在没有任务时可以回到专业部门去做业务准备，具有很强的机动性。

(6) 建议容易被人们重视　俗话说"远来的和尚会念经",与公共关系部相比,公共关系公司提出的建议更容易被组织的领导接受。一方面是因为公共关系公司派出的专家经验比较丰富,技术水平比较高,能提出有价值的建议和方案。另一方面是由于他们是组织专门聘请的,深受组织领导的信赖,在组织领导心目中有良好的形象和较高的威望。因此,他们提出的建议和方案更具有说服力和影响力,更容易引起重视,更易被组织采纳和接受。

(7) 节约经费　这主要是针对中、小企事业单位而言的。这些组织要设立公共关系部,就必须增加人事编制和行政经费,如果组织内公共关系活动较少,就不太合算。

2. 公共关系公司的劣势

与公共关系部比较,公共关系公司的劣势也很明显:

(1) 不太熟悉客户情况　由于公共关系公司是组织外的机构,因此对客户的情况了解不深,而客户有时也不便或者不愿意把一些内部的有关情报透露给公共关系公司,这就增加了公共关系公司人员了解情况的困难,特别是最初阶段无法介入或参与最高决策,难免影响工作进度和工作质量。

(2) 工作缺乏连续性,持续性差　对于组织来说,只聘用公共关系公司的专家难以使组织内部的公共关系工作持续化、稳定化。因为组织往往只在遇到公共关系问题时才临时求助于公共关系公司的,公共关系公司为某一组织提供服务的时间一般不会太长,这样就难以为客户制订和执行长期的公共关系计划。

(3) 远离客户　由于大多数公共关系公司设在大城市,因而对于地处中小城市的客户来说,聘请公共关系公司专家很不方便,不仅路遥费时,还要增加往返旅途的开支,使人感到得不偿失。特别是遇到紧急情况时,由于公共关系公司与客户距离较远,不利于及时开展相关工作。

### 三、公共关系社团

#### (一) 公共关系社团的概念

公共关系社团是社会上自发组织起来的、从事公共关系理论研究和实务活动的非营利性群众组织或群众团体,主要包括公共关系协会、学会、研究会、俱乐部、联谊会等。它们通过自己的出版物、会议、实践活动等,起着推广和普及公共关系意识、提高人们的公共关系技能的重要作用。

#### (二) 公共关系社团的产生

1) 行业性公关专业协会的出现早于公共关系作为一门课程进入大学课堂。

2) 总部设在伦敦的国际公共关系协会 (International Public Relations Association, IPRA, 1955) 是最具影响力的,英国的公共关系顾问协会 (Public Relations Consultants Association, PRCA, 1969) 等也非常有影响力。

3）我国较有代表性的协会组织有：上海公共关系协会（1986）、中国公共关系协会（1987）、中国高等教育学会公共关系学会和全国省市公共关系组织联席会议。

**【相关链接 3–5】**

国际公共关系协会

  国际公共关系协会于 1955 年 5 月 1 日在伦敦成立，是从事公共关系研究与实践的国际性社团组织。组织机构包括理事会、董事会、常务委员会。该协会的宗旨是为从事公共关系事务的工作者提供交流观点和经验的渠道，提高公共关系人员的素质，在各国尤其在国际性城市培训具有国际水平的公共关系人才，并通过普及公共关系知识和解释公共关系目标与方法来提高公共关系的价值和影响力，出版有关刊物，传播公共关系信息，推动公共关系事务在全世界的发展。该协会 1000 多位会员，来自 60 多个国家。经费主要来自会员交的会费。出版物有《国际公共关系协会评论》（季刊）、《会议纪事》。

## （三）公共关系社团的类型

### 1. 学术型社团

  学术型社团是指公共关系学会和研究会等学术性强的公共关系社团。学术型社团研究公共关系理论问题，把握公共关系发展的趋势和方向，及时为公共关系人员提供理论、信息指导，多借助研讨会形式。

**【相关链接 3–6】**

华南理工大学公共关系协会

  华南理工大学公共关系协会（简称公共关系协会）于 1993 年 4 月正式成立，是华南理工大学重点扶植建设的学术性社团。公共关系协会以"举办特色活动、开展学术研究、推广公关文化、普及公关知识"为职能，本着"提高华工人的公共关系水平，树立华工人的美好形象"的宗旨理念，承诺为全体会员乃至华南理工大学学生提供最优质的服务。

  公共关系协会经过 20 多年的发展，已经在学校 130 多个社团中一枝独秀，引领着华南理工大学社团的发展方向。经过一代代公共关系协会人的努力，公共关系协会获得的荣誉数不胜数，1996 年—1997 年连续两年获得"先进社团称号"；1999 年—2002 年连续四年被评为"十佳优秀社团称号"，2002 年成为明星社团创建单位，2003 年—2009 年连续七届被共青团华南理工大学委员会、华南理工大学社团联合会评选为华南理工大学"明星社团"，值得一提的是公共关系协会在 2008 年—2009 年荣获明星社团第一名，成为华南理工大学社团联合会自评选明星社团以来连续六年摘得该荣誉的唯一一个学生社团。从 2010 年开始，华南理工大学社团每年评出 10 个优秀社团，公共关系协会在 2010 年—2012 年连续三年稳居"十佳优秀社团"前三名。公共关系协会的荣誉代表着公共关系协会的实力，公共关系协会人不懈的努力造就了公共关系协会辉煌的成就，虽然公共关系协会取得了如此骄人的成绩，但公共关系协会人从未骄傲过，本着勤勤恳恳做事、踏踏实实做人的原则，不断带着公共关系协会向新的高度前进。

2. 行业型社团

行业型社团是一种行业公共关系组织，通过共同探讨本行业公共关系工作的方法和前途，以促进本行业公共关系活动的发展。行业型社团符合国际化趋势，是很有潜力、有前途的公共关系社团组织形式。

3. 联谊型社团

联谊型社团形式松散，没有固定的活动方式、严密的组织机构和严格的会员条例，主要开展沟通信息、联络感情、建立良好人际关系的活动。公共关系俱乐部、公共关系联谊会等都是联谊型社团。

4. 媒体型社团

媒体型社团主要通过报纸、杂志等传播媒体进行联络，并以此为依托建立公共关系社团，探讨公共关系理论，普及公共关系知识，交流公共关系活动经验等，如浙江省公共关系协会依托《公共关系报》开展活动等。

【相关链接3-7】

### 浙江省公共关系协会

浙江省公共关系协会（简称协会）于1987年8月10日创建，后经批准改名为浙江省国际公共关系协会，其主管部门为浙江省社会科学界联合会，已加盟中国公共关系协会和中国国际公共关系协会。协会历届领导班子皆由各级领导、专家学者、企业家和新闻界负责人组成，并拥有一批知识渊博、理论造诣很深和拥有不同业务能力的专家组成的专家团。协会设有秘书处、培训中心、公关行业规范办公室和学术委员会、公关文秘专业教学委员会、咨询策划委员会、民营企业工作委员会，具有自身专业特长和丰富的资源优势。协会连续五年荣获浙江省委宣传部和浙江省科联科普优秀组织奖、先进集体奖，连续四年荣获科普咨询先进集体奖，同时还获得了中国公共关系协会授予的"中国公共关系教育二十年突出贡献奖"和"中国公关二十年优秀社团奖"。目前，协会持续健康发展，不断拓展新的领域，努力为构建社会主义和谐社会发挥积极作用。

5. 综合型社团

综合型社团所从事的工作带有综合性特点，而且多为跨地域的团体，以公共关系协会为代表。综合型社团多为"民办官（政府）助"型，主要职能是服务、指导、协调、监督成员的公共关系活动，如中国公共关系协会。

【相关链接3-8】

### 中国公共关系协会

中国公共关系协会成立于1987年（北京），由公共关系领域相关的政府部门、传媒、院校、企事业单位和专家、学者、行业从业人员自愿组成，是经民政部核准登记的具有全国性社会团体法人资格的非营利性社会组织，主管单位是国家新闻出版广电总局。中国公共关系协会自成立以来，遵守国家宪法、法律、法规和国家政策，遵守社会道德风尚，代表和维护全行业和会员利益，反映行业诉求；积极发挥"桥梁"和"纽带"作用；积极倡导行业自律，加强行业的社会责任感；组织研究公共关系理论和实践问题，开展公共关系知识教育培训，普及和提高公共关系知识和能力；积极参与国际公共关系活动，传递中国声音、树立中国形象；积极开展文化艺术交流活动，传播中华民族优秀文化，弘扬民族文化精神；努力建设成为政府决策的智库，以及社会认可、公众信任的社会组织；为全面建成小康社会、实现中华民族伟大复兴做出了应有的贡献。

### （四）公共关系社团的工作内容

公共关系社团的工作内容包括：

1) 会员服务。
2) 制定职业道德及行业准则。
3) 对外服务。
4) 编辑出版报刊、书籍或其他印刷品、电子出版物。

【相关链接3-9】

#### 《公共关系导报》

《公共关系导报》于1989年12月25日在青岛创刊，对开4版，周2刊，期发3.5万份，国内外公开发行，由青岛市人民政府主管。该报以建立政府与公众之间、企业与市场之间的双向沟通和相互理解的渠道为己任，辅佐并指导社会组织和企业"内求团结、完善，外求和谐、发展"，全方位展示我国及世界公共关系事业的最新进展和动态；多角度、多形式宣传沿海、沿江、沿边"三沿"经济发展的经验和趋势；以全国中心城市和沿海开放城市为主视线，以全国大中型企业为立足点，致力宣传它们的新经验、新问题等。该报的一版为要闻版，主要栏目有"本报专访""另一种视线""观察与思考""热门话题"等；二版为理论版，设有"新概念""超前区""学者答问录""走入公关""营销策略"等栏目；三版为专题版，有"热点追踪""社会写真""公关大视野""学术界"等；四版为"季候风""沟通"副刊，设有"现代交际""奥妙人生""异域风情""国外航讯"等栏目。月末版重点编发国内外公共关系和与之相关的社会、经济、文化等方面的文章，主要栏目有"文化风景线""家春秋""人间真情""钟为谁鸣"等。

## 第三节　公共关系人员素质

【相关案例3-3】

#### "你会坐吗？"——一次公共关系部部长聘任考试

一家公司准备聘用一名公共关系部部长，经笔试筛选后，只剩八名应试者等待面试。面试限定他们每人在2min内对主考官的提问做出回答。当每位应试者进入考场时，主考官说的是同一句话："请您把大衣放好，在我面前坐下。"

然而，在进行面试的房间中，除了主考官使用的一张桌子和一把椅子外，什么东西也没有。

有两名应试者听到主考官的话以后，不知所措，另有两名急得团团转；还有一名听到提问后，脱下自己的大衣，搁在主考官的桌子上，然后说了句："还有什么问题？"结果，这五名应试者全部被淘汰了。

剩下的三名应试者，一名听到主考官发问后，先是一愣，随即脱下大衣，往右手上一搭，躬身致礼，轻轻地说道："这里没有椅子，我可以站着回答您的问题吗？"主考官对这个人的评语是："有一定的应变能力，但创新开拓不足。彬彬有礼，能适应严格的管理制度，可用于财务和秘书部门。"另一名应试者听到问题后，马上回答道："既然没有椅子，就不用坐了。谢谢您的关心，我愿听候下一个问题。"主考官对此人的评语是："守中略有攻，可先培养用于对内，然后再对外。"

最后一名考生的反应是，听到主考官的发问后，随即出门去，把候考时坐过的椅子搬进来，放在主考官侧面前约1m处，然后脱下自己的大衣，折好后放在椅子背后，自己就在椅子上端坐着。当"时间到"的铃声一响，他马上站起来，欠身一礼，说了声"谢谢"，便退出考试房间，把门轻轻地关上，主考官对此人的评语是："不着一词而巧妙地回答了问题；性格富有开拓精神，加上笔试成绩佳，可以录用为公共关系部长。"

【启示】
公共关系从业人员除了要具备丰富的基本理论知识和基本实务知识，还需要具备完善的能力结构，表现为：①较强的文字和口头表达能力；②良好的组织能力；③健全的思维和谋划能力；④敏锐的观察能力；⑤很好的自律自控和灵活应变的能力；⑥善于与他人交往的能力；⑦掌握政策、理论的能力。

## 一、公共关系人员的基本素质

公共关系人员的素质是指公共关系从业人员的素质。它首先是一种现代人的全面发展的素质；其次结合公共关系职业的特性，它专指以公共关系意识为核心，以自信、热情、开放的职业心理为基础，配之以公共关系专业知识结构和能力结构的一种整体职业素质。

### （一）公共关系人员的心理素质

1）追求卓越、渴望成功的心理。
2）易于投入、热情工作的心理。
3）自信的心理。
4）开放、乐观的心理。

【相关链接3-10】
**小泽征尔胜于自信的故事**

小泽征尔是世界著名的指挥家。在一次世界级优秀指挥家大赛的决赛中，他按照评委会给的乐谱指挥演奏，敏锐地发现了不和谐的声音。起初，他以为是乐队演奏出了错误，就停下来重新演奏，但还是不对。他觉得是乐谱有问题。这时，在场的作曲家和评委会的权威人士坚持说乐谱绝对没有问题，是他错了。面对一大批音乐大师和权威人士，他思考再三，最后斩钉截铁地大声说："不！一定是乐谱错了！"话音刚落，评委席上的评委们立即站了起来，报以热烈的掌声，祝贺他大赛夺魁。

原来，这是评委们精心设计的"圈套"，以此来检验指挥家在发现乐谱错误并遭到权威人士"否定"的情况下，能否坚持自己的正确主张。前两位参加决赛的指挥家虽然也发现了错误，但终因随声附和权威们的意见而被淘汰。小泽征尔却因充满自信而摘取了世界级指挥家大赛的桂冠。

### (二) 公共关系人员的专业意识

**1. 塑造形象的意识**

塑造形象的意识是公共关系意识的核心。良好的组织形象，是一个组织的无形资产和无价之宝。

**2. 服务公众的意识**

形象是组织为特定对象所塑造的，这些特定对象就是公共关系工作的对象——公众。离开了公众，孤立的组织形象是毫无意义的。公共关系人员应随时把公众的需要放在第一位。

【相关案例3-4】

#### 新加坡文华东方大酒店

新加坡文华东方大酒店努力建立"顾客至上、以人为本"的组织形象，在力所能及的范围内为顾客提供"超级服务"。一次，四位来酒店咖啡厅的客人因人多嘈杂，而随口说了声"吵死了，听不清"。这话让一位服务员听到了，她马上为他们联系了免费客房以便他们讨论问题。对此，四位客人十分惊讶、感动。两天后，这四位客人给酒店送来了感谢信："感谢贵酒店前天提供的服务，我们受宠若惊，并体会到了什么是世界上最好的服务。我们是贵酒店的常客，除了永远成为您的忠实的顾客外，我们所属的公司以及海外来宾也将永远为您做宣传。"

【启示】

新加坡文华东方大酒店遵循正确的经营理念，做到了以顾客的利益为经营的出发点，从而赢得了顾客的青睐，树立了良好的组织形象。良好的组织形象可以赢得良好的社会舆论，挖掘潜在市场。社会各界的了解、信任、好感和合作，有利于改善组织的生存发展环境，便于组织对外扩张。新加坡文华东方大酒店通过对这四位客人的友好服务达到了宣传自己的目的，扩大了影响力和知名度。

**3. 创新意识**

组织形象的相对稳定不等于一成不变，而应是一种积极的稳定。公共关系人员应能够设计、策划有新意的公共关系方案，保证在激烈的竞争下，使组织脱颖而出，争取到公众的支持。

4. 真诚互惠的意识

真诚互惠的意识是公共关系的专业意识之一。一个处在竞争社会中的组织，需要有既竞争又合作、共同发展、共同前进的意识。

5. 沟通交流的意识

沟通交流的意识，实际上也是一种信息反馈意识。组织为了塑造良好形象，更好地为公众服务，实现其目标，就必须构架一个信息交流的网络，随时关注公众对组织的态度，保护并促进组织的生存与发展。

6. 高度的法律意识

所谓法律意识，即扩大了的法治观念，公共关系人员首先得具有强烈的法律意识和一定的法律修养，自觉地遵纪守法，依法办事。

（三）公共关系人员的知识结构

1. 公共关系的基本理论知识

公共关系的基本理论知识包括：公共关系的基本概念；公共关系的由来和历史沿革；公共关系的职能；公共关系活动的基本类型；公共关系的三大要素，即社会组织、公众、传播的概念和类型；不同类型公共关系工作机构的构建原则和工作内容；公共关系工作的基本程序；等等。

2. 公共关系的基本实务知识

公共关系的基本实务知识包括：公共关系调研的知识；公共关系活动策划知识；公共关系活动实施和评估的知识；分析公众的知识；与各类公众交互的知识；社交礼仪知识；等等。

3. 其他知识

公共关系工作还需要管理学、市场营销学、新闻学、广告学、社会学和心理学等知识，以及一些社交礼仪、风土人情常识。例如，在处理内部员工关系时的公共关系工作实际上是一种管理过程，在进行产品宣传时的公共关系工作属于市场营销的范畴。

（四）公共关系人员的能力素质

斯科特·卡特里普等人在其经典著作《有效公共关系》中将公共关系工作概括为10大类：写作、编辑、与新闻媒体联络、特殊事件的组织与筹备、演讲、制作、调研、策划与咨询、培训、管理。由此可见，公共关系人员的能力素质包括：

1）较强的文字和语言表达能力。

2）全面的思维和策划能力。

3）良好的创造能力与学习能力。

4）卓越的社交能力。
5）良好的组织能力。
6）自控和处理危机的应变能力。
7）正确掌握政策、理论的能力。

【相关案例3-5】

### 世纪列车——北京大学百年校庆活动

1998年，北京大学（简称北大）举行百年校庆。给母校怎样的贺礼，这是北大未名生物工程集团有限公司的人早就开始思考的问题。他们原来曾想过更换未名湖旁的旧椅子和为北大幼儿园添置新设施等方案，但后来都觉得没有发一趟校庆专列好。

因为北大的百年是与祖国风雨同行的百年，她的每一件大事都与祖国的大事件紧密相连，而最能表达这个意境的就是一列列车。这是一列世纪列车，尽管有颠簸、有风雨，但是永远向前。另外，专列还象征着时代列车。深圳是改革开放的前沿，专列从深圳始发，象征着祖国沿着改革开放之路滚滚向前。

开这趟专列还有一个切实的考虑：校友们毕业后就奔赴四面八方，从事不同的工作。由于工作繁忙，他们很难有机会相聚畅谈，专列运行32h，校友们可以尽情畅谈交流。

基于以上的种种考虑，百年校庆专列这个大胆的创意形成了。

这个创意得到了原铁道部及下属单位的大力支持。深圳到北京有一次列车，但京九线沿途的省会城市少，不方便，所以决定走京广线。可是京广线的始发站是广州。铁路部门做出一个前所未有的决定：专列起始站改到深圳，然后走京广线。他们还专门组织召开了铁路有关部门与北大校庆筹委会参加的联席会议，会上专题研究了北大校庆筹委会提出的有关车内彩旗和横幅等宣传布置问题、车上就餐问题、车上广播娱乐活动、老弱病残服务问题以及车上安全问题，对这些问题逐一进行了协商。同时为了保证落实，由广州客运段铁路部门人员陪同北大校庆筹委会人员到站实地察看了16次列车，为他们做好准备工作提供了条件。

1998年4月30日20:05，专列在盛大的欢送队伍的注视下顺利发车，激昂的情绪始终伴随着大家。"北大往事"演讲最初由一个车厢推举一人参加，后来则是大家踊跃报名，抢着要说。一名校友为百年校庆写了几首歌，一上车，他就教大家唱，许多车厢开始对歌。由三节硬座车厢组成的"长明教室"，使很多人回忆起学校彻夜开放的教室。大家聊天、唱歌，久久不肯睡去。可以在长5m、宽1m的条幅上签名留念，使校友们激动欢喜，这条签名条幅将送到北大史馆收存。列车每到一站，车上的校友就敲锣打鼓下车迎接上来的校友，"欢迎北大专列'新生'"的横幅令每一位准备上车的校友倍感亲切。已经60多岁的一位老校友说："'新生'两个字让我想起了刚入学的情景，仿佛自己又是一个无知青年，再次回到北大的怀抱"。

> 【启示】
> 公共关系人员的思维和策划能力非常重要，这个案例最令人赞叹的就是创意。创意者以深邃的目光凝视北大百年历史，又与祖国百年历史联系起来，在发散与集中思维中进行类比联想，从北大对祖国百年历史的贡献中挖掘北大传统，整个方案不但特色鲜明，而且整体性和可实施性都很强。

### （五）公共关系人员的职业道德

1）遵纪守法、不损害社会道德和他人正当权益，这是公共关系人员最基本的职业道德。
2）忠于职守、自觉维护组织信誉。
3）公正诚实、不传播虚假信息。

## 二、公共关系人员的培养

### （一）培养目标

1. 通用型人才

这类人才通常具有"三个1/3"：1/3 的企业家，他们有强烈的经济效率的观念，敢于竞争，有追求卓越的自信以及深刻的洞察力、敏锐的判断力、丰富的想象力以及顽强的意志力；1/3 的宣传家，他们有较强的形象观念、信息观念，能说会写，富有传播技巧，信息灵通；1/3 的外交家，他们待人热情真诚，说话幽默高雅，举止端正，态度谦和，善交朋友。

2. 专业型人才

专业型人才精通某方面的公共关系技术技能，如编辑、写作、设计创意、市场调查、绘画摄影、设计广告等，适宜于公共关系工作中某些具体的业务工作。

### （二）培养途径

1. 正规院校的教育培训

正规院校的教育培训包括：高等院校开设公共关系课程，高等院校设置公共关系专业。

2. 岗位培训

岗位培训又可分为普及型培训、提高型培训。

3. 实践锻炼

到企事业单位相关部门挂职，提升实践能力。

### （三）公共关系从业人员的资格证书

早在1953年，爱德华·伯内斯就提出了对公共关系从业人员实行职业许可证制度，以保证公共关系职业的权威性。直到1965年美国公共关系协会才开始实行专业资格认证制度；英国公共关系协会主持的CAM（Certified Management Accountant，注册管理会计师）考试虽然比美国的AP（Advanced Placement，美国大学预修课程）考试要晚，但影响力更大；中国从 2000 年起，在全国举行统一的公共关系从业人员任职资格考试，合格者获"公共关系员"称号，有资格从事公共关系工作。

## 本章小结

本章主要讲述公共关系主体的相关知识，包括三个小节：社会组织的含义、特征和分类，公共关系组织机构，公共关系人员素质。具体内容涉及社会组织的含义及其特征，社会组织的分类，社会组织基本类型的相互关系；公共关系部、公共关系公司、公共关系社团；公共关系人员的基本素质、公共关系人员的培养。通过本章学习，学生能够扎实地掌握公共关系主体的相关知识，并能够熟练地加以运用。学生完成本章节学习可以为后续章节的学习奠定良好的基础。

## 同步测试

一、单选题

1. 信息反馈意识也称为（　　）。
   A. 塑造形象意识　　B. 沟通交流意识　　C. 真诚互惠意识　　D. 创新意识
2. 标志我国公共关系已得到国家有关部门认可的事件是（　　）。
   A. 国家职业资格工作委员会公关专业委员会的成立
   B. 全国公关职业审定委员会的成立
   C. 公关职业道德准则的出台
   D. 公关协会的成立
3. 以下不属于公共关系社团的类型的是（　　）。
   A. 学术型社团　　B. 行业型社团　　C. 媒体型社团　　D. 个人组织
4. IPRA 是（　　）协会的简称。
   A. 国际公共关系协会　　　　　　　B. 上海公共关系协会
   C. 中国公共关系协会　　　　　　　D. 公共关系顾问协会
5. 人们希望归属于一个团体以得到关心、爱护、支持、友谊和忠诚，这种需要属于（　　）。
   A. 生理需要　　B. 安全需要　　C. 社交需要　　D. 尊重需要
6. 公共关系的主体是（　　）。
   A. 社会组织　　B. 公众　　C. 传媒　　D. 个人
7. "巴黎国际博览会"属于（　　）。
   A. 小型展览会　　B. 中型展览会　　C. 大型综合展览会　　D. 袖珍展览会
8. 以下不属于公共关系人员培养途径的是（　　）。
   A. 正规院校的教育培训　　　　　　B. 岗位培训
   C. 自学成才　　　　　　　　　　　D. 实践锻炼
9. "三个 1/3"是对（　　）人才的概述。
   A. 专业型人才　　B. 公共关系人员　　C. 管理阶层　　D. 通用型人才

10. 公共关系人员的职业道德不包括（    ）。

　　A. 大无畏的牺牲精神　　B. 忠于职守　　C. 公正诚实　　D. 遵纪守法

## 二、简答题

1. 社会组织的含义是什么？有哪些特征？
2. 简述公共关系组织机构的概念及构成。
3. 公共关系部的职能有哪些？
4. 公共关系人员的能力素质有哪些？

## 三、案例分析题

日本奈良有一家世界一流的旅馆，每年春夏两季游人众多。每年四月以后，燕子争相飞到该旅馆檐下，筑窝栖息，繁衍后代。

招人喜爱的燕子却随便排泄，刚出壳的雏燕更是把粪便溅在明净的玻璃窗上或雅洁的走廊上，尽管服务员不停地擦洗，但燕子的"我行我素"总会在旅馆留下污渍。于是，客人不高兴了，纷纷找服务员投诉，影响旅馆效益的危机出现了，使有关人士大伤脑筋。但不久，这个危机解除了，原因是客人看到了一封"燕子"写的信。

　　女士们、先生们：

　　我们是刚从南方赶来这儿过春天的小燕子，没有征得主人的同意，就在这儿安了家，还要生儿育女。我们的小宝贝年幼无知很不懂事，我们的习惯也不好，常常弄脏你们的玻璃窗和走廊，致使你们不愉快，我们很过意不去，请你们多多原谅。

　　　　　　　　　　　　　　　　　　　　　　　　你们的朋友：小燕子

寻找欢乐的游客见到小燕子的信，被逗乐了，肚里的怨气也在大笑中悄然散去。

**问题：**

1. 该案例描述了怎样的公共关系事件？
2. 该案例给我们什么样的启示？

## 四、实训题

学生三人一组，利用各种方法搜集公共关系主体方面的案例，并利用PPT进行讲解。

[**实训目的**] 通过本次实训，学生能充分理解公共关系主体的相关知识，撰写、分析案例，并进行案例说明和资料展示，最终获得合理思考和周密分析问题的能力。

[**实训要求**] 该任务在教师指导下完成，指导教师需制定任务指导书以规范学生行动，并对任务的实施进行全程指导。搜集的案例中可以系统地列举各类主体的具体信息，也可以就其中某种主体做深入分析。

[**实训成果**] 指导教师根据以下标准给予学生评定：①能够准时完成；②案例中包含公共关系主体的信息；③案例内容丰富并进行了深入分析；④PPT设计合理；⑤讲解熟练；⑥组员配合默契。

# 第四章 公共关系的客体——公众

没有社交，没有适合我们口味的社交，人就永远得不到满足。

——美国启蒙思想家　托·杰弗逊

倾听对方的任何一种意见或议论就是尊重，因为这说明我们认为对方有卓见、口才和聪明机智。反之，打瞌睡、走开或乱扯，就是轻视。

——英国思想家　霍布斯

## 知识目标

- 掌握公众的概念、特征
- 把握公众的不同类型
- 了解公众的心理特征

## 技能目标

- 能够区分不同类型的公众
- 能够判断不同类型公众的特征
- 能够分辨不同类型公众的心理特征

## 导入案例

### 麦当劳给员工归属感

美国麦当劳公司现在是世界快餐业中最大的公司之一。自1955年创立以来，麦当劳苦心经营，不断发展，2019年年底，全球有38000多家麦当劳餐厅，每天为100多个国家和地区提供食品和服务。

麦当劳一直非常重视内部公共关系，为在企业内部创造一种积极向上、开拓进取的精神风尚，不看重学历、资历，看重表现。麦当劳连锁分店每年举办岗位明星大赛，在全世界举行各地岗位明星比赛，管理人员必须从普通员工做起，这一方面增长了管理人员的真才实干，另一方面又给了基层员工实现自身价值的机会。表现好的管理人员被送到芝加哥汉堡包大学，系统地学习作为一个经销商或餐厅经理经营餐厅的专门技术知识。现在的竞争，说到底是人才的竞争。员工素质的不断提高、才干的不断增长是组织的巨大财富，它保证了组织的生机与活力。麦当劳除了给员工创造更多深造、晋升的机会外，还很重视在内部建立"麦当劳"大家庭的观念，营造和睦的大家庭气氛。在麦当劳，无长幼尊卑之分，所有员工都互称名字；公司会记住每位员工的生日，并根据员工的情况给予一定形式的祝贺。员工在麦当劳有一种不是家庭胜似家庭的归属感，其强大的凝聚力不言自明。另外，麦当劳很重视员工形象的塑造，为了吸引顾客，麦当劳让每一位员工都穿上有明显花纹的制服。员工的服务态度也是一流的，只要你推开麦当劳的大门，就会听到亲切的"欢迎光临麦当劳"的问候，脸上始终挂满笑容，让你总有宾至如归的感觉。

### 案例分析

员工是组织的内部公众，在公共关系中具有双重身份。它一方面是组织内部公共关系的客体，另一方面在注重全员公共关系意识培养的今天，对组织的外部公众来讲，它又是公共关系的主体。

公共关系客体是指与公共关系主体有某种关系的组织和个人，即常说的"公众"。公众不是一盘散沙，而是具有某种内在共同性的群体。公众的共同点不是抽象的，而是具体的，与特定的组织相关的。它的存在不是单一的，而是复杂多样的。公众不是封闭僵化、一成不变的对象，而是一个开放的系统，处于不断变化发展的过程之中。

## 第一节　公众的含义、特征和分类

### 一、公众的含义及相关概念

#### （一）公众的含义

公众一词源于英文"Public"，指（特定的）人群，又称为"公关公众"。公共关系中的公众是指因面临某个共同问题而形成，并与社会组织的运行发生一定关系的个人、组织或社会群体，是公共关系主体传播沟通对象的总称。公众与特定组织的职能和任务相关。

#### （二）公众与相关概念的区别

1. 公民和人民

公民是具有一定国家的国籍，依据法律规定享有政治权利和承担义务的人。人民指的是以劳动群众为主体的社会基本成员。公民是法律概念，包括全体社会成员；人民是政治概念，不包括依法被剥削政治权利的人和敌对分子。

2. 群众和大众

群众一指"居民的大多数"，同"人民"；二指"未加入党团的人"，表示"党员"与"群众""干部"与"群众"的区别。大众是普遍的代名词，指众多的人，泛指民众、群众，是指由若干个体构成的整体。

3. 受众

受众分为积极受众和消极受众，公众特指积极受众，即那些被共同利益或共同关心的问题联结在一起的个人或群体。

## 二、公众的特征

1. 整体性

公众不是单一的群体，而是与某一组织运行有关的整体环境。任何组织的生存和发展都离不开一定的公众环境。它涉及组织内部和外部，社会的方方面面，而且相互关联、构成复杂。以饭店为例，饭店的内部公众包括内部的员工、股东；外部公众包括社会公众、市场顾客、销售商（旅行社、旅游接待部门），以及社区公众、政府、新闻界等有关的团体、组织和个人。公共关系工作不能只注意其中某一类公众，而忽略其他公众。因为对其中任何一种公众的疏忽，都可能导致整个公众环境的恶化，而公众环境恶化必然影响组织的生存和发展，因此组织首先应该将面对的公众看作一个完整的环境，要用全面、系统的观点来分析自己面临的公众。

2. 同质性

同质性即共同性。公众不是一盘散沙，而是具有某种内在共同性的群体。当某一群人、某一社会阶层、某些社会团体因为某种共同性而发生内在联系时，便成为一类公众。例如，某家饭店由于菜肴质量问题而使当天在饭店进餐的消费者食物中毒。这些原本互不联系的人，因为同吃了变质食品，都面临健康威胁，所以在态度和行为方面具有内在联系，不约而同地对该饭店构成一定的公众压力，于是这些同一事故的受害者，形成了饭店某一时期的特定公众。通常所说的群众和人民大众都不具备这种特征，因此了解和分析自己的公众必须掌握其内在的共同性的联系。

3. 相关性

公众不是抽象的、各组织"通用"的，而是具体的、与特定的组织相关。每一个社会组织都有属于自己的公众群体，他们的意见、观点、态度和行为对该组织的目标和发展具有实际或潜在的影响力、制约力，甚至决定组织的成败。同样，该组织的决策和行为也对这些公众具有实际或潜在的影响力、作用力，制约着他们利益的实现、需求的满足和问题的解决等。相关性是组织与公众形成公共关系的关键。组织寻找公众、确定公众很重要的方法就是寻找和确定这种相关性，并把它们具体地揭示出来，分析清楚，从而确定自己的工作目标。

4. 多样性

公众的存在形式不是单一的，而是复杂多样的。日常的公共关系工作对象包括个人关系、群体关系、团体关系、组织关系等。即使是同一类公众，也可以有不同的存在形式。以饭店为例，顾客公众可以是松散的个体（散客），也可以是一个严密的组织（某个旅游团队），公众形式的多样性决定了沟通方式和传播媒介的多样性。

5. 变化性

公众不是封闭僵化、一成不变的，它是一个开放的系统，处于不断变化发展的过程之中。任何组织面临的公众性质、形式、数量、范围等均会随着主体条件、客观环境的变化而变化（产生、消失、扩大、缩小、稳固、动荡，性质变化，如竞争变为协作、友好变为敌对)。公众环境的变化,必将导致公共关系目标、方针、策略、手段的变化,反之亦然。例如,可口可乐公司生产新型带甜味可乐的决定在顾客群中引起强烈不满,这种公众舆论立即迫使可口可乐公司慎重考虑其决策,以免导致公众环境的剧变。

## 三、公众的分类

### (一) 根据公众与组织之间是否具有隶属关系分类

1. 内部公众

内部公众是指组织内部各部门成员组成的团体,包括股东、管理人员、技术人员、生产人员、销售人员等。广义上包括员工家属。

2. 外部公众

外部公众是指组织外部的各种力量,他们对组织的生存与发展有着现实或潜在影响力,包括消费者公众、媒体公众、政府公众、社区公众、行业公众等。

### (二) 根据公众对组织的认知程度分类

1. 无关公众

无关公众是指对组织无任何认知的个人或团体,与组织互不影响。

2. 临时性公众

临时性公众是指由于一些临时性的事件、活动而聚集起来的公众,如运动会、展览会的观众,由火车晚点而滞留的顾客等。

3. 周期性公众

周期性公众是指按一定规律和周期出现的公众,如逢节假日出现的游客和顾客,招生时节的考生和家长等。他们的出现具有规律性。

4. 稳定性公众

稳定性公众是指受偏好、需求、习惯的影响,活跃在组织视野内的公众。组织往往对其采取优惠政策和特殊的保证措施,如经常去某商场购物的顾客。

### (三) 根据公众对组织的重要程度分类

1. 主要公众

主要公众是指那些对组织有重要的制约力、影响力,对组织的生存和发展起到决定性作用的公众。主要公众包括内部员工,以及决定组织生存和发展的外部公众,如大客户、股东、供应商等。

2. 次要公众

次要公众是指那些对组织生存和发展不起决定性作用的公众,多数公众属于此类。

3. 边缘公众

边缘公众是指那些和组织有一定的联系,但距离组织各项工作层次较远、影响微弱的群体。

### （四）根据公众对组织的重要态度分类

1. 顺意公众

顺意公众是指那些对组织的政策、行为和产品持赞成、支持和认同态度的公众，是组织生存和发展的积极环境因素。

2. 敌意公众

敌意公众是指那些对组织的政策、行为或产品持批评、反对甚至敌视态度的公众。

3. 中间公众

中间公众是指介于顺意和敌意之间的公众，他们对组织的态度不明确，处于中立状态。

### （五）根据组织对公众的态度分类

1. 受组织欢迎的公众

受组织欢迎的公众是指那些完全符合组织的需要并主动对组织表示支持、合作意向的公众。这类公众与组织之间是一种自愿、平等、互利、合作的关系，如自愿投资者、捐赠者、股东。

2. 不受组织欢迎的公众

不受组织欢迎的公众是指那些主动与组织接近，违背组织的利益或意愿，对组织的发展构成威胁或产生负面影响的公众。如各种不明身份的媒体、索取赞助的团体等。

3. 被组织积极追求的公众

被组织积极追求的公众是指符合组织的利益和需求，但目前对组织不感兴趣、缺乏沟通意愿的公众，如新闻媒体、知名企业等。他们对组织长远发展有重要影响，需要组织通过有效的公共关系活动来积极争取和追求。

### （六）根据公众动态发展过程中的存在形式分类

1. 非公众

非公众是指那些对组织不感兴趣，也不会对组织产生任何影响的公众。某种意义上等同于无关公众。

2. 潜在公众

由于潜在的公共关系问题而形成的是潜在公众。组织应予以积极引导，使潜在公众向有利于组织发展的方向转化，成为现实中的公众。

3. 知晓公众

知晓公众是潜在公众的现实表现，指那些已经明确知道自己所面临的问题与某个组织有关，并开始搜集信息，准备向责任组织提出相关权益要求的公众。组织应积极沟通，满足其要求，控制公众舆论态势。

#### 4. 行动公众

行动公众是知晓公众发展的结果。公众不仅意识到组织对自身的影响和作用，而且采取了行动，形成了对组织的影响和作用。他们迫使组织必须采取相应的对策，是组织公共关系实务必须重视的工作对象。

【相关链接 4 – 1】

#### 自行车的隐患

一家自行车厂在一段时间内生产了一批（一万辆）油漆质量不过关的自行车，但等到发现问题的时候，一万辆自行车早已售完。技术人员估计，这批现在看上去全都完美无缺的自行车，在几个月后将会出现油漆剥落的现象。也就是说，这一万名买主已遇到了一个共同的问题——车辆油漆在数月后剥落，但他们现在都还未意识到这个问题的存在。这一万名买主构成了公关部的潜在公众。

### 四、媒介公众

【相关链接 4 – 2】

#### 传统公共关系已"死"

微信的公共关系负责人曾经说，传统公共关系已"死"。因为传统公共关系的核心就是媒体和沟通。但以微博、微信为代表的新时代媒体最大的特征就是"去中心化"，传统的媒体格局开始瓦解，报纸、杂志开始停刊，千万自媒体、新媒体崛起，这使被传统公共关系视为核心的媒体影响力迅速削弱。渠道一旦"去中心化"，对公共关系的考验就是去哪儿喊（渠道瓦解）和怎么喊（沟通无效）的问题。效能评估也没了方向，单一的发稿量、媒体到场率等早已不能用来评估公共关系效果。

#### （一）媒介公众的概念

媒介公众是指新闻传播机构及新闻界人士。新闻传播机构是指那些刊载和发布各类信息的机构，既包括报纸、杂志、电台、电视台等传统媒体机构，也包括博客、微信、社交网站等新兴媒体机构，它们是公共关系工作对象中最敏感、最重要的一部分。它们主要通过社会舆论来影响公众对组织的态度，特别是主流媒体的报道，对组织影响极大，甚至可以达到"一则正面的报道可以救活一个组织，一则负面报道可以使一个组织破产"的程度。由此，组织对待媒介公众要慎之又慎。

媒介公众是具有"双重性格"的特殊公众，它既是公共关系人员赖以实现公共关系目标的重要媒介，又是公共关系人员必须尽量争取的重要公众。新闻媒介传递信息迅速，影响力大、威望高，它们可以左右社会舆论、影响和引导民意，对社会的经济、政治局势的变化具有不容忽视的作用。因此媒介公众在欧美被看作是立法、司法、行政三大权力之后的"第四权力"，被称为对外传播的首要公众。任何组织和个人都不能轻视新闻媒介这个重要舆论工具。

### (二) 媒介公众关系的意义

良好的媒介公众关系的意义在于以下两点：

1. 有利于形成良好的公众舆论

新闻媒介是塑造组织形象的"把关人"。公共关系的重要任务之一就是为组织创造良好的公众舆论，争取舆论的理解与支持，因此与"把关人"建立良好的关系，可以形成良好的公众舆论环境。

2. 良好的媒介公众关系是运用大众传播手段的前提

新闻媒介是组织与外界沟通的中介，大众传播媒介一般不是由组织内部公共关系人员掌握和控制的，公共关系对大众媒介的使用必须通过新闻界人士才能实现，因此与新闻界人士建立广泛而良好的关系，是成功运用大众传播媒介的必要前提。

【相关案例 4-1】

#### 涨价风波

广州某报纸鉴于各种原因，准备在下一年提价。这一信息的传播对买卖双方皆不利，报纸提价一方面势必导致发行量下降，对经济效益大有影响；另一方面增加了读者的经济负担，对其生活有一定的影响。毫无疑问，如只是简单地宣称何时提价、提价多少，其结果必然会令双方沮丧、大失所望。该报纸在不违背事实的前提下，历数提价的客观原因，并诉说其在前一段时期为争取不提价所做的努力及为此而造成的经济损失，最后道出其提价是迫不得已。此外，还谈到在提价后如何在保证原有质量的基础上进行优化的种种设想与措施（如新开栏目、增加版面等）。应该承认，该报纸实事求是地传播了相关信息，因而其提价之举获得了广大读者的理解。尽管事后统计发现发行量还是有所下降，但实际结果远远好于预先估计，而且该报纸的形象在读者眼中更加完美了。

【启示】 实事求是地传播是根本。公共关系活动的一项主要工作就是传播信息，一方面将组织的信息向其公众传播，另一方面将公众的信息反馈给组织，从而使双方相互适应、相互了解。实事求是地告知公众的过程，即信息传播的过程，这样的信息传播的结果对组织与公众都有利。这一案例中的报纸能将提价的情况实事求是地向公众解释，得到了公众的理解，把不利的影响降到了最低。公共关系要做到诚实守信，既要考虑组织的利益，又要考虑公众的利益。这也是树立一个组织的良好形象。

### (三) 媒介公众关系的处理艺术

媒介公众关系也称作新闻界关系，即社会组织与新闻传播机构以及新闻界人士的关系。新闻界公众是公共关系工作对象中最敏感、最重要的关系。媒介公众关系人员应：及时发现新闻；做好各种新闻策划活动；提高新闻写作水平；保持媒介渠道的畅通，正视负面报道。

社会组织要处理好与媒介公众的关系，具体方法如下：

1）尊重新闻界，以礼相待、以诚相待、平等对待、严阵以待。

2）保持长期接触，善交"无冕之王"。

3）联合举办活动，全力支持新闻界，如联办报纸、联办新闻、联办征文、联办社会活动、联办基金等。

4）加强新闻传播，利用各种新闻传播方式。

【相关案例 4-2】

### 3·15 辣条事件

在 2019 年的 3·15 辣条事件中，麻辣王子及时发声：不是所有的辣条都是"虾扯蛋"，被品牌传播与危机处理专家曹保印评为 2019 年十大危机公关成功案例。3·15 过后，麻辣王子销量不降反升，还连续几次登上微博热搜，这一切都是源于对做正宗、健康辣条的坚持。

辣条起源于湖南平江，从诞生起就是麻辣味的，所以麻辣味辣条才是正宗辣条。多年来，麻辣王子以"传承正宗辣条麻辣味，推进辣条天然健康"为使命，不断创新升级，在辣条行业率先使用天然面粉、非转基因菜籽油，辣条行业首个取消色素、甜蜜素等 5 种化学合成添加剂，打造辣条行业首个制药级 GMP（Good Manufacturing Practice，优良制造标准）车间，积极推动辣条行业走向健康、天然。

【启示】

正如曹老师所说，产品质量是危机处理的关键因素。好的产品，本身就是最好的公关。麻辣王子今后也将不忘初心，在传承平江正宗辣条麻辣味的基础上，不断创新升级，用更好吃、健康的产品来回馈大家的支持！

## 第二节　公关公众的心理研究

对于社会组织来讲，公众关系的建立和维持最终取决于组织对公关公众心理需求的把握程度，这将直接关系到公共关系活动的成败。因此，了解公众的需要、分析公众的心理需求便成为公共关系理论的重要内容之一。

### 一、公关公众的个体心理特征

1. 气质

气质是指某些心理活动（认知、情感）发生时力量的强弱、变化的快慢和均衡程度等稳定的动力特征。心理学家根据人的心理活动在动力方面表现出的特点（感受性、耐受性、反应灵敏性、情绪兴奋性、内向或外向性、可塑性等）及不同程度，把人的气质分为胆汁质、多血质、黏液质和抑郁质。

**【相关链接 4-3】**

剧院看戏

四个人去剧院看戏都迟到了 15min。胆汁质气质的人与检票员争吵起来，想闯入剧院。较为典型的胆汁质特点的人物代表是《水浒传》中的李逵、《三国演义》中的张飞。多血质气质的人对检票员的做法很理解，但随即又找到一个没人检查的入口进去，安心看戏；代表人物有《红楼梦》中的王熙凤、《三国演义》中的曹操。黏液质气质的人很理解检票人的做法，并自我安慰，第一场戏总是不太精彩的，先去小卖部买点吃的，休息一下，等幕间再进去也不迟；代表人物有《水浒传》中的林冲、《西游记》中的沙和尚；抑郁质气质的人早就对自己的行为很后悔，认为这场戏不该看，进而想到"我运气不好，如果这场戏看下去，还不知会出什么麻烦呢"，于是扭身回家去了；林黛玉的个性特点就非常符合抑郁质这一气质类型。

2. 性格

性格是指人对现实的一种稳定的态度体系和行为方式，它体现了个人的全部品质和特点，包括怎样影响别人、怎样对待自己，以及个人可被认识的内在和外显的品质全貌。性格受后天的生活以及个人的实践影响，已形成的性格具有相对稳定性。性格和公众的关系极密切，它不仅可以用来解释公众现在的行为，还可以预测公众未来的行为。性格又具有可变性，客观环境的变化和主观调节都可能会使其产生变化。

3. 能力

能力是指人顺利完成某种活动所必需的心理特征，或者是完成一项活动的本领。不同的个人，其能力也是各有不同的，个人能力会影响人的感知、鉴赏、评价和判断等，从而产生不同的行为模式。公共关系工作应针对公众能力上的差异，采取灵活手段、区别对待，以提高公共关系效果。

## 二、公关公众的群体心理特征

### （一）公众群体心理的一般特征

1. 同一心理

同一心理是指公众因为面临着共同的社会问题，所以形成了共同的社会心态，进而采取一致的反应方式。同一心理源于现代社会标准化的运转方式，特别是发达的信息传播使人们可以超越社区、民族甚至国家的差异和界限，形成相同的或相似的需要和价值观。如时尚潮流也能让人产生一致的心态和行为。对公众同一心理的研究可以帮助公共关系人员了解新的信息和时尚潮流的重要性。

2. 从众心理

每一个体在群体中都常常会自觉或不自觉地在知觉、判断、认知和行动上表现出和群体中的大多数人一致。一方面，人们希望自己符合社会与群体的要求，以免被指为异类；另一方面，社会本身具有多元性和不确定性，而大多数人对个性的把握趋于模糊，所以人们在行为上会注意模仿大众传媒提供的对象。

**【相关链接 4 – 4】**

### 阿希的从众实验

1956 年的阿希（Solomon E. Asch）从众实验旨在研究从众现象的具体表现、产生条件。该实验以大学生为被试，每组 7 人，坐成一排，其中 6 人为事先安排好的实验合作者，只有一人为真正的被试。实验者每次向大家出示两张卡片，其中一张画有标准线 X，另一张画有三条直线 A、B、C。X 的长度明显地与 A、B、C 三条直线中的一条等长。实验者要求被试判断 X 线与 A、B、C 三条线中哪一条线等长。实验者指明的顺序总是把真正的被试安排在最后。第 1~6 次测试大家没有区别，第 7~12 次前 6 名被试按事先要求故意说错，借此观察真正的被试的反应是否发生从众行为。

实验结果很有趣，被试的反应多种多样，有 25% 的被试从头到尾都坚持自己的判断，没有受到影响，而 50% 以上的被试则在超过 6 次的实验中都听从了实验合作者的错误判断，甚至还有 5% 的被试在每一场实验中都展示出了对错误判断的盲从。实验得到的从众行为发生率约为 33%，也就是约 1/3。

3. 变化心理

社会生活的不断变化、个人社会角色的多样化必然导致公众心理的变化。而且人们对新生事物的好奇，使他们在确认安全的情况下会愿意尝试新的事物。组织应根据公众心理变化的特点和规律及时调整公共关系工作战略。

4. 比较心理

人们往往通过与他人的比较来选择、确定自己的行为和观念，这显示了人们追求高层需求的愿望。与不如自己的人比较，可能会产生满足感；与自己理想中的人比较，会让人感受到差距，产生努力的冲动。这就要求公共关系人员在开展公共关系工作时注意将公众向组织需要的理念上引导。

### (二) 公众群体心理倾向

1. 首轮效应

首轮效应也叫"首因效应""优先效应"或"第一印象效应"，是指交往双方形成的第一次印象对今后交往关系的影响，也就是"先入为主"带来的效果。在对人或事物的知觉过程中，第一印象很重要，因为心理定式的作用，人已有一个印象以后，要想改变最初的看法很难。公共关系人员应该重视每个第一次见面的公众人物。

2. 晕轮效应

晕轮效应又称"成见效应""光圈效应""日晕效应"，指人在知觉中所形成的以点概面或以偏概全的主观印象。人们在观察某人时，对于他的某种品质或特征有清晰的知觉，由于这一特征和品质从观察者的角度来看非常突出，从而掩盖了观察者对这个人其他特征和品质的知觉。晕轮效应通常是在掌握有关知觉对象的信息非常少的情况下做出的总体判断结果。这一方面要求组织注重突出特征的塑造；另一方面要求组织注重与公众的信息沟通。

**【相关链接 4–5】**

**晕轮效应的实验**

美国心理学家凯利（H. Kelly）利用麻省理工学院的两个班级的学生分别做了一个实验。上课之前，实验者向学生宣布，临时请一位研究生来代课，接着告知学生有关这位研究生的一些情况，向一个班级的学生介绍这位研究生具有热情、勤奋、务实、果断等多项品质，向另一班级学生介绍的信息除了将"热情"换成了"冷漠"之外，其余各项都相同，但学生们并不知道。两种介绍产生的结果是：下课之后，前一班级的学生与研究生一见如故、亲密攀谈；另一个班级的学生对他敬而远之、冷淡回避。可见，仅介绍中的一词之别，就会影响整体的印象。因为学生们戴着这种"有色眼镜"去观察代课者，所以这位研究生就被罩上了不同色彩的晕轮。

3. 末轮效应

末轮效应是相对于首轮效应而言的，强调服务结尾的完美和完善，即要"功德圆满"。在公共关系工作中，首轮效应与末轮效应同时对公共关系活动产生作用，公共关系工作既要在工作开展之初全面思考工作细节，尽可能不遗漏，又要在工作过程中把握好现场效果和扫尾工作，为下一次的公共关系工作打好基础。末轮效应的核心思想是人们在塑造组织或个人的整体形象时，必须有始有终、始终如一。

4. 移情效应

移情效应是指人们把对特定对象的情感移到与该对象相关的人或事物上的一种心理现象。公共关系人员可以利用这一效应进行公共关系活动。在公共关系活动中，设法把公众对名人的情感迁移到自己的产品上来，或是迁移到自己组织的知名度上来，是公共关系活动中常用的手段。例如，请歌星、影星、体坛名将、政界或文化界要人等社会名人做商品广告的"名人效应"，就是一种移情效应。公共关系人员应当针对公众的兴趣、爱好开展宣传活动，使公众喜欢自己、信任自己、帮助自己。

## 第三节　公关公众的分类及管理

对于开放性组织而言，在不同的时期、环境下，总有一些公众居于主要地位，另一些处于次要地位。公共关系资源的有限性决定了组织必须选择公共关系活动的中心对象，即"目标公众"或"优先公众"。

## 一、员工公众

### (一) 员工公众的概念及作用

1. 概念

组织的内部公众,是一切经营方针、计划和目标的执行者,也是社会组织形象的代表和象征,是社会组织获取成功的首要因素。

【相关链接 4-6】

谷歌用人之道

1) 每个人可用20%的时间,从事自己喜欢的工作。
2) 民主开放的风气深受员工喜爱。
3) 在谷歌的办公室里,没有绝对的上下级关系。
4) 采取激励员工的措施。

2. 作用

融洽的员工关系是增强内聚力的保证;全体员工的热情是增强组织外张力的基础;树立正确的人才价值观是增强组织生命力的先决条件。

### (二) 员工公众的类型

员工公众包括一线操作人员、技术人员、业务人员、行政和后勤人员、管理人员等。组织的一切工作均需依靠内部员工的合作努力才能完成。因此,员工公众是内部公共关系最重要的公众。

1. 一线操作人员

一线操作人员是指组织基层的工作人员,如工业组织的工人、商业组织的售货员、宾馆饭店的服务人员等。操作人员处于组织生产经营活动的第一线,是产品或服务的直接生产者,他们的工作态度、工作热情、工作质量怎样,将直接影响组织的声誉和形象。此外,从人数上看,一线操作人员占员工人数的绝大多数。因此,处理好组织领导和一线操作人员的关系,是组织公共关系最基础的工作。

2. 技术人员

技术人员是指在组织里专门从事技术工作的人员。现代社会里,"科学技术就是第一生产力",组织的技术水平和新产品的开发能力已经成为在市场竞争中制胜的关键因素之一。因此,我们应该认识到:技术人才是组织的宝贵财富,组织的管理者不仅要在生活上多多关心他们,而且要给他们提供施展才智的广阔空间。

3. 业务人员

业务人员是指在组织中担负具体专项经济业务,如生产、计划、销售、采购、财会、统计、物价、广告等具体业务的工作人员。业务人员的工作对于有效发挥组织管理的各项职能具有重要的保证作用；同时，有关组织经营和管理的重要信息的传递，主要也是依靠业务人员工作的开展而得以实现的。所以，只有处理好组织领导与业务人员的关系，充分发挥业务人员的积极性和工作热情，才能保证组织各项经营决策得以顺利贯彻实施。

4. 行政和后勤人员

行政和后勤人员是指组织内部专门从事党政工团、行政（如人事、劳资）以及后勤保障工作的人员。这类人员虽然不直接参与组织的生产经营活动，但他们的工作对于组织生产经营活动的顺利进行起着不可或缺的支持、保障和服务作用。

5. 管理人员

管理人员是指组织内部各级业务部门和各个职能部门的主管人员，即组织的中层管理人员。组织战略、各项经营决策以及管理措施，均需在各级管理人员的组织、安排下得以贯彻实施；而且，管理人员还是组织内部正式信息渠道上的关键人物，承担着上情下达、下情上传的传播沟通的重任，是组织的中坚力量。

【相关链接 4-7】

### 杰克·韦尔奇的便条

杰克·韦尔奇说："我的经营理论是要让每个人都能感觉到自己的贡献，这种贡献看得见、摸得着，还能数得清。"员工完成了某项工作时，最需要得到的是上司对其工作的肯定；上司的认可就是对其工作成绩的最大肯定。经理、主管人员的认可是一个"秘密法宝"，但认可的时效性最为关键。

如果用得太多，价值就将会减小，如果只在某些特殊场合和员工少有的成就时使用，价值就会增大。表达认可的方法可以是发一封邮件给员工，或是打一个私人电话祝贺员工取得成绩，或是在公众面前跟他/她握手并表达对他/她的赏识。

无论员工好的表现有多小，若能得到认可，都能对员工产生激励的作用。拍拍员工的肩膀、写张简短的感谢纸条，这类非正式的小小表彰，比公司一年一度召开盛大的模范员工表扬大会的效果可能更好。

### （三）员工公众关系的管理

员工公众关系是指在组织内部管理过程中形成的人事关系。具体对象包括全体职员、管理人员。

对于员工公众，组织应做到：

1) 了解员工的需要。
2) 重视团队建设。
3) 培育独具特色的组织文化。
4) 培养员工共享的价值观。
5) 提高员工满意度。
6) 做好员工的及时沟通工作。

## 二、股东公众

### (一) 股东公众的概念及作用

1. 概念

股东公众是组织的投资者,是以集资和认股的形式向组织提供资金以求获取利润的个人或团体。股东本质上属于内部公众,形式上又似外部公众,这就决定了股东关系是分散于外部的内部关系。

股东是组织股票的持有者,他们是组织的投资者,依法享有一定的权利和义务。从持有股票这一特点来看,股东是组织的"准自家人",股东公众应算是组织的内部公众。但是,从行政隶属关系来看,绝大部分股东并不属于组织的内部成员,因此我们也可将股东公众看作是组织的外部公众。良好的股东关系可以为组织赢得更多的投资者,保持公司股价的稳定和上升,还可以通过广大股东的"口碑"作用,扩大组织的知名度和信誉度,在更大范围内树立良好的组织形象。

在股份制组织里,董事会是公司的常设权力机构和最高决策机构。公司总经理是由董事会任命的,全权负责组织的生产经营。总经理掌握除战略决策以外的经营权。董事关系是股份组织与董事会之间的关系,它是股东关系的重要组成部分。

2. 作用

建立良好的股东关系,能够争取现有股东和潜在投资者对本组织的信任、理解和支持;创造有利的投资气氛和环境;稳定已有的股东队伍;吸引新的投资者。

### (二) 股东公众的类型

股东公众大致包括以下三类:

1. 持有不等股份的股东

他们人数众多,是组织的真正所有者,是组织的资金之源。股东也是真正与组织有密切关系的公众,他们关心组织的经营状况,希望组织兴旺发达;一旦组织经营不善,他们受到冲击也最大。当然,对于上市公司来说,那些小股东的行为可能更像外部公众:他们在时机合适时买进或卖出股票,具有不稳定性。

2. 董事会

董事会成员一般是占有较多股份的个人、组织或社会名流,他们通常是由股东大会选举产生的,代表股东行使对组织的管理权。

3. 金融舆论专家

这些公众以他们的观点、评论、意见,影响甚至左右股东的行为,对组织影响很大。建立良好股东关系的目的是稳定已有的股东队伍,获得股东的信任与支持,创造有利的投资环境和融洽的气氛,争取新的投资者。因为股东的投资利益取决于组织的生产经营活动,他们作为投资者和资产拥有者,具有法定的投资权益。组织应该按照相关法律的要求,最大限度地保护股东权益，通过及时召开股东大会、发布组织年报、加强与股东沟通、听取股东意见和建议等方式，鼓励股东关心组织事务、全面了解组织情况，提高组织及领导者在股东心目中的地位和威望，为组织发展奠定良好的内部公众基础。

【相关案例4－3】

### 通用食品公司的圣诞礼物

美国通用食品公司每逢圣诞节都会准备一套本公司的罐头样品，分送给每一位股东。股东对此感到十分骄傲，产生了强烈的认同感。他们不仅全力向外人夸耀和推荐本公司的产品，而且在每年圣诞节前准备好一份详细的名单寄给公司，让公司按名单将罐头作为圣诞节礼物寄给他们的亲友。因此，每到圣诞节前，通用食品公司都要额外地销售一大批商品。股东固然享受折扣优待，公司方面也赚了一大笔钱。

【启示】

随着企业改革进程的深入，我国股份制企业将越来越多，股东日益成为重要的公共关系客体，公共关系人员要尽可能利用股东广泛的社会关系扩大产品的宣传，开辟新的市场。

### (三) 股东公众关系的管理

股东公众关系又称财经公共关系，是股份制企业维持与投资者良好的沟通关系，争取投资者信任和支持的重要手段。

1. 确定股东身份

股东身份具有双重性。从拥有公司股份的角度来看，股东公众是企业的"准自家人"；而从行政隶属关系上看，绝大部分股东并非企业内部成员，且人员众多、结构复杂、变动性很大，具有很大的非可控性。

2. 明确股东的作用

股东身份的特殊性决定了其作用的双重性，股东公众可能是企业最忠诚的支持者，成为企业信息、企业形象最可靠的传播者。

3. 做好日常股东关系的信息传播活动

公共关系部门有责任定期召开股东大会，充分满足他们了解企业经营现状和发展前景的要求，听取他们对企业各项工作的意见和建议，并做好日常的沟通活动，稳定和加强投资者的持股信心。

## 三、顾客公众

### (一) 顾客公众的概念

顾客是组织的研究对象，是组织传播的对象，也是组织引导、培育的对象。

顾客公众是指购买、使用本组织提供的产品或服务的个人、团体或组织，如产品的用户、商店的顾客、酒店的客人、电影院的观众、出版物的读者等。它包括个人消费者和社团组织用户。顾客是与组织具有直接利益关系的外部公众，是组织市场传播沟通的重要目标对象。

### （二）顾客公众的重要性

1. 顾客公众是组织的衣食父母

任何社会组织的产生都是以客观需求为基础的，没有客观基础，便不会有一定形式的社会组织。而且，组织的发展也要依赖它所生存的客观基础。

2. 良好的顾客公众关系能够给组织带来效益

一个组织的价值，很大程度上取决于其产品被顾客公众接受和欢迎的程度。顾客公众对组织产品的赞许及消费量决定了组织的效益，顾客公众是营利性组织市场经营的生命线。

3. 顾客公众能够帮助组织确立正确经营宗旨、不断完善服务

任何组织者都面临新的顾客公众，这就决定了组织在处理与顾客关系时必须奉行互惠互利原则，必须树立"顾客公众就是上帝，顾客公众永远是正确的"经营观念；同时也决定了组织必须不断改革自身的管理，不断创新，才能适应不断发展变化的顾客公众与市场的需要。

【相关链接 4-8】

企业顾客观念

"顾客就是上帝"，这是许多企业的口头禅。格兰仕把"努力让顾客感动"作为自己的经营理念。TCL 也在全方位地"为顾客创造价值"。零售巨头沃尔玛甚至列出了这样的经营标语：一、顾客永远是对的；二、顾客有错误，就参照第一条。

### （三）顾客公众关系的处理艺术

顾客公众是组织经营活动中最重要的公众之一。组织与顾客之间存在相互依存的关系，良好的顾客公众关系是组织发展的"原动力"。组织应该研究顾客的需要，树立"顾客至上"的理念，努力为顾客提供优质的产品和服务，加强与顾客公众的沟通，做好危机顾客关系管理工作。

1. 树立为公众服务的思想，树立"顾客就是上帝"的观念

究竟怎么认识顾客公众？美国的彼得斯（T. Peters）在其《赢得优势》一书中这样描述："顾客公众是这个机构里面最重要的人物……不管是直接接触还是通信联系都是如此；顾客公众并不依靠我们……倒是我们要依靠他们；顾客公众不是打断我们工作的某种干扰……而是我们工作的目的。我们为他们服务并不是我们给了他们什么好处……倒是他们帮助了我们，因为他们给我们机会让我们为他们服务；顾客公众不是我们要与之争论或比赛智力的人；同顾客争论是不可能取胜的；顾客公众给我们带来了他们的需要。我们的职责是满足他们的需要，并使他们和我们自己有利可图。"

## 2. 适应顾客公众的需要，不断创新，提供优质产品

在市场经济体制下，营利性组织面对的是买方市场。生产什么、不生产什么都要以顾客公众的需要为导向。研究成功组织的经验表明，组织不仅要向顾客公众提供优质产品，还要向顾客公众不断提供新产品、系列产品，这样才能受到顾客公众的拥戴。

## 3. 想顾客公众所想，急顾客公众所急，为顾客公众提供一流的服务

顾客公众最怕的是遭到服务上的白眼或歧视，最担心的是产品的质量问题。有些组织提供的一流的服务，本身就是一种产品。

## 4. 妥善处理与顾客公众间的纠纷

组织要想建立良好的顾客公众关系，妥善处理与顾客公众的纠纷是必不可少的。在处理与顾客公众的纠纷时，无论是组织的普通职工，还是组织的公共关系人员，或者是组织的领导，都应该时时提醒自己"顾客永远是正确的"，这是妥善处理纠纷的一把"金钥匙"。

【相关案例4-4】

### 支付宝找到那个最初的人

2019年，支付宝发布了15周年的宣传片《奇点》，这是根据支付宝的第一位卖家和买家的真实故事拍摄的。2003年，支付宝还不叫支付宝，叫"担保交易"，一位在日本留学的学生将自己的二手相机放在淘宝网上去售卖，在西安读书的另一位学生想购买这台相机，他们两个就成了"担保交易"完成交易的第一位卖家和第一位买家。如今，第一位卖家的照片一直被贴在阿里巴巴的大楼里，马云还破例授予他1000万"花呗"额度。

支付宝在15周年之际也找到第一位买家，授予他"支付宝终身尊贵奖"和"102个终身钻石会员"。

【启示】

在组织发展过程中，第一位用户的故事本身就是传奇。如果用得好，它能产生巨大的效应，尤其是在组织的重要时刻，不仅能传达组织不忘初心的使命感，而且是一次很好的用户沟通。

## 四、社区公众

### （一）社区公众的概念

社区公众是指组织所在地的区域关系对象，包括当地的管理部门、地方团体组织、左邻右舍的居民百姓。社区关系也称区域关系、地方关系、睦邻关系。社区是一个组织赖以生存和发展的基本环境，是组织的根基，共同的生存背景使社区公众具有"准自家人"的特点。

组织保持与社区的良好关系，为社区的发展做出一定的贡献，会受到社区公众的好评，他们的口碑能帮助组织在社会上树立形象。

**【相关案例 4-5】**

**白云山制药厂**

坐落在广州市北郊白云山下的白云山制药厂，很注重和周围乡镇建立良好的社区关系。在公共关系策划中，厂方制定了让利于民、把风险留给自己的措施，帮助发展乡镇企业。在办厂期间，不论盈亏，厂方每年都拨款20万元给这些乡镇企业用于经营、发展。随着厂方生产规模的不断扩大，它又有计划地把农村剩余劳动力吸收到自己的工厂中来。有一个村里45岁以下的劳动力都被吸收入厂加以培养和训练，45岁以上的劳动力则给予生活补贴，符合退休年龄的老人给"养老金"——男性每月120元，女性每月100元。厂方还帮助周围农村修桥铺路，发展文教事业，等等。因此，厂方在一定程度上达到了与周围乡镇的"一体化"，形成了"人和"的社区环境，实现了亲如一家的良好公共关系状态，树立了"在自身发展的同时，带动周围乡镇一道前进"的良好形象。

**【启示】**

能否和社区公众建立良好的关系，关系到组织和组织员工能否拥有一个安静、和谐的生产、生活环境。组织怎样才能和社区搞好关系呢？首先，应热心社区的公益事业，密切与社区公众的往来，加强双方的沟通和了解；其次，要保护好社区的生态环境，不能给社区公众的生产生活造成负面影响；最后，万一和社区公众发生了纠纷，组织要勇于面对问题，采取积极措施解决问题，及时平息社区公众对组织的批评和不满，尽力消除冲突和矛盾，化干戈为玉帛。

### （二）社区公众的作用

1. 社区关系直接影响着组织的生存环境

社区如同组织扎根的土壤，没有良好的社区关系，组织就会失去立足之地。社区公众是由特定的活动空间所确定的，区域性、空间性很强。地方性组织的活动直接受社区的制约，需要依靠本地的资源来发展，因此社区关系会直接影响组织其他各方面的关系，如员工家属关系、本地劳动就业关系、本地顾客关系、地方媒介关系、地方政府关系等。跨区域性的组织也不能脱离特定的社区，甚至要善于与各种不同背景的社区公众打交道，以争取社区提供各种地方性服务和支持，使跨区域性组织能够在各种完全不同的社区环境下生存和发展。

2. 社区关系直接影响着组织的形象

社区公众涉及当地社会政治、经济、文化、教育等各个方面和阶层，类型繁多，对组织客观上存在着各种不同的要求和评价。

### （三）社区公众关系的管理

社区公众关系是指组织与当地社区管理机构、居民及其他社会组织等对象的区域关系。

1. 社区公众管理的内容

1）掌握社区公众的基本概况，如了解社会公众人口及组成、历史、社区价值观念、社区服务、环境设施、交通、社区资源等。

2）掌握社区公众最重要的需求。

3）建立良好社区关系。

2. 社区公众管理的常见方法

1）举行全区性活动。如举办综合晚会、电影晚会、嘉年华会，在节目中亮相介绍自己的组织、工作团队及使命等，从而降低居民由于不了解而产生的抗拒感。

2）举办一些区域性活动。如组织家庭旅行，专为老人举办中秋晚会，专门为其他特征的居民举办活动，等等，增强社区公众对企业的认同感。

3）举行街头咨询站。在区内热闹的地方，如村口、电梯口、商场门口等为居民办理某些事情，并当场解答居民的咨询，加强对社区公众需求的了解，进而更好地满足其需求。

## 五、政府公众

### （一）政府公众的概念

政府公众主要是指与组织营销活动有关的各级政府机构部门，如主管有关经济立法及经济政策、产品设计、定价、广告及销售方法的机构，以及各级经贸委、工商行政管理局、税务局、各级物价局等。它们所制定的方针、政策对组织营销活动既是限制又是机遇。

由于政府公众指的是政府各行政机构及其工作人员，即组织与政府沟通的具体对象，任何组织都必须接受政府的管理和制约，所以它是所有传播沟通对象中最具权威性的对象。

### （二）政府公众的作用

1）政府公众的职能规定了国家行政活动的基本方向。

2）政府公众的职能是建立行政组织和进行机构设置、人员配备的最基本依据。

3）政府公众的职能变化必然带来行政机构、人员编制以及运作方式的调整或改造。

### （三）政府公众重要性的体现

政府公众职能在公共行政中的重要地位主要表现为：

1）政府公众职能满足了公共行政的根本要求。

2）政府公众职能是政府机构设置的根本依据。

3）政府公众职能转变是行政管理体制和机构改革的关键。

4）政府公众职能的实施情况是衡量行政效率的重要标准。

【相关案例 4-6】

假如我是广州市市长

广州市委、市政府先后举办过多个活动，如直接为市长做参谋的"假如我是广州市市长"征文活动（后定名为"市长参谋活动"），为政府职能部门出谋献策的"房改方案千家谈""菜篮子工程千家谈"等"千家谈系列活动"，讨论广州市风和广州人精神的"羊城新风传万家"和"羊城居委新形象"等大型公众活动，等等。广州市委、市政府运用报纸、杂志、广播、电视等媒介，动员成千上万的市民参政议政，各抒己见，都收到了良好的社会效果，提高了政府对市民的凝聚力。

【启示】

此案例反映了政府公共关系中拓宽社会沟通渠道，吸引公众参政议政的问题。政府公共关系工作要尽可能争取公众的了解，这就需要加强政府自身的传播工作，提高政府的透明度，满足公众的知情权。各种大众传播媒介为沟通提供了广泛的参与方式，围绕公众关心的热点问题动员公众献计献策，集思广益，这也是政府公共关系的一种形式。

广州市委、市政府通过举办"假如我是广州市市长"征文等活动，动员成千上万的市民参政议政，收到了良好的社会效果，这充分说明了政府与公众双向沟通的重要性，说明了公众议政活动在政府公共关系活动中的作用。因此，政府在开展公共关系活动时，应积极开拓公众参与性强的社会沟通渠道，让公众的意见能够充分地表达出来，为政府制定政策提供依据。开拓公众参与性强的社会沟通渠道，还有利于形成生动活泼、稳定和谐的政治局面与社会秩序。由此可见，政府公共关系工作就应该发展一系列公众议政参政的社会渠道。

### （四）政府公众关系的管理

1. 政府公众关系的工作环节

1）在遵纪守法的基础上灵活经营。

2）要主动与政府部门沟通。

3）要处理好自身利益与国家利益的关系。

4）运用相应的公共关系手段和方法，开展特色公共关系活动。

2. 协调与政府公众关系的方法

1）及时了解和熟悉政府颁布的各项政策法令，收集汇编各级政府和部门下达的各种文件、条例，并随时研究政府政策法令的变动，准确掌握政府的政策方针和意图，以便正确接受政府对组织的宏观指导。

2）自觉遵守政府的各项法规条令，用法规法纪规范组织的生产经营活动；主动协调和正确处理组织与国家的利益关系，维护和服从国家的整体利益。

3）熟悉政府机关的机构设置和职能分工，弄清与本组织联系密切的职能部门的工作范围和办事程序，并与有关工作人员保持经常联系，以便提高办事效率。

## 六、名流公众

### （一）名流公众的定义与特点

1. 名流公众的定义

名流公众是指那些对社会舆论和在社会生活中具有较强影响力和号召力的有名望人士，

这类关系对象的数量有限，但传播的作用很大、影响力很强。通过社会名流去影响公众和舆论，往往有事半功倍的效果。例如，政界、工商界、金融界的重要人物，科学界、学术界、教育界的权威人士，文化界、艺术界、影视界、体育界的明星等。

2. 名流公众的特点

名流公众一般具有如下特点：①数量少；②有声望；③影响大。

### （二）名流公众的作用

1）名流公众具有知识和专长。
2）名流公众具有广泛的关系网络。
3）名流公众享有社会声望。

【相关链接4－9】

这才是真正的明星——钟南山

钟南山，男，汉族，福建厦门人，1936年10月出生于南京，中共党员，中国工程院院士，著名呼吸病学专家，我国抗击非典型肺炎的领军人物，曾任广州医学院院长、党委书记，广州市呼吸疾病研究所所长、广州呼吸疾病国家重点实验室主任、中华医学会会长。

钟南山长期从事呼吸内科的医疗、教学、科研工作，重点开展哮喘、慢阻肺疾病、呼吸衰竭和呼吸系统常见疾病的规范化诊疗，疑难病、少见病和呼吸危重症监护与救治等方面的研究。

2003年，"非典"爆发，以钟南山为代表的医护工作者经长期努力，抗击了非典。

2020年1月21日，新型冠状病毒联防联控工作机制科研攻关组第一次会议，钟南山任组长。

2020年2月19日，钟南山院士与哈佛大学合作成立新冠肺炎科研攻坚小组。钟南山院士及其团队在广州与哈佛大学医学专家在进行的视频会议中，就新型冠状病毒性肺炎快速检测诊断、临床救治、药物筛选、疫苗研究、流行病学等方面的合作进行交流研讨。

2020年3月3日至4日，钟南山与欧洲呼吸学会候任主席安妮塔·西蒙斯博士进行视频连线，向欧洲呼吸学会介绍了我国抗击新型冠状病毒性肺炎疫情的成果和经验。

2020年3月24日，钟南山团队获得国家科技奖创新团队奖呼吸疾病防控创新团队提名。

2020年4月，钟南山获爱丁堡大学首个杰出校友奖。

2020年8月11日，第十三届全国人民代表大会常务委员会第二十次会议决定授予钟南山"共和国勋章"。

### （三）名流公众关系的管理

通过名流公众去影响公众和舆论，往往有事半功倍的效果。

1. 充分利用名流公众的见识、专长为组织的经营管理提供有益的意见咨询

名流公众往往见多识广，或是某一方面的权威，组织能够在与他们交往的过程中获得广

泛的社会信息或宝贵的专业信息，无形中获得了知识财富、信息财富。

2. 通过名流公众良好的社会关系网络为组织广结善缘

有些名流公众虽然无法为本组织直接提供所需的专业信息或管理咨询，但由于他们与社会各界有广泛的联系，或对某一方面的关系有特别重大的影响，组织便能通过他们与有关公众对象建立联系，扩大社会交往范围。

## 七、国际公众

### （一）国际公众的概念

国际公众是指一个组织的产品、人员及其活动进入国际范围，对别国的公众产生影响，并需要了解和适应别国的公众环境的时候，该组织所面对的不同国家、地区的公众。国际公众具有与本组织完全不同的社会和文化背景，因此协调沟通活动具有显著的跨文化特征。

### （二）发展国际公众的目的

1. 发展国际公共关系

在我国对外开放政策背景下，组织发展外向型经济，参与国际经济大循环，极需要发展国际公共关系。一方面，组织需要通过公共关系及时、准确地了解国际市场动向，了解有关国家的政治、经济、文化、社会等方面的信息，了解国外的投资者、合作者和客户等；另一方面，组织需要运用国际公共关系手段，向国外的公众、舆论和市场传播自己的信息，树立自己的形象，介绍自己的产品和服务，提高自己的国际知名度和国际信誉。即使是非跨国的组织，在对外开放的条件下，也要运用国际公共关系，为来华投资、经商或合作的外商以及来华旅游参观的外国客人提供信息服务，做好接待工作，等等。

参与文化、艺术、科学、教育、医疗、体育等方面国际交流的组织，需要接触许多国际公众。良好的国际公共关系有利于促进这些方面的交流与合作，有利于树立我国在世界上的良好形象。

2. 运用跨文化传播手段

参与国际性活动的组织需要建立国际化形象，即能够适应外国公众、树立各国公众接受和欢迎的形象。这就需要注意研究和适应外国公众的社会和文化差异，调整公共关系的政策和方法。国际公共关系是一种跨文化传播，与国内公共关系有很大的不同。在信息的传播和对外交往方面，不仅要懂得运用外国的语言文字，还要了解外国的历史文化、风俗习惯、公众心理，以及了解国际商法和对外交往的国际惯例，使传播的信息尽量符合外国公众的习惯。

国际公共关系要成功，还必须善于运用国际新闻传播和广告传播手段。组织不仅要运用我国的对外传播工具，而且要了解外国及国际上知名的新闻媒介和广告界，与国外的新闻机构和广告业建立联系，懂得如何为它们提供新闻资料和广告资料。国际公共关系早已进入我国，我国的组织及各类组织一定要抓住机遇，运用国际公共关系帮助自己走向世界。

### （三）国际公众关系的管理

1. 基本原则

1）具备全球眼光，重视地方特色，遵守国际惯例。

2）维护国家利益，相互尊重，平等互利。

3）了解外国公众的态度及有关的经济、政治和社会情况，了解并善于运用外国公众经常接触的新闻传播媒介。

4）运用跨文化传播手段，使自己的信息符合外国公众的语言、文化、信仰、习惯，从而被他们接受。这是因为国际公共关系的实质是跨文化传播。

2. 注意事项

1）在开展国际公共关系时要遵循国际交往时的国际惯例、当地的法律法规和我国对外开放的总原则。

2）要尊重当地的文化和风俗习惯，力求实行本土化策略。

3）要注意不同的组织在开展国际公共关系时应运用不同的方法。

3. 趋势

1）为适应新形势，求得公共关系自身的生存和发展，要充分利用现代信息技术改造和处理传统的关系问题。

2）全球经济一体化要求公共关系首先要注意传播的国际化、一体化、多元化，追求"有效传播"。

3）新世纪的公共关系运作需要改革，提高档次，重视信誉形象，树立高效、公正、专业化、优质服务的全球形象。

4）我国公共关系界在新世纪面临的挑战和问题还要注意与信息产业相结合，研究公共关系在信息产业化革命和现代工业化进程中如何发挥作用，在信息化社会和知识经济时代所带来的机遇和挑战中去充分展现公共关系的价值。

【相关案例 4-7】

#### 只需改变一点点

小卢是一位河南小伙子，在北京卖菜。他勤劳工作，每月能挣1000多元，但他做梦都想能多赚些钱。

一天，小卢在卖菜时发现，一位金发碧眼的外国客人在他的菜摊前认真地挑选一些看上去"精致小巧"的菜品，他很奇怪："这名外国人为什么偏偏挑选小的呢？"

后来他发现，另外一些外国客人来买他的菜，也是要个头小的。小卢特地请来一名大学生老乡，用英语跟外国人聊了起来。原来，这是因为西方审美情趣以及饮食观念，这些外国客人认为小巧的菜品不仅漂亮，而且营养价值高。了解这个"秘密"后，小卢后来进菜时，有意挑选小巧的菜品。由于他的菜品紧紧迎合了外国客人的喜好，因此他的生意很快就红火起来了。尝到甜头的小卢为了牢牢抓住商机，就来到蔬菜批发市场，与一些供货商签订合同：凡是小菜品都给他。就这样，他在菜市场里做得风生水起，他的菜品"特色"慢慢地在外国人圈子中有了一定的名气。为了满足外国客人的需求，他特地在市场里租了一个店面，为店取了个英文名字。随着名气的增大，小卢陆续在北京市区开了11家连锁店。为了保证最优质的货源，他还在京郊的大兴区买了一块地，建立了自己的蔬菜基地。如今，全北京的外国人几乎都知道小卢的店。不仅外国客人青睐它，北京的海归以及白领也以逛小卢的店为时尚。小卢还受到美国相关部门的邀请，远赴美国进行了实地考察，学习美国的农业技术和管理经验。

小卢只对"进什么样的菜"做了一点点改变，事业轨迹就发生了翻天覆地的变化。

【启示】
公共关系应考虑公众的要求，尊重公众的利益。小卢这一小小的改变就是满足了外国客人这一公众的特殊需求。只有当公众需求得到满足，其利益得到实现，组织利益才能得到实现，这也同时体现了组织利益和公众利益的统一。

## 本章小结

本章主要讲述公共关系客体即公众的相关知识，包括三个小节：公众的含义、特征和分类，公关公众的心理研究，公关公众的分类及管理。具体内容涉及：公众的含义及相关概念、特征及分类；公关公众的个体心理特征、公关公众的群体心理特征；对于员工公众、股东公众、顾客公众、媒介公众、社区公众、政府公众、名流公众、国际公众八种具体公众类型的概念、作用及关系管理等。通过本章学习，学生能够扎实地掌握公共关系客体——公众的相关知识，并能够熟练地将知识加以运用。

# 同步测试

## 一、单选题

1. 组织最基本的目标公众是（　　）。
   A. 内部公众　　　B. 社区公众　　　C. 顾客公众　　　D. 媒介公众
2. 根据关系的重要程度，可将公众分为（　　）。
   A. 优先公众　　　B. 目标公众　　　C. 临时公众　　　D. 主要公众
3. 下列公众不属于稳定性公众的有（　　）。
   A. 老主顾　　　　B. 酒店常客　　　C. 社区居民　　　D. 足球场闹事的球迷
4. 人们希望归属于一个团体以得到关心、爱护、支持、友谊和忠诚，这种需要属于（　　）。
   A. 生理需要　　　B. 安全需要　　　C. 社交需要　　　D. 尊重需要
5. 节假日出现的游客高峰属于（　　）。
   A. 临时性公众　　B. 周期性公众　　C. 稳定性公众　　D. 次要公众

6. 以下对于公众，不是按照组织的价值取向划分的是（　　）。
   A. 组织内公众　　B. 被追求的公众　　C. 受欢迎的公众　　D. 不受欢迎的公众
7. 被称为公关发展史的第一个里程碑的专著是（　　）。
   A. 修辞学　　B. 公共关系学　　C. 公众舆论的形成　　D. 高卢战论
8. 有特定的读者群，传播者可面对明确的目标公众制定传播策略的媒体为（　　）。
   A. 小道消息　　B. 报纸　　C. 微博　　D. 杂志
9. 下列各项不属于公众共同性的有（　　）。
   A. 共同的利益　　B. 共同的需求　　C. 共同的目的　　D. 共同的品格
10. 以下不属于公众群体心理倾向的是（　　）。
    A. 首轮效应　　B. 蝴蝶效应　　C. 末轮效应　　D. 晕轮效应

## 二、简答题

1. 简述公众的特征。
2. 根据公众对组织的重要态度，可将组织分为哪几类？
3. 简述晕轮效应并举例。
4. 简述顾客公众的重要性。

## 三、案例分析题

青岛啤酒（简称青啤）是一个具有百年历史的民族品牌，几代青啤人一直秉承着诚信为本、追求卓越的经营理念，把一个年产能力不足2000t的手工小啤酒作坊做成了年产销啤酒300万t以上，在世界啤酒行业有一定影响的现代化公司。

一提到山东人，人们的脑海里就会浮现出这样的一些词语：憨厚宽容，朴实无华，真诚爽直，外粗内秀，讲义气，守信用。有专家分析为什么山东有那么多大企业时说："深受重贵轻富的齐鲁文化传统影响的山东人，形成了讲信义、讲忠诚、讲荣誉的性格，担当得起大事，并且也容易抱团。"这种品质基因的渊源正是儒家文化"内圣外王"的思想。儒家非常重视内向自律的修养方法，注重内向用功，律己甚严。这种价值观念深深渗透中国人，尤其是山东人的骨子里，表现在青啤就是通过做"好人"（诚信之人），从而做"好酒"（高质量的酒）进而达到企业的兴旺不衰（"外王"）。

讲究诚信、质量为重一直是青啤人的普遍共识和自觉行动。在青啤，严格的科学管理及和谐的人际关系都是靠诚信支撑的。视质量为生命的工作理念已经渗透每个青啤人的骨子里。发酵师尊崇的工作理念是"像培育自己的孩子一样培育酵母"，操作工则喜欢"像雕琢打造工艺精品一样做好每一道工序的操作规程"。青啤人代代相传着这样一则古老而真实的故事：一位老师傅教刚来的小徒弟冲刷酿酒池，师傅问："你爹喝酒吗？"徒弟答："是，俺爹每天都要喝一瓶。"师傅指着酿酒池说："那么，这就是你爹的酒壶。"

青啤董事长在一次接受媒体采访时说："青岛啤酒为社会带来了什么？那就是荣誉、责任和财富。那么我们怎么去彰显它们？青啤的理解是，作为一个企业，依法经营、诚信经营就是最大的社会责任。你创造的财富都是阳光的财富，不是靠你偷税漏税得来的，不是靠你偷工减料换来的，不是靠你的虚假广告获取的，这就是最起码的社会责任，也是一个底线。"青啤收到了这样的评价："青岛啤酒最宝贵的，是历百年时间积淀的质量和商誉。"

除了对诚信的高度推崇，青啤还把造福社会作为企业的宗旨，其在《青岛啤酒企业文化手册》中对"造福社会"的解释是：社会的价值高于企业的价值。青啤在追求经济效益的同时，也注重社会效益，自觉承担社会责任，通过创造财富、依法纳税、支持公益活动、投身环保事业、支持科教和体育事业等，为公众和社会真诚奉献，做有责任的企业公民。青啤强调，得到社会公众尊敬是企业形象力的体现，它把履行社会责任视为永续发展的必要条件。如果我们深入了解青啤的企业文化，那么对青啤富有社会责任的实践以及其良好的社会声誉就会有更深入的理解和认识。

问题：
1. 青啤塑造了什么样的企业形象？
2. 企业在激烈的市场竞争中站稳脚跟的关键是什么？

## 四、实训题

学生6人为一个小组，利用各种方法搜集公共关系客体方面的案例，并利用PPT进行讲解。

[实训目的] 通过本次实训，学生能充分理解公共关系客体的相关知识，撰写、分析案例，并进行案例说明和资料展示，最终提高合理思考和周密分析问题的能力。

[实训要求] 该任务在教师指导下完成，指导教师需制定任务指导书以规范学生行动，并对任务实施进行全程指导。案例中学生可以系统地列举各类公众的具体信息，也可以就其中某种公众进行深入分析。

[实训成果] 指导教师根据以下标准给予学生评定：①能够准时完成；②案例中准确选择客体信息；③案例内容丰富，进行深入分析；④PPT设计合理；⑤讲解熟练；⑥成员配合默契。

# 第五章 公共关系传播

在公关方面,史蒂夫(史蒂夫·乔布斯)是这个行业最成功的人士。但是,他是通过说别人如何如何糟糕才做到这一点的。

——美国微软公司联合创始人　比尔·盖茨

假如你要别人尊重你,你首先就要尊重自己,这是最重要的。只有这样,只有当你尊重自己以后,你才能得到别人的尊重。

——俄国小说家　陀思妥耶夫斯基

## 知识目标

- 了解公共关系传播的基本含义、类型
- 了解公共关系传播的模式和媒介
- 掌握公共关系传播技巧

## 技能目标

- 能够利用合适的方法和途径进行公共关系传播
- 能够运用所学公共关系传播概念和理论来分析现实公共关系问题

## 导入案例

### 要学会"制造新闻"

上海某服装店,是一家特许经销牛仔裤的商店。前几年,服装业不景气,店主突发奇想,想出了颇具公共关系意识的一招:定做了一条近2m长、腰围1.3m的特大牛仔裤悬挂在店堂,上面写着"赠送合适者留念",以此招揽顾客。这一别出心裁的做法,引来了不少高个子和"大块头",他们正愁没地方买裤子呢,于是都来碰碰运气,然而这条牛仔裤实在太肥大了,他们只能望"裤"兴叹。但小店由此而名声大振:这种奇妙的宣传逐渐引起了新闻媒体的注意,《上海经济透视》《新民晚报》《解放日报》等纷纷对此做了报道,使这家原本淹没在个体市场的小店,一下变得家喻户晓,尽人皆知了。

## 案例分析

该服装店原本是一个名气不大的小店铺,但店主十分聪明,通过悬挂超肥超大牛仔裤的方法,制造新闻、招徕顾客,吸引新闻媒体关注和报道,使这家小店声名鹊起。这种效果正是店主敏锐的公共关系意识的绝妙体现。

"制造"新闻,是组织提高知名度和美誉度常用的公共关系手段之一,是指社会组织为吸引新闻媒介报道并扩散自身所想传播出去的信息而专门策划的活动。

对组织来说，恰当的"制造新闻"有以下好处：

第一，"制造"新闻是一种积极主动的传播方式。组织在充分认识新闻媒体的地位、作用和特点的情况下，为扩大知名度和美誉度，抓住一切可利用的契机"制造"新闻，以激起新闻媒体采访、报道的兴趣，从而使新闻媒体为组织做宣传，这是一种积极主动的创造型的新闻媒体公关活动。

第二，"制造"新闻是一种最有效的传播方式。新闻媒体所做的新闻报道、专题通讯等都具有客观性、公正性和可信性，它比直观的商业广告更容易被公众接受、相信和记忆。因此，"制造新闻"将组织所要扩散和传播的有关信息用新闻的方式传递给公众，其效果要比王婆卖瓜式的商业宣传好得多。

第三，"制造"新闻是一种最经济的传播方式。由于"制造"出来的新闻具有报道价值，所以被各媒体主动报道，对组织来说这种宣传是免费的。

## 第一节　公共关系传播概述

公共关系传播是信息交流的过程，也是社会组织开展公共关系工作的重要手段。离开了传播，公众无从了解组织，组织也无从了解公众。如果我们把社会组织看作公共关系工作的主体，把公众看作公共关系工作的客体，传播就是二者相互联系的纽带和桥梁。组织与公众的沟通，在很大程度上依靠信息传播；组织与公众之间的误解，也往往是信息不畅造成的。因此，一个社会组织不但要有明确的目标、符合公众利益的政策和措施，还要充分利用传播手段开展公共关系活动，赢得公众的好感和舆论的支持，获得良好的经济效益和社会效益。

### 一、公共关系传播的基本含义

公共关系传播是指社会组织通过大众传播、组织传播和人际传播等手段，向其内部及外部公众传递有关组织各方面信息的过程。

这个定义包括三个方面的内容：①公共关系传播的主体是组织，不是专门的信息传播机构。②公共关系传播的客体由两部分组成，一部分是组织内部公众，另一部分是组织外部公众。③公共关系传播以大众传播、组织传播和人际传播作为主要手段。

为了弄清楚公共关系传播的基本含义，有必要将它与含义相近的几个概念进行比较，找出它们的"同中之异"。

#### （一）公共关系传播与人际传播的区别

人际传播泛指人与人之间的相互接触与往来。它与公共关系传播有许多共同点：两者都属于社会范畴，都是能动的交流行为，都是以人为主体的活动过程，都具有相互作用的功能。而且，人际传播可以作为公共关系传播的辅助手段。

但是，它们也有着明显的不同之处。

第一，人际传播和公共关系传播的主体——人的含义不同。前者指单个的个人，后者指组织化了的个人；前者研究的是人与人之间的交往及信息交流活动，后者研究的则是代表组织的个人有目的、有计划地传递组织信息的过程。

第二，从社会关系的总体上看，人际关系是一种较低层次的社会关系，而公共关系是在社会群体或组织的基础上建立起来的一种较高层次的社会关系。与此相适应，它们所采用的传播手段各不相同。人际传播手段一般比较简单，而公共关系传播手段相对复杂一些。

第三，人际传播的对象既可以是一群人，也可以是一个人；而公共关系的传播对象则是与组织有着某种特定联系的群体。

### （二）公共关系传播与大众传播的区别

大众传播是专业化群体通过各种技术手段向为数众多的读者、听众、观众传递信息的过程。它具有公共关系传播的一般特性，是公共关系传播的组成部分。

但是，它们之间又有着明显的区别。

第一，大众传播的主体是以传播信息为职业的团体或个人；公共关系传播的主体则是一般的社会组织，是代表组织行使传播职能的公共关系机构或公共关系人员。

第二，大众传播的内容是由职业传播者根据新闻价值规律采编的、需要告知公众的信息；公共关系传播的则是由组织部门行使传播职能的人根据公共关系计划编制的对组织有利的信息。

第三，大众传播的渠道一般不会由感官和简单的表达工具组成，而是包括大规模的、以先进技术为基础的分发设备和分发系统。因此，专门的信息传播机构既需要充足的资金、设备，又需要大量的专业化人才。公共关系传播则不受技术水平等的限制，其制作过程也相对简单一些。

第四，大众传播的流程在很大程度上是单向性的，这是因为它的主导者始终是传播者，接收者既不确知也不稳定，很难取得直接的反馈。公共关系的传播对象是可知的和相对稳定的，它的传播过程具有明显的双向性特点。具体表现在：组织通过信息传播将自己的目标、政策和具体措施告知公众；公众则通过被调查或主动反馈两种方式把自己的要求、意见和建议告诉组织。与大众传播相比，公共关系传播能够更加及时、有效地取得反馈。

## 二、公共关系传播的特点

### （一）传播的目的性

社会组织如果想研究和了解公众心理、社会心理以及它们与组织之间的关系，需要设计目的性强的传播内容。另外，社会组织如果拥有了一项发明创造或者新的创新性的项目需要公之于众，就需要有目的地寻找适合的公众，在适宜的时间将这个"信息"传播出去。

### （二）信息的可信性

社会组织应实事求是地向公众传达组织信息。夸大的宣传、虚假的信息、炒作等传播方式,都会被信息分辨能力越来越强的公众分析、鉴别出来,进而影响组织的诚信力。

**【相关链接 5-1】**

**酒店老板道歉**

2017年,一位客人消费了9999瑞士法郎(约合7万元人民币),在瑞士某酒店品尝了一杯非常昂贵的威士忌,但那杯酒被指是假酒。于是酒店老板邀请苏格兰威士忌专家进行鉴定,专家鉴定后认为此酒确实是假酒。最后酒店老板亲赴客人的家乡道歉,并退还了全部费用。这位酒店老板的做法得到肯定。

### (三) 内容的新颖性

公共关系传播内容的新颖性体现在,社会组织总是不断地向公众提供新情况、新产品、新动向、新信息,给公众一些意外之喜,多数"新情况、新消息"都带有一定的新闻价值。

### (四) 过程的双向性

公共关系传播是一种社会组织与公众之间双向信息交流、沟通的过程。一方面,社会组织为了塑造良好的社会形象和构建舆论环境,通过有效的传播,向公众传递有关信息;另一方面,社会组织为使传播方案具有针对性,必须及时收集有关公众接收信息后的信息反馈,公共关系传播的一般途径如图5-1所示。

图 5-1 公共关系传播的一般途径

## 三、公共关系传播的要素

1948年,美国著名的政治学家哈罗德·拉斯韦尔(Harold Lasswell)提出了五因素传播模式:"谁?说什么?通过什么渠道?对谁说?产生了什么效果?"这个模式描述的虽然是单向传播现象,但为我们提供了一个分析传播过程的简易模式。因为其中包含了构成传播的基本要素:传播者、传播内容、传播渠道、接收者和传播效果。

公共关系传播是社会组织运用传播手段向公众传递信息的过程,它经历了由传播者到接收者的全过程,因此也应当包含传播过程的五个要素。

### (一) 公共关系传播者

公共关系传播者是社会组织信息的采集者、发布者,是代表组织行使传播职能的人。在我国政治组织中,该角色一般由党和国家的新闻发布机构、新闻发布人以及各级党和政府的新闻、宣传部门担任;在各种福利组织和营利性组织中,该角色由组织内部的宣传部门、公共关系部门或宣传人员、公共关系人员担任。

公共关系传播者是公共关系的主体,因为它是构成传播过程的主导因素。在协调公众关系、改善周围环境的过程中,在树立自身形象、提高信誉的过程中,在沟通内外联系、谋求支持与合作的过程中，公共关系传播者居于主动地位，起着控制者与组织者的作用。它的任务是将外部的信息传达给社会组织的内部公众，将有关社会组织的信息发布出去，传递给目标公众。

### (二) 公共关系传播内容

公共关系传播内容是指传播者发出的有关组织的所有信息。它大体上可以分为如下两类：

一类是告知性内容，即向公众介绍有关社会组织的情况，如组织的目标、宗旨、方针、经营思想、产品和服务质量等。在信息传播过程中，告知性内容往往以动态消息或是专题报道的形式出现。前者是关于社会组织新近发生的某一事件的基本事实的描述，例如关于商店开业、展览会闭幕、新产品问世、超额完成产值等情况的报道。后者是对事件全景或某一侧面进行的放大式描述，它不但包含对基本事实的描述，而且包括对具体情节的勾勒。例如，介绍新产品的设计过程、制作工艺、用途、专家鉴定情况等。

另一类是劝导性内容，如号召公众响应一项决议，呼吁公众参与一项社会公益活动，或者劝说人们购买某一种牌子的商品等。在利用大众传媒进行宣传的过程中，政党、政府及其他非营利性组织发布的劝导性内容，往往以社论、评论、倡议书的形式出现，而营利性组织发布的此类内容，则多以商业广告的形式出现。

### (三) 公共关系传播渠道

所谓传播渠道，是指信息流通的载体，也称媒介或工具。人们通常把用于传播的工具统称为传播媒介，而把公共关系活动中使用的传播媒介称为公共关系媒介。可供公共关系人员利用的传播媒介有两种：一种是大众传播媒介，另一种是人际传播媒介。具体来说，公共关系传播媒介是各种各样、丰富多彩的。常见的是语言媒介，像报纸与杂志、书籍与纪念刊、海报与传单、组织名片与函件等；电子媒介，像广播、电视、录音、录像、幻灯和电影等；标识，像摄影与图片、商标与徽记、门面与包装、代表色等。

### (四) 目标公众

目标公众即组织外部公众，是指那些与组织有着某种利益关系的特定公众。它们是大众传播接收者中的一部分，是组织意欲影响的重点对象。这类公众的特点如下：

第一，目标公众是有一定范围的，是具体的、可知的，也是相对稳定的。每个组织都有自己的特定公众。

第二，目标公众是复杂的。尽管某些个人由于某种共同性构成了某一组织的目标公众，但他们之间还是有着明显差异的。

第三，目标公众趋向集合。当组织与公众之间的利益关系变得突出时，原来松散的目标公众集合体就会趋于集中，显示出它特有的集体力量。

第四，目标公众是变化的。当组织与目标公众的利益关系结束了，这一类公众就不再是该组织的目标公众。

组织要想有效地开展公共关系工作，分辨自己的目标公众是十分重要的。一般说来，分辨公众可分几个步骤，层层深入。例如，首先把组织的目标公众无一遗漏地罗列出来，然后按需要对他们进行分类。根据组织内外有别的原则，可以把目标公众分为内部公众和外部公众；根据公众动态发展过程中的存在形式，可以把他们分为非目标公众、潜在公众、知晓公众和行动公众；根据公众对组织重要程度的不同，可以把他们分为主要公众、次要公众和边缘公众。当组织开展一项具体活动时，还可以对公众进一步分类，以便确定具体活动的目标公众。

### （五）公共关系传播效果

公共关系传播效果是指目标公众对信息传播的反应，也是公共关系人员对传播对象的影响程度。

人们对传播效果的研究经历了半个多世纪的历程，先是提出"传播万能论"，继而提出"有限效果论"（以"两极传播模式"为主要内容），后来又由"两极传播模式"发展为"多级传播模式"。传播效果理论的演变告诉我们，大众传播媒介固然能够改变公众原有的观念，但其效果不是无限的。在实际工作中，公共关系人员不能把大众传播媒介作为唯一的手段，而应当将它与人际传播、组织传播等多种方式结合起来，以便收到更好的效果。同时，公众的被动地位是相对的，他们对信息的注意、理解和记忆都是有选择的。公共关系人员可以通过各种调查手段（如观察、访问、文献分析、抽样调查等）了解公众对信息的接受程度，知己知彼，百战不殆。此外，在信息传播过程中，还要重视专家、学者、社会名流等"意见领袖"的中转作用，设法通过他们影响公众。

## 四、公共关系传播的类型

传播学中有一句名言"你不得不传播"，这说明传播是人类特有的一种基本的社会行为。公共关系传播是一种综合性传播行为，它基本上属于组织传播层次，但又具备各种传播类型的特点。从这个角度上讲，研究一般传播的不同类型，将有助于公共关系传播活动的开展。

### （一）人内传播

人内传播又称自传，是指传播双方为一体的信息交流沟通方式，如个人自我反省、回忆思考、自言自语、自我发泄、自我安慰、自我陶醉、思想斗争、内心冲突等。凡是心智健全的人，都存在着自传现象。人通过自传，可使自己在受到外界的各种冲击时实现自我的心理调节，成功和谐地对外传播沟通。人内传播是人类一切传播行为的基础。

### （二）人际传播

人际传播是指人与人之间直接的信息交流沟通方式。这种传播，双方参与度高，传播符号多样、手段丰富，信息反馈灵便，感情色彩强烈，但是这种传播范围小、速度慢。例如，男女之间感情的交流就属于人际传播。

**【相关链接 5-2】**

**传达的重要性**

据说，一次部队的命令传递是这样的：

营长对值班军官说："明晚大约8点钟，在这个地区将可能看到哈雷彗星，这种彗星每隔76年才能看见一次。命令所有士兵着野战服在操场上集合，我将向他们解释这一罕见的现象。如果下雨的话，就在礼堂集合，我为他们放一部有关彗星的影片。"

值班军官对连长说："根据营长的命令，明晚8点哈雷彗星将在操场上空出现。如果下雨的话，就让士兵穿着野战服列队前往礼堂，这一罕见的现象将在那里出现，并且76年才出现一次。"

连长对排长说："根据营长的命令，明晚8点，非凡的哈雷彗星将身穿野战服在礼堂中出现。如果操场上下雨，营长将下达另一个命令，这种命令每隔76年才会出现一次。"

排长对班长说："明晚8点，营长将带着哈雷彗星在礼堂中出现，这是每隔76年才有的事。如果下雨的话，营长将命令彗星穿上野战服到操场上去。"

班长对士兵说："在明晚8点下雨的时候，著名的76岁哈雷将军将在营长的陪同下身着野战服，开着他那彗星牌汽车，经过操场前往礼堂。"

### （三）组织传播

组织传播是指组织机构与组织机构、公众、社会环境之间的信息交流，这种传播的主体是社会组织。当组织利用其进行封闭沟通时，即组织的内部传播，具有层次性、有序性等特点；当组织利用其进行开放沟通时，即组织的外部传播，具有公众性、大众性等特点，但必须借助传播媒介来进行。无论是内部传播还是外部传播，组织传播都具有：明确的目的性，即为实现社会组织的目标而传播；严格的可控性，即服从组织总目标而有良好的控制性能；具有综合性，即由于传播对象既有个体、群体，又有更广阔的公众，因此其传播手段集人际传播、小组传播、公共传播和大众传播之大成。这是典型的公共关系传播。

### （四）大众传播

大众传播是指职业的传播者通过大众传播媒介将信息大量复制并传递给分散的大众的传播方式。其优点是：能够在最短的时间内获得最大的传播面；由于由职业传播者作为"把关人"，大众传播媒介具有"过滤性"，所以传播的信息具有权威性大，说服力强；个人情感因素介入较少，有高度的公开性。其缺点是：信息反馈缓慢、零散，评价传播效果的工作量较大。大众传播由于量大面广、影响力强，对迅速建立组织形象、扩大组织的知名度有重要的作用，因此是公共关系传播的主要手段。

### （五）国际传播

国际传播是指国家与国家之间的信息和观念的交往和传递。国际传播具有多方面的作用：①能交换各方所需要的情报，如科学技术的引进和输出、学术观点的交流和探讨；②能宣传自己的主张，如发表声明、递交照会、制造国际舆论等；③能建立和加强国与国之间的关系，如进行国事访问、参加国际活动、开展文化和艺术交流等。正因为国际传播作用巨大，"两国交战，不斩来使"几乎成为自古至今一条不成文的规定，所以即使在兵戎相见之时，国家与国家之间信息的交流也是必须保障的。在国际传播中，一定要充分考虑语言、文字、风俗习惯、伦理观念、宗法道德、政治经济等跨文化因素的影响。做好国际传播对一个国家塑造良好的国际形象、建立良好的国际环境十分重要，是开展国际公共关系的重要手段。

综上所述，可以说以上几种传播类型是由低级向高级、由简单向复杂方向发展的。这种发展出现了四种变化：①受众面越来越广；②传受双方在距离和感情上越来越远；③信息的个性化越来越弱；④组织系统和传播技术越来越复杂。但这并不是说几种传播类型有优劣之分。正如我们分析的，几种传播类型各有特色、互有长短。它们不是相互取代的关系，而是在信息传播的数量、质量、速度、范围、效果上相互补充、相互渗透。在公共关系工作中，我们应该根据实际情况，选择不同的传播类型，也可以吸取各种传播类型的优点综合使用。有时只需人际传播，如交谈就行了；有时只需大众传播，如在电视上发条消息；有时则需要综合运用各种传播类型，才能取得最佳的公共关系传播效果，如正大集团赞助播出正大综艺节目，这就至少把公共关系传播同大众传播结合起来了。

### 五、公共关系传播的基本过程

公共关系传播分为以下几个基本过程，如图5-2所示。

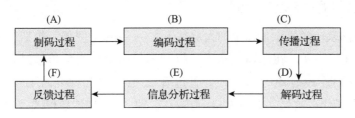

图5-2 公共关系传播的基本过程

**（一）制码过程（A）**

制码是公共关系传播过程的第一个环节。由传播者即公共关系人员承担"制码"的工作，也就是将信息转化为公众可以理解的传播符号，以便信息进入传播过程。公共关系人员一定要保证信息转换准确无误，否则组织被认为是虚假信息的传播者，这对组织的信誉将是致命的打击。

**（二）编码过程（B）**

编码是公共关系传播的第二个环节。公共关系人员使用各种图表、文字、语言、实物、数字等组成一组连贯的信息，为正式传播做好准备。

## （三）传播过程（C）

信息通过传播媒介以信息符号的形式传递给公众。在此过程中，要注意排除各种影响因素的干扰，如传播时间、传播地点的选择，以及传播者主观因素和其他客观因素等。

## （四）解码过程（D）

公众收到信号后，按照自己的立场、观点、方法和偏好来解释传播符号，并将它还原。公众会主动地分析这些信息，因此公众的素质、能力对信息的传播非常重要，这个过程也可以鉴别目标公众的选择是否合适。

## （五）信息分析过程（E）

公众获取信息后，由于受这些信息的影响，将会改变一些外在行为，有可能会有一些新思想、新行为的出现，最终产生一些公共关系人员意想不到的传播效果。

## （六）反馈过程（F）

无论传播效果如何，都会出现公共关系传播的反馈。反馈信息将直接反映给传播者。传播者经过认真分析、总结经验，找出本次传播的不足，为下一次公共关系传播的循环做好准备。

# 第二节 公共关系传播模式与媒介的选择

## 一、拉斯韦尔的"5W"模式

1948 年，美国政治学家，传播学四大奠基人之一——哈罗德·拉斯韦尔发表了《社会传播的结构与功能》一文。在这篇文章中，拉斯韦尔明确提出了传播过程及其五个基本构成要素：谁（Who）、说什么（What）、通过什么渠道（In Which Channel）、对谁（To Whom）说、产生了什么效果（With What Effect），即"5W"传播模式。这个模式简明而清晰，是经典的传播过程模式。后来的很多学者对此进行过各种修订、补充和发展，但大都保留了它的本质特点。这一模式还奠定了传播学研究的五大基本内容："控制分析""内容分析""媒介分析""受众分析"以及"效果分析"。

### （一）具体内容

"5W"传播模式的称谓来自其五个要素同样的首字母"W"。这五个要素有其自身的特点。

"谁"就是传播者，在传播过程中担负着信息的搜集、加工和传递的任务。传播者既可以是单个的人，也可以是集体或专门的机构。

"说什么"是指传播的信息，它是由一组有意义的符号组成的信息组合。符号包括语言符号和非语言符号。

"通过什么渠道"中的"渠道"是信息传递所必须经过的中介或借助的物质载体。它可以是信件、电话等人际传播的媒介，也可以是报纸、广播、电视等大众传播媒介。

"对谁"就是接收者或受众。受众是所有接收者，如读者、听众、观众等的总称，它是传播的最终对象和"目的地"。

"产生了什么效果"是信息到达受众后，在其认知、情感、行为各层面所引起的反应。它是检验传播活动是否成功的重要尺度。

### （二）意义

哈罗德·拉斯韦尔的"5W"传播模式，第一次将传播活动明确表述为五个基本构成要素，奠定了传播学研究的范围和基本内容，为人们理解传播过程的结构和特性提供了具体的出发点。

拉斯韦尔的功绩在于他通过"5W"传播模式正确地指明了传播学研究战略的主攻方向，使传播学界的主力军在近半个世纪里，把主要精力用在考察、研究传播过程的基本要素上，并取得了丰硕成果，为整个传播科学的长足发展奠定了深厚、扎实的基础。

### （三）局限性

1）视了社会制度对传播的影响，过高地估计了传播的效果。
2）忽视了反馈的因素，未能揭示传播双向互动性质。
3）忽视了传播动机对传播过程的影响。
4）它在不少传播学者的头脑中浇铸了一个僵化的思维定式：一提传播学研究些什么内容，很多学者就只在五个研究项目上打转转，难于跳出这个框框去想问题。于是，一些非常重要的问题就被置于考察的视野之外了。例如，传播史的研究，传播战略、传播策略和传播方式方法的研究，传播法规研究，传播与环境的关系研究，特别是传播学基础理论方面的研究，这些都是影响、制约传播效果的大问题。

## 二、把关人理论

### （一）把关人概念

把关人（Gatekeeper），又称守门人，这一概念最早是由美国社会心理学家、现代社会心理学开创者、传播学的四大奠基人之一的库尔特·卢因（Kurt Lewin）在研究群体中的信息流通渠道时提出的。卢因认为，在群体传播中存在着把关人，只有符合群体的规范（把关人的价值标准）的信息内容才能进入信息传播过程。因此，传播组织和组织化了的传播个人（统称传播者）共同控制着信息在传播领域的进出与流通。传播者在传播过程中负责搜集、整理、筛选、加工信息，然后将符合价值标准的信息传递给接受者，这种传播者被称为信息的把关人，他们的这种行为被称为把关行为。

大众媒介的新闻报道与信息传播并不具有纯粹的"客观中立性"，而是根据媒体的立场、方针和价值标准而进行了取舍选择和加工活动的。与媒体的方针和利益一致或相符的内容更容易入选、优先得到传播。媒介的把关是一个多环节、有组织的过程，其中虽有记者、编辑个人的活动，但是"把关"的结果在总体上是媒体的立场和方针的体现。

### （二）把关人的影响因素

从微观层面上看，不同媒体的把关行为有着不同的影响因素；但从宏观层面上看，媒体的把关行为还是受到了一些共同因素的影响。

1）社会意识形态。意识形态体现了宏观社会现象，以多种方式影响着媒体的把关行为。

2）媒体本身的立场和方针。不同媒介组织有不同立场倾向，产生了不同的把关行为。

3）媒介组织之外的其他组织，如利益集团、政府部门等，可以运用权力影响把关。

4）媒体日常工作惯例，如截稿时间、版面要求等，也会影响把关行为。

5）媒体工作者的个人差异，如教育背景、职业经历、个人态度和喜好等。

6）新闻信息的客观属性。新闻本身存在着时效性、重要性、接近性等属性，也影响了媒体对其的把关行为。

### （三）面临的挑战

#### 1. 把关人的角色被弱化

传统媒体的信息控制通过各个层级的把关人来完成，把关人在传统媒体中处于决定媒介内容的支配地位。网络是一种"去中心化"的"新型互动媒介"，在网络传播中并不存在一个固定的传播者的概念，传播者和接收者的差异在缩小。网络传播使昔日的把关人失去了信息传播中的特权，把关人这一传统角色在逐渐弱化。

网络传播更是一种典型的"去中心化"的信息流动。在网络中，把关人角色被弱化的现象更严重。网民从网络中获得信息时拥有更多的自主权，既可以自己控制以何种方式获得信息，也可以随时就自己接收到的信息做出反馈。在网络传播中，人们更多的是采取讨论交流、评价质疑等十分便捷及时的交互方式接收信息。这种交互性方式使把关人的角色被弱化。

#### 2. 把关的可行性降低

网络传播信息的迅捷性和无障碍性大大降低了"把关"的可行性。网民可以自由地发布信息，导致无数个体化的传播主体出现，无数个信息发布点在世界范围开放。这就给谣言借助各种先进的传播手段进行快速、广泛的传播提供了条件。由于传播迅速，因而把关人可能根本来不及做出反应，一些信息就已经造成不良的社会影响，把关人处境尴尬。

网络的海量信息也导致把关难度加大。海量的信息常常混淆受众的视听，使其目不暇接，甚至会对信息的真假慢慢丧失基本的判断能力。对于把关人而言，每天发布千条信息以下的中小网站的审核工作就能将其累垮，更别说再审核网站的互动社区里的帖子了。所以网络海量信息这一事实又进一步降低了"把关"的可行性。

3. 把关权的分化

网络是一种去中心化的"蜘蛛网",传播者和受众都是网络上的节点。也就是说,网络中,传播权几乎已经完全被大众所分享,传统意义上的把关人在网络中被分解为以下四个层面:

1) 网民个人。

网络中的广大网民拥有信息采集和发布的权利,他们可以向全世界发言,享受着高度自由的传播权。所以网络传播让每一位网民都可以自己充当传播的把关人。也正因为这样,信息的真实性与意见的可靠性首先是由网民自己来"把关"的。网民通过网络发表意见或信息,就是进入了公共舆论空间,因此网民对自己所发布的信息要把好出口关,不能信马由缰。首先网民要把自己管好,不制造虚假信息,不传递虚假或可疑的信息;其次要帮政府管好,发现虚假或可疑信息,及时举报,主动验证和辟谣。网民既是谣言的传播者,也是阻止谣言传播的主力军。有不少网民拥有揭露谣言的知识、能力和意愿,或者掌握着戳穿谣言的事实,网民应该自己在网络中提供真实信息,揭露谣言。

2) 网站编辑。

网络媒介拥有一大批媒介从业人员,那就是网站编辑。网站编辑的"把关人"角色也很重要:一方面要对信息的真实性、伦理道德、社会公德等进行审查,保留修改甚至删除的权利;另一方面要采取必要的技术手段,过滤掉不该出现的"糟粕"词汇。

3) 版主角色。

网络中还存在着一群较为特殊的"把关人"——版主,即网站的管理人员,其职能是推动该版面的讨论风气,并尽可能经常发表与该版内容有关的文章或回答网民的问题。从"把关"的过程看,他们居于网民与网站编辑之间,处于第二道关卡的位置。从本质上看,他们仍属于网民,但又不同于一般网民。版主的管理是引导网络传播方向的最直接的方式,版主有责任及时删除明显失据的言论,含不雅文字、有人身攻击倾向、与该版内容无关以及其他违反有关规定的信息。

主持版面的版主是不可忽视的网络"把关人"。版主与传统意义上的把关人职能相近,但两者在一些方面还有差别。版主在网络传播中扮演的不是传统媒体中的绝对主导者角色,而是相对的管理者和引导者角色,他们要在健康的行为规范和道德自律的约束下,为网民提供一种价值观念与审美情趣的标准,以使网络论坛实现健康、有序的发展。

4) 媒体外部组织及环境。

这里主要是指媒介制度。表现形态主要是国家政府部门或相关行业组织制定的法律法规及职业守则等。法律法规通常具有强制性约束力,职业守则则是较为软性的自律规范。这一层"把关人"虽然不在"把关"工作的"第一线",但是最后也是最强有力的一道关卡,它能保证社会各种传播活动的正常进行,而不会逾越法律和道德的底线,网络论坛当然也不例外。2003年12月,中国互联网协会新闻信息服务工作委员会正式成立,新华网、人民网、新浪网、搜狐网等30多家互联网新闻信息服务单位共同签署了《互联网新闻信息服务自律公约》，承诺自觉接受管理和公众监督，坚决抵制有害信息。这体现了政府对网络媒体"把关人"的约束和引导。

## 三、两级传播模式

"两级传播论"是由美国著名社会学家拉扎斯菲尔德（Paul Lazarsfeld）提出的。"两级传播论"的假设：观念总是先从广播和报刊传向"意见领袖"，然后再由这些人传到人口中不那么活跃的部分。也就是说，信息的传递是按照"媒介—意见领袖—受众"这种两级传播的模式进行的。

这里所提出的中间环节"意见领袖"，其作用与意义举足轻重。

意见领袖又称"舆论指导者"，指社会活动中能有较多机会接触来自各种渠道的信息的人士，即"消息灵通人士"，或在某一领域有丰富的知识与经验的人，即"权威专家"，他们的态度和意见对广大公众影响较大。意见领袖在受众中具有某种凝聚力、号召力和影响力，他们的意见往往能影响其他人的意见。现代传播学中的"二级传播理论"，就是指发言者先去重点影响"意见领袖"，然后再由意见领袖去影响更多的公众。

【相关链接5–3】
### 巧妙发挥"意见领袖"的作用

著名学者胡适从美国学成归国后，在北京大学讲授中国哲学史。他并没有像别的国学大师那样从三皇五帝开始讲起，而是直接从孔子讲起。这种做法引起了当时深受旧学影响的学生的嘲笑，致使授课无法进行。胡适发现傅斯年和顾颉刚的旧学根基最好，在同学中影响力较强，便重点启发他俩。他们学会以后，告诉同学们胡适的讲法很有道理。同学们受他们的影响，慢慢地听出了"门道"。后来这班学生中的大多数都成为知名学者。在这里，胡适巧妙地使"意见领袖"发挥了作用。

意见领袖的地位不是官方授予的，也不是自称的，而是自然形成的。意见领袖的成员和地位也是相对的，他们只是在某个时间、某种条件下对某个问题具有一定的权威性和影响力。如张三在宿舍内可能是电影方面的意见领袖，而李四可能是体育比赛方面的意见领袖。官方权威人士、学者、专家、社会名流也可以被看作既定的意见领袖。在公共关系传播中，公共关系人员应该善于发现并巧妙地利用意见领袖的作用。假如一个企业为改善社区关系而召开一次恳谈会，公共关系人员除了邀请社区中各单位的领导和居民委员会的负责人以外，还应该考虑该社区中还有哪些意见领袖，如哪位离休老干部在群众中有威信，哪个小伙子在待业青年中是"哥儿们头"，等等，召开社区关系的座谈会时不要漏掉他们。

## 四、受众选择"3S"论

经过长期的观察和研究，传播学者发现受众在接触媒介和接收信息时有很大的选择性，这就是受众心理上的自我选择过程。

这个选择过程表现为三种现象，简称为"3S"：选择性注意、选择性理解和选择性记忆。

### （一）选择性注意

注意是指心理活动对一定事物或活动的指向和集中。注意具有指向性和集中性。

1. 指向性

我们都有过这样的经历，去电影院看电影时全部兴趣与精力都集中在电影内容、情节发展、演员表演上，若有人问你邻座的观众穿什么颜色的衣服，你十有八九答不上来。这里就涉及了注意的指向性。注意的指向性是指人在某一瞬间的心理活动或意识选择了某个对象，而离开了另一些对象。注意的指向性是关系到注意力在哪个方向上活动的问题，选择方向不同，接收的外界信息就不同。平时人们常说"视而不见""听而不闻"就是指当意识完全指向一个对象时，会忽略其他不感兴趣的对象。

2. 集中性

还有一个常见的现象是，一个在考场上专心考试的学生的注意力完全集中在试卷上，而无暇理会周围环境的变化，如酷热的天气使他挥汗如雨，或邻座同学咳嗽的声音很大等。这里明显地表现出注意的集中性。注意的集中性是指当心理活动或意识指向某个对象时，它们便会在这个对象上集中起来。如果说注意的指向性是方向的朝向问题，那么注意的集中性就是注意在这个方向上活动的强度或紧张度。注意力高度集中会消耗人大量的体力与精力，平时我们说某人在听课或看书时"专心致志""聚精会神"，就是指他的注意很集中，而说某人"心不在焉""开小差""三心二意"，就是指他的注意不集中，意识在一定方向上活动的强度或紧张度还不到位，对既定方向体力与精力的投入还不够。

人只有把注意指向的范围缩小时，才有可能集中；反过来说，人的注意越高度集中，意识的指向性范围才会越小，对其他事物的忽略反应也越明显。从这一意义上来说，集中性与指向性是互为因果、密不可分的。

选择性注意是指在信息接收过程中，人们的感觉器官虽然受到诸多信息的刺激，但是他们从所有信息中有选择地加以注意的心理状态。

吸引公众选择性注意的策略有：

1）对比。如颜色对比、大小对比、内容对比等。

2）强度。报纸的编排中，字号、字体、色彩等都可以加强信息的刺激强度而引人注目。

3）位置。报纸版面位置和电视广告时段非常重要。

4）重复。重复次数越多越容易被注意，如脑白金广告。

5）变化。兰蔻的睫毛膏广告中，条码略微变化，一端翘起来，吸引人注意。

### （二）选择性理解

选择性理解是指不同的人对于同一信息做出不同的意义解释和理解。

影响受众选择性理解的心理因素包括：①需要；②态度；③情绪。

### (三) 选择性记忆

记忆是一种极其主观的脑的活动。人们往往只记忆对自己有利的信息，或只记自己愿意记得信息，而会忘记其余信息。这种记忆上的取舍，就叫选择性记忆。

选择性记忆可分为以下三个阶段：

1. 输入

信息的传播者要设法在信息的构思和符号制作上多下功夫，争取受众能记住更多的信息。

2. 储存

人的记忆能力是有限的。一个人一次只能记得 $7±2$ 个信息组块，而且是短期记忆。因此，在设置信息时要注意信息的规则排列和间接易记。例如，1 2 3 4 5 和 1 5 2 8 3 的记忆。

3. 输出

记忆的输出有两种方式：辨认和回想。辨认是人们接收到某个信息后，可以辨别出自己以前是否看过或听过。回想则是人们能够把看过或听过的信息用不同的符号来复述。

## 五、议题设置论

科学调查的结果表明：大众传播对某些议题的着重强调和这些议题在传播中受重视的程度有较强的正相关关系。换言之，在大众传播中越突出某一事件，多次、大量地报道某一事件，就会使公众突出地议论这一话题，这便是"议题设置"。

议题设置的理论基于以下两个观点：

1) 各种传播媒介对传播信息的"过滤作用"。传播媒介对极为浩繁的信息进行选择，之后才传达给公众的。当大众传播媒介着重报道某个新闻事件，也就意味着这个新闻事件可能成为公众关注的"议题"。

2) 面对信息量大、复杂的环境，公众常常感到无所适从。他们需要有人出面整理复杂的信息，划出重点和优先顺序，为他们选出那些值得关心和注意的事件，这也正是"把关人"的作用所在。

【相关案例 5-1】

#### 关于欧洲前锋球星的系列报道

比较成功的议题设置是 2003 年关于欧洲前锋球星的系列报道。2003 年，各球队对顶级前锋球星的追求达到了一个新的高度。这催生了媒体对前锋球星的关注：这次报道由欧洲媒体发起，长达一年半，参与的媒体遍布全球。泰晤士报、每日电讯和天空电视台三家媒体针对欧洲主要豪门球队、主要前锋球星的情况做了报道和电视专题节目，并挑选出了 10 位最出色的前锋球星，引发全球媒体讨论。

这 10 位前锋球星的讨论引起了我国媒体的注意，CCTV5 和《足球周刊》均做了详细的报道。我国球迷看到《足球周刊》和《天下足球》的报道后，就一直在讨论欧洲前锋球星。

《足球周刊》推出"关于杀手的秘密报告",《天下足球》则推出"杀手的天空"专题节目。这些报道使得球迷更加关注这10位最出色的前锋球星。

> 【启示】
> 科学调查的结果表明:大众传播对某些议题的着重强调和这些议题在受众中受重视的程度构成强烈的正比关系。换言之,在大众传播中越突出某一事件,越是多次、大量地报道某一事件,越会使社会公众突出地议论这一事件,这便是"议题设置"。案例中,欧洲媒体对前锋球星的关注,CCTV5和《足球周刊》等针对这10位前锋球星的讨论使得球迷更加关注相关信息。

## 六、公共关系传播媒介

社会组织要进行信息传播,总要凭借一定的传播工具,这种传播工具就是公共关系传播媒介。因此,在公共关系传播中,公共关系人员除了要掌握公共关系传播的基本原理、规律、技巧以外,还必须熟悉各种传播媒介的性质、特点和用途,以便恰当地选择传播媒介,达到最好的传播效果。

公共关系传播媒介的种类繁多,从其物质形式的角度,大致可以分成五大类。

### (一) 语言媒介

语言媒介是指以自然语言,即发出声音的口头语言作为信息载体的传播媒介。语言是人类交往最基本和最重要的工具之一。在公共关系传播中,语言媒介经常被用于信息传播,方式有演讲、答记者问、与员工谈心、电话通信、会议、谈判、为宾客致迎送词等。

运用语言媒介进行的传播,基本上属于人际传播,表现形式基本上是面对面的交流。因此信息反馈迅速,形式灵活多样,感情色彩强烈,传播效果明显。缺点是范围小,影响面不大。

应该指出,语言媒介除用于公开的、正式的语言传播外,还用于一种秘密的、随便的语言传播,这种语言传播被称为"小道消息"传播。"小道消息"这种非正式的语言传播,其信息内容有真有假、有虚有实,有时则是公众某种情绪的反映。"小道消息"一般是大众传播不充分的产物。"小道消息"的特点是传播速度快、个人感情色彩浓厚,缺点是反复传述、多级传播、极易失真。有时公共关系人员也可以利用"小道消息"传播媒介,作为"试探气球"了解公众意见,或者配合公共关系传播,将不宜公开的信息传递给公众等。

### (二) 印刷媒介

印刷媒介是指以印刷作为物质基础,以平面视觉符号(文字和图像符号)作为信息载体的传播媒介。印刷媒介主要有报纸、杂志、书籍,以及招贴、海报、传单、函件、合页等印刷品。印刷媒介是当今公共关系传播中运用最频繁和最多的媒介之一。

1. 报纸

报纸是以刊登新闻为主的、通过版面的空间组合以整张的形式刊出的、面向广大公众发行的定期出版物。报纸目前是世界上最重要的大众传播媒介之一。它的优点主要包括以下四个方面：

（1）便于选择  报纸的大小、题目相对集中，从编辑处理上反映出来的对内容的评价信息都一目了然。读者可以任意挑选阅读内容；既可以从头版头条看起，也可以从报尾看起；既可以只看标题，也可以深入研读某一篇重点文章。读者还可以自由选择读报的时间、地点和方式。

（2）便于保存  报纸上的信息内容都以文字的形式固定下来，便于剪辑、保存和查阅。而广播电视的信息内容对于一般读者来说，都是稍纵即逝、不便保存、检索和利用的。

（3）内容深入  报纸是以文字表达形式为主的媒介，文字表达的最大优点之一是可以不受具体时间、空间的限制而连续深入论述。因此，一些逻辑性强、抽象思维的内容，比较适合文字表达。公共关系人员可以利用这一点，及时组织新闻专辑、连续报道等，来配合大规模的公共关系活动。

（4）经济实惠  报纸的发行周期较短，宣传频率也较高，读者多为较稳定的长期读者，权威性和影响力较强。另外，报纸的印刷工艺较简单，制作成本也较低。

报纸媒介的局限性有：它的阅读受到读者文化水平的限制；报纸的生动性、及时性不如广播、电视，时间性极强和形象性很强的信息不宜依靠报纸来传递；报纸的重复阅读率较低，外观及内容上较粗糙。

2. 杂志

杂志是以成册装订的形式刊出、以目录为引导、将各种内容分类顺序编排的大众传播媒介。杂志在我国越来越受人们的欢迎。它的优点包括以下三个方面：

（1）专业性强  杂志分类较细，内容比较专一，针对性强，传播的目标指向比较明确，便于公共关系人员面对特定的公众传递信息。

（2）价值较高  现在的杂志印刷精美、图像丰富、色彩艳丽、成本成册、定期发行、便于保存、便于检索。内容有一定深度，而且完整系统，利用价值较高，读者重复阅读率也较高。

（3）感染力强  杂志内容分类清楚，读者阅读时一般注意力较集中、较认真，对信息的感受性较强。公共关系人员利用杂志发表理论性强的公共关系专稿或广告，对公众深层心理的影响力较大。

杂志的局限性表现在：读者的文化水平要求更高，还要求有一定的专业知识，出版周期较长，时效性较差，成本也较高。

3. 书籍

书籍也可以看作大众传播媒介，一般由正式出版社出版发行，装订成册，有封面、封底，内容连贯统一。书籍比较正规，便于长期保存和使用，对公众更具权威性。印刷装订精美的书籍，给人以豪华典雅的印象，感染力较强。书籍是保留人类文化遗产和改善社会生活的强有力的工具。但是，由于出版印刷周期较长，书籍不如报纸、杂志传播信息速度快，读者面也更窄。书籍比较适宜对一个公共关系课题和思想进行深入和广泛的探索。

4．其他印刷媒介

除了报纸、杂志、书籍等，公共关系人员常用的印刷媒介还有以下七种：

（1）招贴、海报　这是一种提供简短、及时、确切信息的印刷媒介，经常张贴于能引起公众注意的醒目之处，能及时、迅速地向公众传递某种信息。

（2）传单　这是一种印成单张的宣传媒介。例如，可以在传单上写明某企业产品的名称、功能、特点，以及生产厂家的地址和联系方法等。

（3）名片　这是一种印有姓名、身份、单位、联系地址的卡片，多用于社会交际场合的自我介绍，且方便日后联系。

（4）函件、通知　函件和通知用于组织之间和人与人之间的及时信息传播。

（5）合页、折页　合页、折页用于广泛扩散信息，以简明、直观为特点。

（6）小册子、手册　小册子、手册以全面、系统地传递信息为主要特点。

（7）插页、附页　插页、附页用于随报刊等物临时发布信息，以节省邮费、方便及时为特点。

以上这些印刷媒介都是公共关系人员可直接控制的（大众传播媒介不便直接控制），因而具有目标指向明确、传播针对性强、信息传播快、反馈迅速直接、形式灵活多样、费用低廉等特点。但是，这些印刷媒介大多由社会组织自行控制，公众容易对此类传播媒介怀有戒心，从而影响传播效果。

### （三）电子媒介

电子媒介是指以电波的形式来传播声音、文字、图像等符号，并需要运用专门的电器设备来发送和接收信息的传播媒介。电子媒介主要有广播、电视、电影、录音、录像和幻灯等。电子媒介在传播领域发展较快，特别是电视媒介在大众传媒方面的影响力已居前列。从总体上说，电子媒介传播速度快、覆盖面广，声音和图像给人以现场感和亲切感，直观、形象，而且单位成本低廉。但是，电子媒介所传播的信息重复使用率较差，受众对传播内容的选择性也较低。

1．广播

广播是指通过无线电波或导线传送声音符号，供公众收听的传播媒介。广播传媒的优势表现在以下四个方面：

（1）传播及时　广播上的信息不受时空条件的限制，转瞬之间即可借助电波传遍地球各个角落，它可以把刚刚发生和正在发生的新闻告诉听众。实况转播和广播大会是新闻报道中最快的形式，被称为"同步新闻"。

（2）机动性强　收听广播不受时间、地点、场合的限制，如我国老人常在早晨散步时收听广播新闻,可以边洗衣服边听广播剧等。

（3）普及率高　收音设备价格低廉,而且是一次性投资,不容易损坏。因此,广播在我国的普及率较高。

（4）感染力强　广播依靠声音传播内容,声音有较强的传真感,听其声能身临其境、如见其人。播音员用声情并茂的语言调动听众的感情,有较强的鼓动性和感染力。

广播也有局限性,表现在:稍纵即逝,不便检索、保存;形象性不如电视,深刻性不如报纸;选择性较差,公众只能按一定的顺序收听节目;公众的收听时间不固定,收听率难以准确估算。

因此,广播适用于传播那些时间性较强、涉及面较广的信息。

2. 电视

电视是用电子技术传递活动图像的传播媒介。电视是我国发展最快、影响最大的大众传播媒介,也是公共关系传播的最重要的手段之一。电视的特点如下:

（1）生动形象　对于客观事物,报纸是用文字来表达,广播是用声音来描述,而电视可以直接将其"复制"下来,有声音、有画面,可谓绘声绘色,十分逼真、可信,形象生动,感染力很强。

（2）及时性强　由于电视摄像和传播技术的发展,基本上可以做到随时实况传播新发生的事件,其及时性大大超过报纸,略微落后于广播。

（3）普及性高　电视信息以声音、图像为主,老少皆宜、雅俗共赏。电视可以通过电波向四面八方发送信息,服务范围广,拥有广泛的观众。

但是,电视的局限性也是十分明显的。首先,电视信息稍纵即逝、不便记录、不便检索、不便保存。其次,深度不够。电视由于受表现形式的限制,在表现理论性强、逻辑思维内容等方面弱于报纸、书籍、杂志等媒介。最后,不便选择。观众只能按照既定的时间、顺序和速度接收既定的节目。

应该指出,电视在现代公共关系传播活动中发挥着越来越重要的作用,引起了公共关系人员的高度重视。

3. 录音、录像

录音、录像分别是广播、电视的延伸,它们是用电子技术将声音、画面记录下来,向有限的公众进行传播的电子媒介。公共关系人员在具体工作中也经常使用这两种电子媒介。如广东某集团在接待来访的中外客户时,就经常播放自创录像片,以介绍公司的历史与现状,不知不觉就加深了客户对公司的了解,取得了良好的传播效果。

4. 电影、幻灯

电影、幻灯是利用强光和透镜将画面和文字映射在白幕上进行信息传播的电子媒介。尽管电影、幻灯与电视一样是利用声音和移动图像来传递信息的,但两者有明显的不同。电影、幻灯有专门的电影院、宽大的银幕。电影、幻灯媒介如果运用得恰当,可以获得良好的传播效果。当然,电影、幻灯媒介也有不足之处,如制作成本高、制作过程复杂、制作周期长、不便普及等。

5. 互联网

互联网指的是基于 TCP/IP 协议，通过网络互联设备把多个网络和网络群体互联起来而形成的大型计算机网络，借助它人们可以随时随地地把文本、声音、图像、影视等信息传递到世界上任何有终端设备的地方和个人。互联网的特点如下：

（1）交互性　这是互联网最独特、最别具一格的特点之一。信息在互联网上传播，用户完全可以根据自己的兴趣和要求来决定浏览哪些信息，并且能及时地将意见反馈给信息提供方。BBS 论坛、网上调查、网上聊天等都是交互性的互联网工具。

（2）巨量性　用"信息海洋"来形容互联网是最贴切不过了，由于网络设计有"去中心化"的特点，以及无限链接的功能，因此互联网上的信息是巨量的，且很容易扩展。

（3）高速性　由于互联网上的信息经过了数字化的处理后变得极易传输，因此高速性已成为互联网的一个重要特征。由于这一特征，利用互联网也可以进行实时、实况报道。

当然，互联网传播也存在缺点：网上虚假信息很多，不能对其进行有效的监管，人们不太相信网上的信息。

（四）图像标识媒介

图像标识是指以静态的形象为主要信息载体的传播媒介。图像标识是各种社会组织经常使用的传播媒介，我们稍微留意一下就会发现许多公共关系部或公共关系公司都有为数不少的摄影和美工人员，他们的主要任务之一就是设计和制作图像标识。图像标识可以分为两大类，即照片与图画、其他标识。

1. 照片与图画

公共关系人员在制作各种宣传小册子和举办各种展览、展销会时，经常大量使用照片和图画，并配以必要的文字说明，形象地介绍组织的有关情况，给读者、观众一目了然的感觉，大大强化了公共关系传播的效果。这里提醒公共关系人员注意：照片与图画的画面要力求干净、明晰，想表达的思想或事物要突出、清楚；说明文字要亲切通俗、流畅简练，切忌深奥晦涩、呆板冗长。

2. 其他标识

（1）商标　它是商品的特定的标记，反映了商品的质量和商品生产者的信誉。通常由文字、图案、符号共同组合而成。设计商标时除了要考虑当地消费者的文化风俗以外，还应该突出商品的特征和优点，使商标简练醒目，美观大方，容易识别。

（2）品牌名称　它是商品的牌子，一般与商标图形紧密联系。创作品牌名称，要注意以下因素：①语感好。如"春兰""星海"等，均以开口音结尾，读起来顺畅，听起来悦耳。②寓意美好，如"美的""百事可乐""好孩子"等。③贴近消费者，如"大白兔""白云"等。

（3）徽记　它是组织的标志，也称组织的商标。人们常常把徽记镌刻在本组织的大门旁、专用车上，印制在信封、信笺、名片、纪念品上，以塑造组织的形象。

### （五）非语言传播媒介

非语言传播媒介是指以人的动作、表情、服饰等为信息载体的传播媒介。在公共关系传播中，非语言传播媒介是一种被广泛运用的沟通方式，通常情况下用来表现情感，可以加强或减弱语言传播的效果。非语言传播媒介分为有声非语言传播媒介和无声非语言传播媒介。

1. 有声非语言传播媒介

有声非语言传播媒介如说话时的重读、语调、笑声和掌声。应该注意，同一种有声非语言传播媒介在不同的情况下含义会大不相同。例如：笑声可能负载着正信息，也可能负载着负信息；掌声可能是欢迎、赞成、高兴的表现，也可能是气愤、不满、厌恶的流露。

2. 无声非语言传播媒介

无声非语言传播媒介主要是指体态语言和情态语言。体态语言是指人们身体部位表现某种含义的动作符号，如竖起大拇指、耸肩、摇臂、跷起二郎腿、哈腰、跺脚等。情态语言是指人脸上各部位动作构成的语言，主要是"眼语"。例如：深切地注视是一种崇敬的表示；眉来眼去、暗送秋波是情人交流感情的形式；横眉冷眼是仇人相见的眼神；眼球移动缓慢，则说明一种深情或忧愁；等等。需要说明的是，无声非语言传播媒介具有鲜明的民族文化性，即同一种人体动作在不同的民族中含义会大不相同。就以在美国广为流行的OK手势来说，它在美国表示"同意、了不起、顺利、赞赏"等含义，在法国表示"零"或"无"，在印度表示"正确"，在日本、缅甸、韩国，则表示"金钱"的意思；与以上大不同的是，在巴西则表示"引诱女人"或"侮辱男人"；在突尼斯，表示"傻瓜"或"无用"；在印尼，表示"什么也干不了"或"不成功"；而在某些地中海国家则表示"孔"或"洞"的意思。

综上所述，在公共关系传播中，常用的传播媒介就是以上五种。大众传播媒介主要是指报纸、广播、电视、互联网等。公共关系人员在进行信息传播时，要针对具体的信息内容和具体的传播对象，根据各种传播媒介的具体特性，选用恰当的媒介，或者综合运用，只有这样，才能大大提高公共关系传播的效果。一般地讲，要传播形象性很强的信息，应该考虑优先选用电视；要传播音乐性强、时间性强的信息，应该优先运用广播；要传播内容比较深刻、需要保存检索的信息，应该考虑优先运用报纸；要传播专业性、针对性强的信息，可以优先考虑杂志；要传播塑造组织形象方面的信息，可以优先选用图像标识；要传播感情色彩浓厚又不需要大范围传播的信息，可以优先选用语言媒介或非语言媒介。

## 第三节　公共关系传播技巧

### 一、制造新闻

制造新闻，也叫新闻策划，是指组织以合法的新闻手段有意识地进行新闻创意的策划活动。由于它是为了引起新闻单位和各界人士注意，人为策划的一种传播行为，因此也被称为

"媒介事件"。这种"制造"出来的新闻是针对组织形象的确立和美化而安排的,所以策划和事前安排比较重要。制造新闻的技巧,基本上在策划阶段来应用。具体的做法:注意寻找公众关心的热点话题,从公众和组织双方的需求出发来策划新闻发布;联系有纪念意义的事件和日期,如节日、纪念日等;利用名人,发挥名人效应;注意选择最佳的新闻制造时机,出奇制胜。

在制造新闻的同时,应该避免一些制造虚假新闻。

【相关案例5-2】

### 酒店经理如何制造新闻

1986年10月,高莉莉就任上海金沙江大酒店公关部经理时,酒店还默默无闻。1987年秋,她从记者朋友处得知,著名的日本影星中野良子将偕她的新婚丈夫造访上海。她马上意识到这是酒店开展公共关系活动借以提高知名度的好机会。于是,她立即采取了一系列措施,争取到了接待客人的机会,然后又直接给尚在北京的中野良子打电话请她来上海时下榻"金沙江"。对方应允后,她立刻带领工作人员进行策划和准备。

客人晚上到酒店,等待他们的是一个洋溢着浓烈的喜庆气氛的"迎亲"场面。在一片热烈的鞭炮声里,中野良子夫妇被40多位中外记者及酒店的上百名员工簇拥进一个中国传统式的"洞房"——正墙上大红"囍"字熠熠生辉,两旁的对联上写着"富士山头紫燕双飞白头偕老,黄浦江畔鸾凤和鸣永结同心"。在笑声、掌声此起彼伏的"闹洞房"仪式中,新婚夫妇还品尝了象征"甜甜蜜蜜""早生贵子"的哈密瓜、桂圆、红枣等,在异国他乡度过了一个难忘的欢乐之夜。

当晚,在场的记者纷纷报道了这则饶有情趣的新闻,上海金沙江酒店也随着这些报道在一夜之间扬名海内外,特别是在中国公众和日本公众中留下了深刻而美好的印象。

1988年2月,高莉莉调到上海华亭宾馆。针对企业急需提高知名度的实际情况,她又策划推出题为"美国食品周"的公关专题活动。食品周期间,中外宾客同上海市民一起品尝了美国风味小吃,还兴致勃勃地观看了同时展出的好莱坞西部片中的老式吉普车、汽油灯、马鞍等展品。异国情调吸引着一批又一批的公众流连忘返。一时间"美国食品周"成了大众传媒报道的热点新闻。与此同时,华亭宾馆也成了上海公众津津乐道的热门话题。

【启示】

在公共关系传播中,大众传播能突破时空限制,迅速地把某种信息传遍一个地区、一个国家乃至全世界,从而产生巨大的影响。因此,当一个组织需要提高自己的知名度,赢得社会公众的普遍注意时,大众传播无疑是最理想的宣传方式。而"制造新闻"又是大众传播中最主动、最有效的免费传播手段。

在"制造新闻"的实际操作中,应该注意的是:①"制造新闻"必须依据客观事实,这些事实通常是偶然事件或突发事件。②这些事件都能被公共关系人员挖掘出其蕴含的与公共关系目标的某种联系——新闻价值,然后再对其进行有效利用。日本女影星新婚来中国访问是确有其事；美国食品及西部开发也属客观实在。两则新闻事件的"制造"过程都是公共关系人员根据自己所在组织的公共关系目标，凭借强烈的公共关系意识和熟练的公共关系技能，针对有价值的事实，通过精心策划，巧妙地加工处理，使其增添戏剧性色彩，从而达到引人注目的效果。"金沙江"从默默无闻到在上海林立的大酒店中异军突起占据一方；华亭宾馆则成为中外宾客向往的地方。这些都说明，"制造新闻"带有浓厚的人为色彩，它既表现出公共关系活动的计划性，又体现出专业人员的策划能力。

## 二、注意传播者的选择

首先，注意传播者的"首因效应"，如果传播者以整洁的仪表、让人信赖的态度和热情诚挚的语言表达来进行公共关系传播，他的外在影响和内在魅力就可以给人留下良好的印象；其次，注意传播者的"名人效应"，传播者可以是明星、权威人物等。选择合适的公共关系传播者，是传播者实施传播的第一步。

【相关链接5-4】

### 好的形象代言人的特征

选择代言人是广告活动的起点，代言人与产品的有机结合是广告成功的关键，应该慎重行事。首先要清楚是否有必要采用名人广告？在综合考虑形象、魅力、特长、知名度、美誉度、亲和力、可信赖度、现代感、权威感、受欢迎程度等因素的基础上，视需求与可能而筛选出适当的人选。一般说来，好的形象代言人的特征如下：①较高的社会知名度，一定程度上说，代言人知名度的高低与广告效果的大小是成正比的；②必须具有一定的美誉度，给人以信任感，方能使代言人与产品相得益彰，产品借代言人扬名；③代言人与所宣传的产品之间应该具有某种关联性，能建立一种代言人形象与产品形象的和谐关系。另外，代言人本身的形象、特长、魅力等，是否与广告所要沟通的目标消费群相和谐，也是要慎重考虑的。因为在采取代言人策略时，除了借名人之光提升产品知名度外，还要赋予产品独特的品位，形成格调和威望的品牌光环。

## 三、注意把握交谈艺术

1）传播者必须具备扎实的语言知识和语法功底。
2）传播者要有丰富的社会经验，了解不同场合中交际语言规范和礼貌用语。
3）交谈态度要谦恭和热诚，谈话要有新意，聆听对方讲话时要表现出尊敬和认真，并及时反应。

【相关链接5-5】

### 说话的艺术

曾有一个保险公司的推销员，在几次拜访了一个客户后，却未能说服他，临走时，他说了一句话："我将来会说服你的，老家伙！"这句话表明了他值得称赞的决心，但这却是他绝不该说的话。对方立刻嚷道："不，你做不到——绝无希望！"后来，尽管这位推销员在近十年的时间持续不断地拜访他，但他却没有成功。

### 四、注意把握和处理传播中的尴尬情况

在公共关系传播中，经常会出现一些令传播者和接受者均感到尴尬的情况，这种情况在公共关系传播中被称为"传播短路"。例如，话不投机的谈话状态，遇到了拒绝和被拒绝传播的现象。遇到这种情况的处理技巧是：首先要实事求是，以诚相待，求得理解；其次不能含糊其辞，宜早不宜迟；最后无论是传播者还是接受者都要讲究含蓄、委婉，不能简单粗野、直接露骨地拒绝对方。

### 五、注意培养幽默感

#### （一）培养自己的幽默观念

认识幽默的重要性，在生活中努力捕捉智慧的、机智的语言来充实自己，丰富自己的语言，锻炼自己的主观思维。

#### （二）学会利用修辞手段

特别是能自如地使用成语等达到妙语连珠的幽默效果，激发接收者的聆听兴趣。

#### （三）注意把握幽默规律

多使用出奇制胜的、意料之外却在情理之中的语言逆向表述方法，这样可以得到意想不到的传播效果。

## 本章小结

本章主要围绕公共关系传播的相关知识，设置各节的知识目标，内容具体包括：公共关系传播的含义、特点、要素、类型和基本过程；公共关系传播模式与媒介的选择。读者通过学习本章，能够扎实地掌握公共关系传播的相关知识并能够熟练地加以运用。

## 同步测试

### 一、单选题

1. 有利于解决多数公众的共性问题的传播媒介是（    ）。
   A. 个体传播媒介　　B. 群体传播媒介　　C. 大众传播媒介　　D. 实物传播媒介
2. 人的表情属于（    ）符号媒介。
   A. 有声语言媒介　　B. 无声语言媒介　　C. 有声非语言媒介　　D. 无声非语言媒介
3. 提出"5W"模式的是（    ）。
   A. 拉斯韦尔　　　　B. 森特　　　　　　C. 香农　　　　　　D. 杰夫金斯

4. 大众传播媒介的四大支柱包括报纸、广播、电视和（　　）。
   A. 电影　　　　B. 幻灯　　　　C. 书籍　　　　D. 杂志
5. 现代公共关系传播的本质是组织与公众之间信息的（　　）。
   A. 双向交流　　B. 单向交流　　C. 双向管理　　D. 单向管理
6. 社会名流、新闻人物、舆论领袖等属于公共关系传播媒介中的（　　）。
   A. 符号媒介　　B. 人体媒介　　C. 实体媒介　　D. 大众媒介
7. 自我与他人、个人对个人的传播活动属于（　　）。
   A. 自我传播　　B. 人际传播　　C. 组织传播　　D. 大众传播
8. 不受空间限制、传播范围最广的大众传播媒介是（　　）。
   A. 电视　　　　B. 报纸　　　　C. 广播　　　　D. 杂志
9. 下列选项中，印刷精美、表现力强的传播媒介是（　　）。
   A. 广播　　　　B. 杂志　　　　C. 报纸　　　　D. 电视
10. 下列哪个不属于电子媒介（　　）。
    A. 广播　　　　B. 海报　　　　C. 录音　　　　D. 录像

## 二、简答题

1. 简要分析公共关系传播的含义。
2. 公共关系传播的要素有哪几个？
3. 简述拉斯韦尔的"5W"模式。
4. 公共关系传播的类型主要有哪几种？

## 三、案例分析题

美国×××公司一幢52层高的总部大楼竣工时，一大群鸽子竟全部飞进了一个房间，并把那个房间当作它们的栖息之处。不多久，鸽子粪、羽毛就把那个房间弄得很脏。有的管理人员建议将那个房间所有的窗户打开，把这一大群鸽子赶走。这件"奇怪"的事传到公司的公共关系顾问那里，公共关系顾问立刻敏锐地意识到：扩大公司影响的机会来了。他认为，举行一次记者招待会、设计一次专题性活动、散发介绍性的小册子等，虽然都可以把总部大楼竣工的信息传播给公众，但仍是一般常规的方法，最佳的方法应做到使公众产生浓厚的兴趣，以至迫切想听、想看，现在一大群鸽子飞进了52层高的大楼内，这本身就是一件很吸引人的新奇事，如果再能够巧妙地在这件事上做点文章，就一定能产生更大的轰动效应。于是，在征得公司负责人同意后，他下令关闭了那个房间的所有窗户，不让一只鸽子飞走。接着，他设计并导演了一场妙趣横生的公共关系传播活动。

这位公共关系顾问首先与动物保护委员会的人员联系，告诉他们发生的事情，并且说，为了不伤害这些鸽子，使它们更好地生息，请动物保护委员会迅速派人前来处理这件有关保护动物的"大事"。动物保护委员会接到电话后十分重视，答应立即派人前往新落成的总部大楼处理此事，他们还"郑重其事"地带着网兜，因为要保护鸽子，必须小心翼翼地一只只地捕捉。

公共关系顾问紧接着就给记者打电话,不仅向他们描述了一大群鸽子飞进大楼的奇景,而且还告诉他们在××公司总部大楼将发生一件既有趣而又有意义的动物保护委员会来捕捉鸽子的"事件"。

记者们被这个消息惊动了。他们认为,如此多的鸽子飞入一幢大楼是极少见的,又加上动物保护委员会还将对它们采取"保护"措施,这的确是一条有价值的新闻。于是,电视台、广播电台、报社的记者纷纷进行现场采访和报道。

动物保护委员会出于保护动物的目的,在捕捉鸽子时十分认真、仔细。从捕捉第一只鸽子起,到最后一只鸽子落网,前后共花了三天的时间。在这三天中,各新闻传播媒介对捕捉鸽子的行动进行了连续报道,使社会公众对此新闻产生浓厚的兴趣,很想了解全过程,而且消息、特写、专访、评论等体裁交替使用,既形象又生动,更吸引了公众争相阅读和收看。这些新闻报道,把公众的注意力全吸引到×××公司上来,吸引到公司刚竣工的总部大楼上来,结果×××公司总部大楼名声大振,而且公司负责人充分利用在荧屏上亮相的机会,向公众介绍公司的宗旨和情况,加深和扩大了公众对公司的了解,从而大大提高了公司的知名度和美誉度。同时,×××公司借此机会将总部大楼竣工的消息巧妙地、顺利地告诉了社会,使公众全盘接收了这一消息。通过公共关系传播活动,终于事半功倍地完成了向公众发布此消息的任务。这便是公共关系历史上的经典案例——"鸽子事件"。

(选编自《公共关系案例》,熊源伟主编,安徽人民出版社,1994年版。)

**问题:**

1. 为什么说,"制造新闻"是一种主动型媒介公共关系活动?
2. 你认为策划"制造新闻"必须遵循什么原则?
3. "制造新闻"不等于编造新闻,请说明区分的理由。

## 四、实训题

分析学校附近有几类公共关系传播媒介,然后把全班同学分组,各组分别走访调查各类媒介,了解各类传播媒介的优缺点,以及如何有效利用这些媒介进行传播。要求每位同学写出访问报告或者小结。

# 第六章 公共关系的工作程序

> 人的本质并不是单个人所固有的抽象物,在其现实性上,它是一切社会关系的总和。
>
> ——德国伟大思想家 马克思

> 要解决问题,还须做系统的周密的调查工作和研究工作,这就是分析的过程。提出问题即矛盾的所在。
>
> ——中国伟大的无产阶级革命家 毛泽东

## 知识目标

- 了解公共关系调查的内容与方法
- 了解公共关系计划的编制环节
- 掌握公共关系计划的实施过程
- 掌握公共关系评估的方法与步骤

## 技能目标

- 能够全面系统地掌握公共关系专家所提出的四步工作法
- 熟悉公共关系调查的方法
- 能够熟练地编制公共关系计划
- 能够组织实施公共关系计划
- 能够对公共关系活动进行评估

## 导入案例

### 法国白兰地是如何打进美国市场的

美国法律曾一度明文规定:禁止酒类进口。对此各国酒商尽管心有不甘,但无可奈何。法国白兰地公司为了打开美国市场,特地邀请了几位公关专家,慎重研讨公关方案。受聘的专家通过调查,搜集了有关美国的大量信息,并仔细斟酌,提出了一项颇具新意的设计。

法国白兰地公司不惜巨资,在美国各大报纸、杂志及广播电视台向公众征答这样一个问题:"白兰地公司有两桶窖藏了67年的美酒欲向外赠送。请问,送给谁最好呢?"一时间,这件事铺天盖地灌输进了美国人的头脑中。不久后就是美国德怀特·戴维·艾森豪威尔总统67岁寿辰,法国人紧接着又在报纸、杂志及广播电视中公布了先前所征答的问题的答案,原来那两桶67年的陈酿就是献给美国总统67岁寿辰的,以表示法国人民的敬意。

公关宣传的基点是法美两国人民的友谊,整个规划的主题是"礼轻情意重,酒少情意浓"。择定的宣传时机是当时的美国总统艾森豪威尔67岁的寿辰，要求公关活动尽可能广泛利用法美两国的新闻媒体，传播程序是先法国后美国，由内而外地辐射。赠送的是两桶窖藏长达67年的白兰地酒，贺礼由专机送往美国，酒桶特邀法国著名艺术家设计和制作。然后于总统寿辰日，在白宫的花园里举行隆重的赠送仪式，由四名英俊的法国青年身穿法兰西传统的宫廷侍卫服装抬着这两桶白兰地正步前行，进入白宫。这项耗资可观的公关计划得到了公司最高决策者的批准，并且获得了法国政府的赞赏和支持，外交渠道的绿灯也亮了。

于是，美国公众在总统寿辰一个月之前就分别从不同的传播媒介获得了上述信息。一时间，法国白兰地成了新闻报道、街谈巷议的热门话题。千百万人都盼着这两桶名贵的白兰地的光临，以一睹其风采为快。于是，出现了万人空巷的盛况。

当两桶仪态不凡的美酒亮相时，群情沸腾，欢声四起，有些人甚至大声唱起了法国国歌《马赛曲》。酒不醉人人自醉。从此白兰地昂首阔步地迈进了美国市场，国家宴会和家庭餐桌上有了它的身影。

总统寿辰过后，美国的报纸、杂志和电视上频频出现这样的照片和画面：总统和法国客人各举一杯诱人的白兰地，相互碰杯，一饮而尽。白兰地成了一种诱惑，但很多美国人品尝不到。于是美国人开始游行，口号是："我们也要喝白兰地！"这样一来，因为是总统先喝的白兰地，因此美国政府有口难言，最后美国当局只好修改相关法律，允许酒类进口。

### 📝 案例分析

白兰地如此干净利落地进入美国市场，整个过程简直就是一幕气氛热烈、节奏鲜明、富有艺术魅力的精彩戏剧。这反映了策划者不同凡响的公共关系艺术水平。

成功的奥秘就在于以情动人，白兰地是感情沟通、友谊传递的使者，商品的形象幻化为友谊的象征，消费者的身份也淡化了。美法两国的友好之歌，余音绕梁，在相当长的时间里感染着消费者。将酒与一国元首的诞辰日联系起来，利用名人效应，不动声色地让艾森豪威尔总统为白兰地做了宣传。虽然活动花费多，但白兰地一出场就赢得了如此高的美誉，这是以同样的费用做广告所无法获得的。

## 第一节　公共关系调查

中国有句老话叫作"知己知彼，百战不殆"。公共关系调查其实就是为了给社会组织管理部门提供参考依据，达到"知己知彼"的状态，以保证组织有效开展各项公共关系事务活动而做的工作。作为公共关系活动的起点与基石，公共关系调查是在特定的时间与地域范围内，运用相关调查方法和工具，搜集并分析和本组织相关的公众的观点、态度和行为信息，了解和掌握自身公共关系状况的过程。这个过程中所获得的信息既可以用于制订长远的战略性规划，也可以用于制定某阶段或针对某问题的具体政策或策略；不仅有助于组织把握目前的公共关系状况与问题，还有助于组织尽早发现潜在的威胁，为具体公共关系活动目标和方案的正确制订提供客观依据，让公共关系人员可以"对症下药""量体裁衣"，使问题尽快得到解决。

## 一、公共关系调查的定义

公共关系调查简称公关调查，是指公共关系人员根据本组织的公共关系目标搜寻、采集、选择公共关系信息的活动。它是公共关系工作程序中的一项重要的基础工作，发挥公共关系情报功能，是公共关系工作必须"以事实为依据"的体现，也是"知己知彼，百战不殆""运筹帷幄之中，决胜千里之外"的前提。

【相关链接 6-1】

先搞清楚这些问题

一家宾馆新设了一个公共关系部，并且给公共关系部长配备了豪华的办公室、漂亮的公共关系小姐、现代化的通信设备，但该公共关系部长却发现无事可做。后来这位公共关系部长请来了一位公共关系专家，向他请教怎么办，于是那位公共关系专家一连问了以下几个问题："本地共有多少个宾馆？总铺位多少？旅游旺季时，本地的外国游客每月有多少？国内的外地游客有多少？贵宾馆的知名度如何？在过去三年中，花在宣传上的经费共有多少？最大的竞争对手是谁？潜在的竞争对手又是谁？去年一年中因服务不周引起的房客不满的事件有多少起？服务不周的症结何在？"

对这样一些极其普通而又极为重要的问题，这位公共关系部长竟张口结舌，无以回答。于是那位被请来的公共关系专家这样说道："先搞清楚这些问题，再开始你们的公共关系工作。"

## 二、公共关系调查的内容

### （一）组织的基本情况调查

1. 组织经营状况

组织经营状况包括：组织创立的时间、组织发展历史上的重大事件及其影响；组织的经营目标和经营宗旨；组织对社会的贡献；组织的目标市场分布状况、市场占有率及市场竞争情况；组织产品、商标、包装、服务、价格的特点；组织的名称、标志、外观环境的特点；等等。

2. 员工队伍情况

员工队伍情况包括：员工的人事资料，如年龄、学历、家庭状况、专业特长、兴趣爱好，以及员工的业务素质等；特殊人物如技术标兵、革新能手、劳动模范的主要成就和经历；组织领导层的有关情况，如功绩、知名度、威望、领导水平；等等。

### （二）组织员工关系调查

1. 物质利益

员工的物质利益是影响组织人际关系的重要因素。因此，组织要建立和谐、团结、互助的人际关系，首先就要处理好员工之间的物质利益关系问题。抓住了它，就抓住人际关系的关键。

2. 人际结构

人际结构是指组织内部为了更好地完成各级管理工作和生产任务，分别配备不同特点的员工所形成的有机组合。人际结构一般包括年龄结构、知识结构、心理结构等内容。合理的人际结构促使人们互相配合、取长补短、互相吸引，形成一种合力；不合理的结构会使人们互相排挤、互相推诿、各行其是、产生摩擦和内耗，形成工作的阻力。

3. 心理气氛

群体社会心理气氛是制约和形成人们在劳动群体中相互关系的环境总和，其好坏主要体现在群体成员的工作态度和他们在劳动、工作过程的相互关系之中，具体表现为：群体成员是否在工作中形成了协调、融洽的相互关系；群体成员的情绪和意见是否能得到重视；群体中是否有共同的行为规范，群体成员是否自觉遵守该行为规范，组织领导是否具有良好的品格；群体内部的情绪是否高昂，态度是否积极。

4. 人际交往

密切的人际交往是公共关系传播的重要媒介。如果组织各级人员能经常交往、加强面对面沟通，就能及时消除误解，增进相互之间的团结。

### （三）公众意见调查

1. 组织形象地位调查

对组织形象进行调查的目的就是：首先通过对组织的自我期望形象的调查，明确组织的公共关系目标；其次，通过对组织的实际社会形象的调查，分析组织公共关系的具体现状；最后，通过比较目标和现状之间的差距，研究修正和确定公共关系工作的方向和重点。

2. 公众舆论调查

对公众舆论的调查主要是指对公众的态度倾向进行统计、测算，用数据反映公众的意见。

**【相关链接6-2】**

明确公众态度很重要

假如你要在美国的酒吧里要一杯可乐，不用猜，十次中有九次会给你奉上可口可乐。还有一次呢，对不起，可口可乐已经售完。当然，这是一个美式笑话。但是，从笑话中你可以发现，可口可乐似乎已是美国精神的象征，但是在20世纪80年代却发生过一个致命的错误。

在20世纪70年代之前，可口可乐一直占据美国饮料市场的80%左右。然而从20世纪70年代中期开始，老对手百事可乐迅速崛起，大部分市场都被百事可乐吞食。百事可乐的营销策略就是针对最大的饮料消费群体——年轻人，推出年轻人的可乐。同时，百事可乐进行口味对比，请毫不知情的消费者品尝可口可乐和百事可乐，并现场直播，有超过80%的消费者回答百事可乐的口感明显比可口可乐好，这使得百事可乐销售量激增。

可口可乐面对百事可乐的步步紧逼,感受到了威胁,试图迅速摆脱困境。为此,可口可乐决定在全美10个主要城市进行一场深入的市场调研,希望通过消费者调研找到可口可乐衰退的原因。可口可乐设计了一系列的市场调研,调研问卷中的问题包括可口可乐口味如何、口味是否需要变得更柔和一些等。此次市场调研结果显示,大多数消费者愿意尝试新口味的可乐。

依据调研结果,可口可乐的管理层决定开发新口味的可乐,同时结束传统配方的使用。为了确保万无一失,新口味的可乐在上市之前,可口可乐又花费了数百万美元进行了一系列的口味测试。没过多久,更为柔和的口感、更甜的新品展现在世人面前。

可口可乐开始改造生产线,并花费重金进行了大规模的广告宣传活动。看起来一切顺利,但是新口味刚刚上市一段时间,噩梦就向可口可乐袭来,越来越多的消费者开始抵制新口味。对于消费者来说,老口味代表着一种美国精神,而放弃传统配方的老口味就等于放弃美国精神。仅仅几个月的时间,可口可乐新口味计划就以失败而告终。可口可乐忽略了一点,口味并不是美国消费者最重要的购买动机,精神才是。前期投入的无数时间和精力、巨大的成本就这样付之东流了。

此故事告诉我们,市场调研需要先明确公众的态度和需求,再按照实际情况进行。

3. 公共关系活动条件的调查

公共关系活动条件的调查是指组织在开展公共关系活动之前,对开展活动的主客观条件进行调查,包括:①公共关系活动主体人力、财力情况调查。②公共关系活动客观环境调查。

(四) 组织的宏观环境调研

1. 政策法律环境

政策法律环境包括一个国家或地区的政治制度、政治形势、方针政策、法律法令等。凡与组织活动特别是与公共关系有关的政策法规都应作为调查的内容。

2. 经济技术环境

经济技术环境主要是指市场环境。经济技术环境的变化,影响和制约着组织公共关系的开展。只有把握国际国内经济形势,了解不同地区的经济技术发展水平,组织才能做出正确的经营决策、保证在错综复杂的市场环境中求得生存和发展。

3. 社会文化环境

社会文化环境是指一个国家和地区的人口结构、家庭状况、文化教育水平、生活习俗、社会规范和文化观念等的总和。社会上的重大事件、重大问题、社会思潮,都可能对组织产生影响,对组织的前途命运发生作用。

## 三、公共关系调查的程序

(一) 调查准备阶段

调查准备阶段是指公共关系调查的起始阶段和基础环节。能否通过调查获得开展公共关

系活动所需要的信息,在很大程度上取决于调查的准备工作是否充分。调查准备阶段的工作主要包括以下三项:

1. 确定调查任务

确定调查任务是公共关系调查准备阶段的第一项工作。公共关系调查的任务是由调查的内容确定的,根据不同的调查内容,确定不同的调查任务。开展公共关系活动所需要的信息有可能千头万绪,与此相对应的公共关系调查的内容就有可能十分广泛。但任何一次公共关系活动都有具体目标、具体对象、具体要求和规定,因此调查的内容没有必要包罗万象。根据开展公共关系活动的目标、对象、要求和规定确定调查内容后,再根据调查内容确定调查任务。确定调查任务的意义在于使调查具有针对性,做到有的放矢、突出重点。

2. 制订调查方案

明确调查任务以后,接下来的工作就是制订调查方案。一个全面完整的调查方案应该包括:①调查的课题以及调查的目的和意义;②调查的公众范围和目标公众;③调查准备采取的方式和方法;④调查对象的选择方案或抽样方法;⑤调查内容、调查指标和调查项目;⑥调查的场所、需要的时间和进度;⑦需要的经费以及其他物品计划;⑧选择调查人员,并提前培训。调查方案的制订或设计必须全面考虑以上八个方面的问题。

3. 做好物质准备

开展公共关系调查活动还需要具备相应的物质条件。相应的物质条件主要涉及调查人员、所需经费、设备器材三个方面。

1)调查人员。公共关系调查人员的条件包括知识、能力、素质等,应该根据调查活动的实际需要,有针对性地对调查人员进行培训。

2)所需经费。应该做好经费预算,确保经费到位。

3)设备器材。设备器材是指开展调查活动所需要的器材,如录音机、摄像机、电话机、传真机、计算机等。

(二)搜集资料阶段

搜集资料阶段就是具体的调查阶段,是公共关系调查过程的核心阶段。搜集资料阶段的主要工作:实施现场调查,取得支持配合。

1. 实施现场调查

搜集资料阶段是公共关系调查的现场实施阶段。应该按照公共关系调查方案的要求,深入调查现场,接触目标公众,采取各种调查方法,搜集相关资料。搜集资料的方法可分为:直接搜集和间接搜集;正式途径搜集和非正式途径搜集;公开搜集和秘密搜集;等等。搜集的资料也可分为两类:原始资料和现成资料。原始资料也叫作第一手资料,是指调查人员深入现场、实地调查所搜集到的资料,这类资料应该作为搜集的重点。现成资料也叫作第二手资料,是指经他人搜集、整理过的相关资料。现成资料的优点是避免重复劳动、减轻调查负担、可用于核对原始资料。

## 2. 取得支持配合

现场调查只有得到被调查者及相关组织或人员的支持与配合，才能顺利进行，才能搜集到真实、准确、全面、丰富的资料。因此，调查人员必须重视并处理好各种关系：首先，要处理好与被调查者的关系，争取得到被调查者的真诚支持与通力合作；其次，处理好与被调查者相关的组织或人员的关系，争取得到这些组织或人员的支持和帮助。

在现场搜集资料的过程中，必须注意恰当合理地应用调查的策略技巧和技术手段，因为这将直接影响搜集资料的数量和质量。

### （三）整理分析阶段

整理分析阶段是运用科学的方法，对搜集到的各种调查资料进行去伪存真、去粗取精并加以归类、排列的信息处理过程。通过对搜集的资料进行整理分析，实现由此及彼、由表及里、由感性认识上升为理性认识的飞跃。本阶段的主要任务是整理调查资料和分析调查资料。

#### 1. 整理调查资料

一般来说，从现场搜集到的调查资料具有以下特点：①真伪混杂，良莠并存，真实性和准确性都需要加以确认。②内容分散，形式各异，完整性和条理性都需要提高。③主次无序，冗余量大，针对性和概括性都需要增强。显然，根据这样的调查资料难以准确地判断组织的公共关系状态，难以清晰地理解组织存在的公共关系问题，也难以有效地预测组织未来的公共关系趋势，因此现场调查搜集到的资料，必须加以整理。整理资料是对资料进行分析研究的基础性工作，是从具体调查阶段过渡到研究阶段、由感性认识上升为理性认识的中间环节。

整理调查资料的工作内容主要包括以下三点：①按照真实性、准确性、完整性的要求对调查资料进行审核。②按照科学性、针对性、实用性的原则对调查资料进行分类。③按照条理性、系统性、概括性的标准对调查资料进行加工。

#### 2. 分析调查资料

对调查资料的整理为分析奠定了基础。对调查资料的分析是指调查人员运用一定的科学方法，对调查资料的内容进行深入加工的过程。分析调查资料所运用的科学方法可以概括为定性分析方法和定量分析方法两类。调查人员应该对整理后的调查资料由此及彼、由表及里、由现象到本质地进行深入的比较、归类、推测、判断、概括、统计，从而发现其中的重要信息，揭示其中的关键问题。在此基础之上，形成调查的认识成果，提出解决问题的对策。

分析调查资料是指对调查资料的认识、深化和提高的过程，也是决定调查结果能否充分发挥作用的关键环节。

### （四）形成结果阶段

对调查资料进行整理和分析后，一般应该形成书面形式的调查结果，即形成一份完整的公共关系调查报告。公共关系调查报告是指用以反映公共关系调查所获得的主要信息成果或初步认识成果的书面报告，可供组织的领导者或决策者参考，可应用于公共关系活动。

1. 调查报告写作的工作内容

调查报告写作实质上是调查人员对获得的信息资料的加工处理过程。这一过程的具体工作内容包括：①分析已经过审核和处理的信息资料，确定调查报告的主题。②汇集相关信息资料，概括出存在的问题及其变化情况。③对重要信息资料进行综合研究，从中概括出明确的观点。④选择、应用信息资料，说明公共关系工作应该注意的问题。

2. 调查报告写作的基本要求

公共关系调查报告既应该体现调查人员的调查能力和写作水平，也应该体现调查在公共关系活动中的重要地位和巨大作用。因此，公共关系调查报告写作应该符合以下基本要求：

（1）确保调查报告内容的客观性和真实性　这是对调查报告最基本的要求。这个要求的基本含义是调查报告必须以调查所获得的信息资料为依据，包括：以信息资料为依据确定主题；以信息资料为依据概括情况；以信息资料为依据提炼观点；以信息资料为依据说明问题；等等。

（2）确保调查报告体例的系统性和完整性　系统性是指调查报告的体例安排和内容表述应该具有严谨的逻辑性；完整性主要是指调查报告的结构应该包括题目、目录、概要、正文、结论、建议和附件等部分。

（3）确保调查报告表述的准确性和通俗性　调查报告的语言表达要做到准确、通俗。准确是指行文要把握好分寸，恰如其分地反映事实；通俗是指用语要简洁、朴实、易懂，不需要修饰和美化。

### （五）总结评估阶段

调查报告形成以后，应该对整个调查过程和调查结果进行总结评估。总结评估是公共关系调查的一个必不可少的重要步骤。通过总结评估，调查人员可以在以下三个方面取得新的收获：①可以清楚地了解本项调查的完成情况；②可以准确地掌握本项调查取得的成果；③可以总结出本项调查的经验和教训。总结评估的主要内容通常包括以下两个方面：

1. 评估调查成果

评估调查成果主要是指衡量调查成果的价值。衡量调查成果的价值通常使用学术价值和应用价值这两个指标。在学术价值方面，应该对调查所提供的事实资料和数据资料的完整性、真实性、可靠性做出客观的评价，应该对提出的理论观点和研究结论的科学性、合理性、创新性等做出客观的评价；在应用价值方面，一般需要根据调查成果被采用的情况、调查成果对公共关系活动的实际指导作用和所取得的实际效益做出具体的评价。

对调查成果进行评估，大致可分为调查人员自己评估、成果应用者评估、同行专家评估、组织领导评估四种形式。这四种形式的评估各有利弊，应该综合其优点，克服其弊端。

对调查成果进行评估的具体方法主要有定性评估法、定量评估法、集中评估法、分散评估法、面对面评估法、背对背评估法等。在实践中可以根据具体情况选择使用。

2. 总结调查工作

总结调查工作是指对整个调查活动的工作过程和有关情况进行回顾并加以归纳概括。内容主要包括：①调查工作的完成情况，如是否按时完成了调查任务，是否真正达到了调查目的，是否需要补充或重新调查等；②调查所取得的经验教训，如本项调查有哪些成功之处和不足之处，调查的各个阶段取得了哪些具体成绩和收获，事先确定的调查目的、任务、范围、过程是否妥当，调查的条件、方法、手段是否适用等。

总结调查工作的主要目的是积累成功经验，吸取失败教训，为以后的调查活动提供参考与借鉴的依据。

【相关链接6-3】

### 公关调查的程序

一家化工厂由于废水没得到及时处理而流入附近水域，致使鱼类大量死亡，以捕鱼为生的渔民愤怒地涌入化工厂，引起了触目惊心的社区公共关系纠纷。化工厂的公共关系部经理很快着手开始调查此事，调查程序如下：

1. 确定调查题目为鱼类死亡原因。
2. 制订调查计划

1）调查外部公众，即渔民中的意见领袖。
2）调查内部公众，即员工中的意见领袖。
3）检验水和死亡的鱼类。

3. 搜集相关调查资料。
4. 整理资料，并分析原因。

1）领导不重视环保，无环保机构。
2）员工环保意识淡薄，环保知识贫乏。
3）技术设备陈旧。
4）长期忽视厂与社区的关系。

公共关系部经理根据调查的结果，给出相关建议，很快解决了化工厂和渔民的纠纷。

## 四、公共关系调查的方法

公共关系调查的方法有很多，经常使用的有访谈调查法、文献调查法、观察调查法、问卷调查法和抽样调查法等。

### （一）访谈调查法

访谈调查法可分为个别访谈和集体访谈两种，用于接待来访者、平时服务式交谈和上门专访三种情境。访谈调查法的优点在于所获信息详细且具体，能尽量把问题讨论透彻，还可以多次邀请面谈，也可邀请对方填写书面材料；不足之处在于，容易受在场人员的心理影响，费时费力，成本较高，而且如果选取的调查样本不够典型，容易产生片面性。

### （二）文献调查法

文献调查法是一种间接的调查方法，它是调查人员从日常搜集到的各种类型的社会信息源中提取必需的信息材料，如杂志、报纸、档案、书刊等。需要积累的文献资料包括：基本的工具书，如《中国经济年鉴》；必要的报纸资料，如《人民日报》；经营资料，如企业资产、历年产值等；公众宣传资料，如产品广告、海报、社区民众意见等。

### （三）观察调查法

观察调查法分为参与观察法和非参与观察法两种。采用参与观察法时，调查人员与被观察者一起活动，从活动过程中了解对方的有关信息。这种方法的优点在于，能体验到被观察者的具体感受，了解到的信息自然真实。不足之处是观察到的信息较为表层、肤浅，而且掌握到的情况带有较大的偶然性；由于调查人员的经验和阅历各不相同，对同一问题往往会有不同的结论。

非参与观察法是指观察者在被观察者（被研究对象和群体）所处的情境之外，对其进行观察的方法。适用于短期性研究工作，特别是当观察者的参与会严重影响被观察者的正常活动的情况。其特点是观察者不直接介入被观察者中间，而是从旁观察正在发生的过程，不干预这个过程的进程，不提出任何问题，只是客观地记录事件发生的进程。这种方法常被用来描述某一事件发生时的社会气氛，这时观察者需要观察大量过程。为了纵观全部进程，观察者应远离被观察者。不仅研究人员本身，而且经过专门训练的其他人员也可进行外部观察，但这种情况只有在观察程序制定得相当完善，并检验了观察项目的可靠性时才可以采用此法，观察者可以看到并记录被观察者所谓"公开行为"的一些举动，但是，作为一个旁观者却难以准确地了解在这些举动后面掩盖着什么，因此其解释并不总是正确的。可通过增加观察者的数量并将各自所得结果进行比较来提高观察的客观性。

### （四）问卷调查法

问卷调查法也称问卷法，是指调查人员运用统一设计的问卷向被选取的调查对象了解情况或征询意见的调查方法。

问卷调查以书面提出问题的方式搜集资料。调查人员将所要调查的问题编制成问题表格，以邮寄方式、当面作答或者追踪访问方式填答，从而了解调查对象对某一现象或问题的看法和意见，所以又称问题表格法。问卷调查法的运用，其关键在于编制问卷，选择被调查对象和结果分析。

### （五）抽样调查法

抽样调查法是指从调查对象总体中抽选出部分样本，以这部分样本作为对象来实施调查的方法，其结果可用于推论总体。抽样方法可分为非概率抽样（有意抽样）和概率抽样

（随机抽样）。有意抽样多用于事例研究或特殊题目的调查。随机抽样则是现代最普遍、最常见的方法之一，又可分为：①简单随机抽样，方法与抽签的原理相同。②系统抽样，也称等距抽样，基本做法是在随机排列的对象总表中随意选取第一个样本，其他样本按一定间隔抽出即可。③分层抽样，也即分类抽样，将对象总体中的所有单位按照一定属性预先分成若干类别，分别进行随机抽取。④多级抽样，也称多阶段抽样，是大规模调查中经常使用的一种方法。

抽样调查法一般是通过设计问卷来进行调查的。问卷是载有各类表明调查意向的问题的工具，其基本形式是纸面材料。问卷的设计要遵循科学性、客观性和准确性的原则。

## 第二节　公共关系策划

### 一、公共关系策划的概念

#### （一）策划的概念

策划即筹划或谋划，是指根据组织的现状和目标要求，分析现有条件，谋划、设计最佳行动方案的过程。

#### （二）公共关系策划的概念

公共关系策划是指公共关系人员为达成组织目标，在充分进行环境分析调查的基础上，对总体公共关系战略及具体公共关系活动所进行的谋略、计划和设计的过程。完整的公共关系策划始于爱德华·伯内斯时代，事实上，"策划"这个概念也是他创用的。他的最富创造性的策划之一是为美国通用电气公司设计的"灯光50周年纪念"活动。

#### （三）公共关系策划的特征

1. 综合性

公共关系策划需要掌握和运用诸如运筹学、决策学、心理学、市场营销学、广告学、管理学等多方面的知识。

2. 思想性

公共关系策划过程是人的一个思想过程，它依赖于人的严密思维。

3. 创意性

公共关系策划是一种创造性的思维活动。公共关系人员遵循公共关系理论和策划理论的基本原则，集思广益，标新立异，别具一格，开拓一种全新的境界。

4. 目的性

每次策划活动都是有某一个或几个明确的目标：提高组织的知名度，提高组织的美誉度，树立组织的整体形象。根据具体目的，策划出有针对性的能解决实际问题的一系列活动。

5. 弹性

公共关系策划方案应具有一定的弹性，以便随着环境的变化适时调整。要使策划方案富有弹性，首先方案不能烦琐冗杂，其次方案的执行切忌生搬硬套。

### （四）公共关系策划的作用

1) 有利于提高组织公共关系工作的整体性。
2) 有利于提高组织公共关系工作的可控性。
3) 有利于提高组织公共关系工作的预见性。
4) 有利于提高组织公共关系工作的成熟性。

## 二、公共关系策划的原则

在公共关系策划过程中，要依据公共关系调查中所确定的组织状况、公众意见和具体问题，提出组织制订公共关系总体计划的目的和要求，并据此设计公共关系活动的主题。公共关系策划需遵循的原则如下：

### （一）整体性与目的性的原则

公共关系策划要立足于全局，顾及组织其他部门，与组织的整体公共关系活动保持协调。通过分析组织的人、财、物的具体条件，提出若干可行的行动方案，最后择优，确定能够达到目标要求的、有效的行动方案。

### （二）独创性与连续性的原则

公共关系策划的本质是创新，是在尊重科学的基础上，发挥创造性思维，求新求异，策划出与众不同的具有新意的活动。但组织的形象并不是仅凭一两次成功的活动就能得到改善的，问题也不可能仅凭一两次成功的活动就得以解决。因此，还应考虑到活动的阶段性和连续性，使独创性与连续性相统一，以实现首尾一贯的效应。

### （三）计划性与灵活性的原则

一般而言，经过精心策划的方案，是不能轻易改变的。但由于客观环境会发生变化，因此方案应留有一定余地，针对可能的变化，给出灵活应变的对策。

### （四）客观性和可行性的原则

客观性，即策划要以事实为准绳，不能无中生有，要排除各种虚假因素的干扰，在充分掌握客观事实的基础上，策划出公众可以接受的方案。可行性，即进行可行性研究，要权衡方案的利害得失，以全面、系统的分析为主要方法，以经济效益为核心，围绕影响方案的各种因素，运用大量的数据资料论证拟建用方案是否可行。对整个可行性研究提出综合分析评价，指出优缺点，提出建议。

### 三、公共关系策划的程序

公共关系策划的程序是根据社会组织内在和外在的客观状况，以及公共关系策划的具体内容而定的。一般说来，公共关系策划的程序分为两个阶段、八个步骤。

#### （一）策划准备阶段

1. 分析调查材料

在这个步骤中，主要工作是分析、审定公共关系调查所获得的资料的真实性和可靠性。

2. 确定目标

确定目标对做好组织公共关系工作十分重要，因此公共关系策划所依据的目标越具体、越明确越好。

#### （二）实施策划阶段

1. 设计主题

公共关系活动的主题是对公共关系活动内容的高度概括，它要求提纲挈领，对整个公共关系活动起到指导作用。主题的表现方式虽然多种多样，但是都应与公共关系目标相一致，要鲜明、富有个性，适应公众的心理需要，简明扼要，易于传播，便于记忆。

2. 分析公众

分析公众一般分为两个环节。首先，鉴别公众的权利要求。就组织而言，每一位公众都可能对组织有独特的要求，公共关系人员必须了解公众对组织的权利和要求。其次，对公众各种权利和要求进行分析，分析各类公众的意图、观念、行动的同一性，概括出各种权利和要求的相对共同点，将其作为制定公共关系一般目标和计划的基本内容；评价公众的各种特殊权利要求，选定那些利益与组织的存在和发展休戚相关的权利和要求，将其作为制定公共关系特殊目标的基本内容。

3. 选择媒介

选择传播媒介的主要依据如下：

（1）根据公共关系工作的目标要求选择　选择传播媒介首先应考虑组织公共关系工作的具体目标和要求，如：要提高组织的知名度，可利用大众传播媒介；要缓解组织内部的关系，可通过对话、座谈会等方式以及各种内部传播媒介。

（2）根据公共关系工作的对象选择　针对不同的公众对象，可采用不同的传播媒介，应考虑公众对象的经济状况、文化程度、职业习惯、生活方式及他们通常接受信息的习惯等，如对于文化程度不高的公众宜采用广播、电视，对于知识分子可采用报纸、杂志等。

（3）根据需要传播的内容选择　根据内容的特点与传播媒介的特点来选择，如需要反复思考才能明白的问题，应用印刷媒介；若报道的内容涉及一个生动有趣的活动过程，则宜用电视和电影。

（4）根据经济条件选择　成功的公共关系活动应该在最经济的条件下争取尽可能大的

社会传播效益，在选择传播媒介时应量力而行。

4. 预算经费

（1）公共关系费用预算的基本内容　一般说来，组织的公共关系活动所需费用包括以下几项：①劳动报酬；②行政管理费；③实际活动费；④传播媒介费；⑤器材费；⑥其他应急或机动的费用。

（2）编制预算的方法

1）固定比率法。这是按照一定时期内经营业务量的大小来确定预算的一种方法。此法方便易行，但缺乏弹性。

2）投资报酬法。这是把公共关系活动的费用当作一种投资来看，根据同量资金投入获得同等报酬的原则来预算的一种方法。此法有利于提高资金利用效能，但所得收益分散，很难计算公共关系部门本身所得。

3）量入为出法。这是按照组织的财务状况，根据财务上可能支付的金额来确定公共关系费用预算的一种方法。此法计划性强，但缺乏灵活性和自主性。

4）目标先导法。这是先制订出公共关系期望达成的目标和工作计划，然后将完成任务所需的各项费用项目详细列举出来，核定各项活动和全部活动的预算的一种方法。此法主动性强，但若预算不准确，就可能出现超支、短缺等现象。

5. 审定方案

审定方案是指由有关领导、专家、具体工作人员组成的方案审定委员会（审定小组、工作小组），对方案进行讨论、评估、选择、优化和论证。

6. 形成文件

形成文件就是形成公共关系策划的正式方案，该方案是反映最终策划成果的书面文件。

## 四、公共关系策划的方法

### （一）德尔菲法

德尔菲法又称专家意见法，是指反复征求专家意见的一种策划方法。它将主题内容、目标、具体要求一并寄给专家，请其独立完成一个方案，限期收回，再经过专门整理后，以不公开名字的方式将其寄给其他专家，继续征询意见，经过几轮反复，直到意见趋于集中为止。

### （二）头脑风暴法

头脑风暴法又称脑力激荡法、畅谈会法，是1939年由美国创造学家A.E.奥斯本创立的一种集体策划方法。它通过一种特殊的小型会议（5~10人），按照一定的规则和程序，在轻松融洽的气氛中，使与会的专家毫无顾忌地提出各种想法，面对面地互相激励，引起联想，激发创造性设想的连锁反应，从而产生众多的创造性设想。在会议中，不允许重复别人的意见，可以补充和发展别人的意见，也不要对别人的意见提出反驳和批评，且想法越多越好，不受限制。

### (三) 灵感诱导法

灵感是一种突如其来的创造性思维的成果，其产生往往要依靠外部诱因的出现，即当外部的诱因与个人头脑中隐藏的某个知识信息点相结合时，产生灵感。这种灵感往往会带来好的策划"点子"，从而设计出好的方案。因此，策划人员要善于使用灵感诱导法，充分利用引起灵感的各种外部诱因，进行自我激发，产生新颖的策划灵感。

### (四) 逆向思维法

在日常生活中，人们总习惯按正常思维去分析和解决问题，其实这样容易扼制许多创意的产生。为此，策划人员要善于运用逆向思维方法来思考问题，以找到出奇制胜之道。逆向思维法也是策划中常用的一种方法。

## 五、公共关系策划书的制作

### (一) 公共关系策划书的结构

公共关系策划书的撰写需要遵循一定的格式与内容要求，基本结构包括以下几个方面：

1. 封面

封面包括策划的名称与形式、策划单位或个人名称、文案完成日期，有时还可以加上简洁的说明文字和内容提要。

2. 前言

前言要对策划书的内容要点进行概括。

3. 目录

目录标明正文内容的条理与顺序安排，有时还可注明各部分内容所在的页码。

4. 正文

正文主要包括活动的背景分析、活动时间、活动地点、活动主题与目标、活动流程设计、传播与沟通方案、经费预算、效果预测等各项内容。

5. 附件

附件可以包括活动筹备工作日程推进表、有关人员职责分配表、经费开支明细预算表、活动所需物品一览表、场地使用安排表、相关资料、注意事项说明等。

### (二) 公共关系策划书的具体内容

1. 活动背景

公共关系活动背景的撰写，并无固定的套路，可视活动的不同性质而定。如一项公益型公共关系专题活动的策划书与一项品牌推介型公共关系专题活动的策划书相比，其活动背景的撰写重点就有所不同：前者强调社会热点和公众需要，后者着眼于市场竞争态势和企业拓展需要。但一般说来，活动背景都包括两大部分内容：一是社会、公众和市场需要，二是组织自身发展需要。所以，撰写者在写作公共关系活动背景这部分内容时，必须牢牢把握社会、公众、市场需要和组织自身发展需要，并注意使用简洁的语言。同时要注意应以一定的调查资料为基础。

2．活动目标

用简洁的语言表明本次公共关系活动要达到的目的或目标，为公共关系活动评估提供参照，同时也表明本次公共关系活动的意义所在。例如，××市环保宣传活动的目的为：向市民宣传环保知识，进一步提高市民的环保意识，共创国家环保模范城和建设国家级生态示范市。活动目标要具体化，并需要满足重要性、可行性、时效性。

3．活动主题

用简洁的语言概括公共关系活动的创意内容。例如，××中学百年华诞庆典活动的主题为"同一身份，同一盛事"，其概括的公共关系活动创意内容为："无论你来自何方，无论你去向何方，无论你现在的身份与地位如何，只要现在或是曾经我们都在这里学习过、成长过、工作过，我们就共同拥有一个身份——××中学的一分子；在××中学百年华诞之际，我们将以最高昂的热情，用最热烈、最隆重的方式，共同迎接、共同庆祝我们大家的节日——××中学百年华诞。"

4．活动对象

活动对象一般是指传播者的作用对象，在公共关系活动中一般是指公众。

5．活动时间和地点

活动时间和地点一般是指公共关系活动具体的时间和地点。

（1）时间　"天时、地利、人和"，时间甚至影响公共关系活动的成败。策划者应慎重选择合适的时间。一般来说，适宜进行公共关系活动的时间或时机有：节假日；组织创办或企业开业之际；企业推出新的产品和新的服务项目之际；组织发展很快但声誉尚未形成之际；组织更名或与其他组织合并之际；组织在某些方面出现失误或遭到误解之际；等等。

（2）地点　适合开展公共关系活动的主要地点如下：

1）闹市。繁华的街道上和顾客盈门的商场，由于公众云集、易于传播，因此往往是公共关系活动的首选场地。一般来说，生产日用生活用品的企业，适宜选择这些场地作为公共关系活动的舞台。

2）广场。适宜举办大型公共关系活动的广场有体育广场、文化广场和城市广场等。一般来说，重大的节庆活动、物资交流贸易会、体育比赛、文艺演出等，要以这些场地为舞台。

3）会堂。各种类型的会堂是适宜召开各种会议的场所。一般来说，员工大会、颁奖典礼、新闻发布会、与公众的对话联谊等，适合在这些场地举行。

4）展馆。展馆可以说是各类组织进行展示性公共关系活动的专门场所。一般展馆的展厅面积很大，其服务的方式往往是举办短期展览会，可被同一行业、同一类商品、同一地区的有关组织联合使用。如果是独家使用，组织就要审视自身的实力；如果是联合使用，组织就要注意与自身同性质的展览会信息。

5）现场。现场包括生产现场、施工现场、某些事件发生现场等。由于有时现场与所传播的信息密切相关，因而在现场举办公共关系活动往往有很强的说服力。

选择了公共关系活动的场地后，还需对场地加以布置。大型公共关系专题活动的场地布置，是一项对创意和专业技术均有很高要求的工作，其具体设计方案一般还要另行撰写，并要配有专门的设计效果图。在活动策划文案中，往往也可以将场地布置列为一个要素，拟出几条原则性的意见和设想，让客户或主管领导审阅文案时有一个粗略的印象。

6. 活动流程设计

一般来说，一个完整的公共关系活动流程设计包括如下三个方面的工作：

（1）准备　准备工作主要是指公共关系活动正式实施前的一系列工作，包括：落实、装饰公共关系活动场地；联系落实出席公共关系活动的重要人物；联系落实出席公共关系活动的媒介代表；通过有关媒介烘托气氛；撰写主要文稿；准备要展示的实物、图片、音像资料；拟定活动的具体程序表；确定有关人员的具体分工。

（2）活动　活动又分为两个阶段：前一阶段为"接待序曲"，主要工作为：有关人员各就各位；迎接来宾，请来宾到休息室休息；分发宣传资料与公共关系活动礼品；检查活动场地的有关设施。后一阶段为"传播高潮"，主要工作为：开始正式程序；由组织领导来传播组织的主要信息；由重要人物传播可提升组织美誉度的有关信息；由模范人物传播组织局部的、关键的、可提升组织美誉度的信息；通过现场展示以及实物、图片、音像资料等，全方位传播组织信息；进行必要的反馈、沟通；媒介录制、传播信息；制造必要的高潮气氛。

（3）善后　善后即传播高潮结束后的有关工作。主要工作包括：招待、欢送来宾；与少数公众进行深度沟通；整理、恢复活动场地；检查媒介传播活动信息情况；核算经费；等等。

以上各工作步骤，是就常规公共关系活动而言的。很多公共关系活动策划极富创造性，体现了个性化的策划艺术，很难予以规范，也难纳入一般性介绍。但是作为公共关系活动，它们总会有"准备""活动""善后"。

7. 媒体宣传

凡策划和实施一项公共关系专题活动尤其是较为大型的公共关系专题活动，主办（出资）单位自然希望这一活动能产生较大的社会影响，乃至造成一定的轰动效应。所以，一旦活动内容确定，就需要围绕活动内容全面设计和制定活动的宣传策略。这一策略一般包括以下三个方面：

（1）新闻媒体传播　新闻媒体传播是指通过新闻媒体发布有关活动消息及相关报道。这种传播方法投入资金少，宣传效果好，最为理想。所以，一个大型公共关系专题活动，在策划时必须考虑宣传的"新闻眼"，并据此制定其新闻媒体传播方案。该方案的内容包括：①分哪些阶段组织新闻报道；②采取什么形式组织新闻报道；③重点邀请哪些新闻媒体进行报道。

(2) 广告媒介传播　广告媒介传播是指通过广告发布的形式来传播有关活动的信息。对一个大型公共关系专题活动来说，广告媒介传播往往构成其传播策略的重要部分，是新闻报道的补充和加强。由于广告的费用投入较大，因此究竟投入多少、采取什么形式组合，均是策划文案中相关部分所应谋划和建议的。

(3) 其他媒介传播　其他媒介传播是指通过宣传单页或宣传册等媒介传播有关活动的信息。这是大型公共关系活动信息传播的补充手段，这种传播方法因定向发送而往往能取得比较好的效果。

8. 进度安排与物料准备

(1) 进度安排　在制定项目进度安排时，主要的依据是策划书。通常的做法是先把复杂的整体项目分解成许多可以准确描述、度量、可独立操作的相对简单的任务，然后安排这些任务的执行顺序，确定每个任务的开始时间和结束时间。

(2) 物料准备　公共关系活动涉及的物品、道具很多，如音响器材、桌椅板凳、背景板、气球、条幅、横幅、步道旗、罗马柱、花篮及彩虹门等礼仪庆典专用物品，以及胸卡、入场券、宣传册、文化衫、广告帽、遮阳伞、手提袋等。这些物品、道具往往成为布置活动场地、烘托活动气氛、宣传组织形象的工具和广告载体。在公共关系活动中，企业往往通过它们作为广告载体来传播自身信息，为树立企业形象服务；而对活动的组织者来说，有时候，它们是企业的赞助媒介，是活动组织者的经费来源，在公共关系活动中所有这些物品应给予适当的安排和运用，以发挥其应有的作用。

9. 经费预算

进行公共关系活动经费预算，也就是在计划中将资金、人力和时间进行合理分配，以便有效地开展工作。从财力上保证将公共关系工作纳入正轨。通过估算公共关系活动经费，为以后评估公共关系工作的成果及所取得的效益提供比较科学的依据。根据经费情况，选用恰当的公共关系活动方式和传播媒介。这也有助于将公共关系的计划方案具体化，形成时间—经费—活动一览表，保证各项具体任务的实施；保证公共关系活动经费按计划支出，防止透支或以权谋私现象的发生。

10. 效果评估

公共关系效果评估，即对公共关系活动的效果进行评估，是整个企业公共关系活动流程的最后一个阶段，与调查研究阶段首尾相连，使企业公共关系活动呈现一个完整的过程。

### (三) 方案论证

方案论证是指行动方案拟订以后进行的可行性论证，包括以下五个方面：

1) 对项目的必要性进行论证。
2) 对目标的可行性进行论证。
3) 对限制性因素进行分析。

4）对潜在问题进行分析。

5）对预期结果进行综合效益评价。

## 第三节　公共关系活动计划的实施

公共关系活动计划的实施就是公共关系工作人员将公共关系活动策划付诸实践的过程。这个过程是公共关系活动计划能否产生良好的实际效应的重要环节。因此，为了保证公共关系活动计划的实施效果，必须做好下述几方面的工作：

### 一、公共关系活动计划实施的准备

由于现实环境的多变性，计划制订时的环境依据在计划实施时会发生很大改变，这些变化会给计划实施带来很多困难，严重时会使计划失败。

因此，在计划实施前首先要做一些准备工作减少环境变化所导致的实施困难。

#### （一）策划书评价

策划书评价是对公共关系调查、决策、策划直至形成书面报告的整个过程的科学性、可行性的评估，以及质量级别评价。根据评价结果挑选优秀方案或对方案进行修正，控制方案质量，以保证实施效果。

#### （二）公共关系活动实施障碍调查

公共关系活动实施过程中会遇到的障碍主要有实施人员障碍、观念障碍、语言障碍、心理障碍、习俗障碍、组织障碍和外部宏观环境障碍。

公共关系活动实施人员在实施前应对实施中会涉及的障碍进行调查，掌握翔实的资料，便于计划实施中的及时调整。

#### （三）实施人员培训

公共关系活动计划的实施效果除受策划书质量及环境变化影响外，还受实施人员的素质的影响。因此，在计划实施前必须对实施人员进行培训。

培训的内容主要包括实施工作制度教育和操作方法的学习、研讨。实施工作制度教育的内容是：组织文化和理念、职业道德、实施规定（特别是特殊规定和容易违反的规定）。操作方法的学习、研讨可通过讲解、讨论、答辩和模拟训练等方式来促使实施人员掌握。

#### （四）公共关系活动实施试验

对于重大的公共关系活动，在其实施前可在一个与正式实施环境相同或相似的典型的、较小的范围进行试验性实施，以验证操作方法，取得实施经验，了解实施障碍。根据试验结果对方案进行调整。

## 二、公共关系活动实施原则

公共关系实施过程的动态性、影响的广泛性及创造性构成了实施活动的复杂性。无论事先策划得多周密，在公共关系活动中都会碰到出乎意料的事件和变化，这些事件和变化会对整个活动产生难以预料的影响。因此，公共关系人员一方面要根据方案开展活动，另一方面要随时应对计划外的情况。在此过程中要遵循以下四个原则：

### （一）导向控制、反馈调整原则

在活动进程管理过程中，始终要以目标为导向。导向控制、反馈调整原则是公共关系实施过程中，保证公共关系活动实施不偏离既定目标的原则。一项公共关系计划实施的环境是复杂多变的，要想成功地坚持目标导向实施公共关系计划，就必须不断地把该项计划与在这种复杂的环境中实施的结果和目标相对照，如有偏差，应及时调整，这样才能避免失误。

### （二）控制进度原则

控制进度原则要求按照公共关系方案中实施时间的要求，随时检查各项工作的完成进度，及时发现滞后项目，做好协调调度工作，使计划的各项项目能和谐、平稳地进行，并确保按时完成计划。例如：某项公共关系活动请柬已经发出，电视和报纸、杂志已经传播开了，但是会场还没有布置好，音响设备还未准备，这必然造成工作的脱节，以致公共关系活动不能正常进行，影响主办单位的声誉。在这里需要指出，计划是控制的基础，控制是实现计划的保证，两者从组织公共关系活动计划实施开始直到终结，始终紧密联系在一起。

### （三）整体协调原则

公共关系活动实施是一项系统工程，需要组织相关各部门的配合及各具体项目实施的协调配合。只有各项目及相关人员之间和谐、有机地配合，公共关系活动才能达到整体的最佳效果。

### （四）协调公众原则

公众是公共关系活动的客体，公众的反应直接说明了公共关系活动的效果。因此，在方案实施时必须正确处理与各类相关公众之间的关系，为方案实施营造一个和谐的环境。

## 三、公众接受组织信息的五个阶段

现代公共关系传播模式与传统传播模式相比，其根本特征就在于它的双向反馈性。也就是说，公众对组织决策产生相应反应后，这种反应必须及时反馈回组织决策者那里。如果没有这种及时反馈，仅是单向灌输，这种传播就不叫公共关系活动了，组织的公共关系目标也就难以实现。因此，为了切实保障传播过程中的双向沟通，很有必要就公众对组织的传播信息如何做出反应进行详细分析。

公众接受组织传播信息并做出相应的反应，按照发展的时间进程，一般有五个阶段，也即五种情况。

### （一）注意阶段

公众对组织已经发出的信息刚刚有所了解或正在了解，也就是产生了一定的注意力。这时组织应采取各种手段来进一步引起和强化公众的注意力。

### （二）兴趣阶段

公众对组织已经发出的信息内容产生了兴趣，他们希望从新得到的信息中发现对自己有价值的东西。这时组织应及时了解公众对发出的哪些信息感兴趣，哪些信息不感兴趣，公众的希望是什么。

### （三）评价阶段

公众从自己的实际情况出发开始权衡和评价信息的具体内容和方法，他们要在得到更多的有关信息后再决定是否尝试或接受哪些内容、哪些方法。这时组织应向他们全面介绍和交流有关信息，帮助他们做出正确选择。

### （四）试验阶段

公众开始接受并试验有关信息的具体内容和方法，起初通常是在小范围内进行的，初步感受这种方法、技术及其应用结果的实际价值，以便确定是否采用。这时组织应协助公众的试验，尽可能地为他们提供方便和条件，力争积极行为的早日实现。

### （五）采用阶段

经过试验，如果信息的思想内容、具体方法被证明是可以接受的，那么就会被一些公众接受并采用。这时组织就应及时地供给公众所需的信息，满足他们的需求，以及做好售后服务，并源源不断地为他们提供证据，以证明他们最后选择的正确性。

在上述五种情况中，组织都要密切注视公众的动态，看他们对自己输出的信息有何反应。不同的阶段，公众的反应不同。因此，组织就要及时针对公众的不同反应选择相应的对策，通过每一阶段中的及时双向反馈，使组织决策得以重新调整和重新设计，以便促进公众积极行为的早日实现和进一步的强化、扩展。

## 四、消除和减少传播过程中的干扰和沟通障碍

在传播实施这个步骤中，要实现传播者的策划意图，最关键的就是要最大限度地消除和减少传播过程中的干扰和沟通障碍。

### （一）传播过程中的干扰

通过公共关系传播模式，我们可以看出，在整个传播过程中，存在着三次变异和干扰的情况。

第一次，当公共关系人员对组织决策进行编码时，他们能否准确无误、全面而无遗漏地

将一切应当传递的决策编制成便于对外交流的信息呢？显然这是很难的。因为要受编码人员自身的认识能力、理解能力、表达能力、技术水平和实践经验等主观因素的限制，还要受传播手段、交流工具等客观条件的制约，所以即使是最优秀的公共关系工作人员，也很难做到完全准确、正确、全面和无任何偏差地编制信息。

第二次，信息在传递过程中不可避免地受到外在噪声的干扰和影响。例如，一则广告通过电视传向广大观众，如果时间不合适就会受到影响。试想，一则广告如果在一台优秀且颇受观众欢迎的电视节目中间突然出现，人们会产生什么反应呢？可能大多数人都会说："真讨厌！正在节骨眼儿上又来了广告。"另外，如果一则广告的播放是处在众多同类竞争对手广告之间，那么该广告对公众的吸引力肯定就会被竞争对手冲淡。再如，某公司开张营业时，利用飞艇进行公共关系广告宣传，本意是想树立良好形象，但由于公众在争抢飞艇撒下的宣传品时，踩坏了街上的花坛，堵塞了交通，由此反而招致了新闻舆论界的批评以及政府的指责，这样就得不偿失了。

第三次，当信息传到公众那里，公众对信息进行译码，即对所接收的信息进行辨认和理解时，他们能否完全按照组织的初衷或公共关系人员的意愿来理解所接收到的信息呢？显然这也是不太可能的。人们的认识能力、理解能力及生活经验各不相同，习俗、观念也有差异，公众本人对信息的具体接受和理解也要受当时所处环境和外在因素的影响。因此，当信息从组织传到公众那里时，将不可避免地产生一定程度的变化，出现某些方面的失真。

由于这三次的变异和干扰，在传播实施中，就要出现妨碍组织与公众间正常交流的沟通障碍。

### （二）沟通交流中的障碍

人们在沟通交流中出现的障碍主要有以下几种：

1. 语言障碍

语言是人们表达情感、交流思想、协调关系的重要沟通工具。但是由于语言结构本身的复杂性，人们在运用语言进行交流时，要受到这种工具的限制，这给沟通造成一定的障碍。

语音不同。不同国家或不同地区的人们在语言上发音不同，因此难于交流，甚至因语音误会而引起纠葛。

语义不明。语言具有模糊性、不确定性和多义性。一是语词本身具有一词多义现象，二是句子本身具有多重含义。因此，双方在具体的语境中沟通时，就容易产生歧义。

词不达意。人们的语言、词汇再丰富，也有一定的数量，其含义毕竟有限，不是任何一种思想感情都可以用相应的语言或找到相应的表达形式而准确表达出来的。由此，在交往中就会出现词不达意或言不尽意的情况。

2. 习俗障碍

习俗即风俗习惯，是在一定历史文化背景下形成的社会规范，对于调整人际关系具有较强的约束力。例如，道德习惯、礼节习俗、审美传统和民风民俗等。不同地区、不同时期的不同人群，其风俗习惯都会有所不同。因此，人们在沟通交往中，必须入乡随俗，一切依时间、地点、条件为转变。否则，就可能因风俗习惯的差异而发生误会和冲突，使沟通受阻。

如一位德国工程师到日本谈判时，受到热情接待，当他提出自己的意见时，日本对手微笑着频频点头。他回家后满怀希望地期待了三周，最后却得到了出乎意料的回信——他所提的意见，半数以上遭到否决。他不知道的是，日本人频频点头是表示礼貌，而不是表示同意。

3. 观念障碍

观念属于思想范畴，由一定的经验和知识积累而成，是一定社会条件下人们接受、信奉并用以指导自己行动的理论和观点。观念本身是传播沟通的内容之一，同时也是影响传播沟通的外在力量。人们正是因为在政治观点、人生观、价值观、世界观、宗教信仰、民族习惯、个性特征和文化传统等方面存在着差异，形成了不同的观念，所以就容易在沟通中造成障碍。

例如，有的性格外向的人常常爱在谈话中喋喋不休，甚至咄咄逼人，好为人师。假如他面对着一位独立性很强的内向型性格的人高谈阔论，对方就很可能会反感，不理睬他，而他自己也会渐渐地感到对方不近人情。这就是由于个性特征不同而出现的沟通障碍。

4. 角色障碍

每一个人作为社会的一分子，都在社会大舞台上扮演着某种角色。人们可以因为社会分工的职业不同、年龄不同、性别不同而形成思想和行为上的角色差异。这些不同的社会角色在交往中，往往从各自的角度出发来考虑问题和评价对方，因此在传播沟通中就可能出现某种不利于沟通的角色障碍。

5. 技术障碍

传播实施过程中的技术性因素包括传播媒介的选择、活动方式的选择、传播时机的选择和传递程序的确定、传递层次的简化、沟通渠道的多样化、组织机构的精简、政令的统一、突发事件的应变等。如果这些因素考虑不周，出现失误，那么就会在传播实施中出现技术障碍，影响公共关系效果。

(三) 消除和减少传播过程中的干扰和沟通障碍的积极措施

对于在传播过程中出现的变异、干扰和沟通障碍，我们必须加以处理：能消除的尽量消除，不能消除的就尽最大努力来减少它的危害。

首先，注意寻找组织与公众之间的共识，尽量缩小传播者与接受者之间的差异，使沟通双方都在一个共同的基础上，即共同的经验、共同的知识的基础上交流，这样就能避免或减少"卡壳"，保障沟通成功。

其次，选择与公众最接近、最能使公众信服的传播媒介；选择威力大、针对性强的活动方式；确定最佳活动时机；根据具体语境，选择恰当的表达方式；减少沟通层次；做好应变准备，及时根据公众反应做出相应调整；等等。

【相关案例 6-1】

### 美国星闪食品公司对猫食的宣传活动

猫的食品同质化竞争激烈，怎样才能使自己的产品受到欢迎，让消费者乐于购买呢？美国星闪食品公司首先为自己的产品创造了一个猫的代言人——"毛丽丝"，然后围绕它创造出一系列有新闻价值的事件，并开展了如下活动：

1）在九个主要市场发起一场竞赛，寻找与毛丽丝"面目酷似"的猫。然后将其照片刊登在报纸上，并大量登载有关寻找面目酷似的猫的新闻报道。

2）出版《毛丽丝——亲切的传记》这本书，描写这只猫的各种冒险活动。

3）设立令人垂涎的"毛丽丝"铜质雕像奖，奖给在地区猫展上评选出的猫的主人。

4）倡议并发起"收养猫月"。将毛丽丝作为"猫的正式发言人"，倡议人们收养迷路的猫。

5）分发照顾猫的形形色色的线上线下的小册子——《毛丽丝法》，告诉人们如何照顾猫。

【启示】

任何未经实施的计划都是无实质意义的，从某种角度来看，再科学、合理的计划也需要通过"有效"的实施才能体现其科学性与合理性。因此，公共关系计划的实施在公共关系活动中起着举足轻重的作用。如果没有新闻报道、传播媒介的运用，美国星闪食品公司要想吸引大家的关注，成为公众的焦点，不是一件容易的事。所有这些公共关系活动，使"毛丽丝"名声大振，也使它宣传的猫的食品成为著名品牌。

## 第四节　公共关系活动效果评估

任何组织的公共关系活动都是有目标、讲求效益的活动。通过对公共关系活动效果的评价，可以了解公共关系活动是否达到了预定目标，效果如何，从中总结经验、吸取教训，提高组织的公共关系实务水平，并对下一阶段的公共关系活动起指导作用。

### 一、公共关系活动效果评估概述

#### （一）公共关系活动效果评估定义

公共关系活动效果评估是指社会组织依据一定的标准对其公共关系工作的过程及实际效果进行分析、评价和总结，寻找活动成败的原因，以便及时调整活动方案并为下次活动提供参考依据。公共关系活动效果评估首先要建立统一的评估目标并获取管理者认可，然后在公共关系部门与人员内部达成一致意见，将评估目标具体分解为可观察和测度的评价指标体系。其次要根据评估项目的实际以及评估标准来确定评估的具体实施办法，如公共关系调查、公共关系活动实施的记录资料分析等。评估结果出来后应及时向组织管理者汇报，并应用于对公共关系活动过程的修正和指导。

### (二) 公共关系活动效果评估的内容

公共关系活动效果评估贯穿一个组织公共关系活动的调查、策划、实施等各个工作环节和活动项目，评估的具体依据与指标根据评估内容的不同而有所区别。一般来说评估的内容包括公共关系工作程序、专项公共关系活动、公共关系状态等几个方面，其中涉及公共关系计划的可行性、公共关系人员的工作方式和工作效果、公共关系策略的有效性、环节安排及衔接的完整紧密性等多项指标。

1. 公共关系工作阶段评估

（1）准备过程的评估

1）公共关系调研过程评估，主要考查：调研方案的设计是否合理，调研方法的选择是否恰当，调研的组织与实施是否科学，所得到的信息及结论是否可靠。

2）公共关系策划过程评估，主要考查：目标公众的选定和分析是否准确，活动目标的确定与计划安排是否合理、可行、一致，各项材料的准备是否有针对性与充分性，传播与沟通的媒介、时间、地点、方式的安排是否适合目标公众，预算编制是否合理与精确，策划方案是否精彩，等等。

（2）实施过程的评估　实施过程的评估主要考查实施前的人员、物品等的准备是否充分到位；各项活动实施进程的安排与管理能否符合原定计划，同时又具有灵活性；各项宣传信息与资料的制作内容是否准确、合适、完整，表现形式是否恰当，数量是否充分；传播力度是否充足，也即发送信息的数量是否足够，覆盖面是否广泛等。

（3）实施效果的评估　实施效果的评估主要考查：注意到信息的公众数量及公众构成；收到并了解公共关系信息内容的目标公众数量；信息被传播媒介所采用的情况；改变观点与态度的公众数量；发生和重复期望行为的公众数量，达到的目标与解决的问题；是否达到预期效果，存在哪些差距；成本收益状况如何；等等。

2. 专项公共关系活动评估

专项公共关系活动评估主要包括日常公共关系工作效果评估、单项公共关系活动效果评估、年度公共关系活动效果评估和长期公共关系活动效果评估四类。

（1）日常公共关系工作效果评估　日常公共关系工作是一些常规性的工作，评估时主要应考查的问题：①组织内部公众之间的协调与沟通状况、人际关系、工作氛围；②组织与外部公共关系环境的传播与协调状况；③公共关系人员工作的内容、方法、努力程度、互相配合情况，以及日常工作中所搜集的信息对组织管理工作的作用等。

（2）单项公共关系活动效果评估　与日常工作相比，单项公共关系活动显得更具有目标性与系统性，评估时主要考查的内容：①项目计划的可行性，活动目标与组织战略总体目标的一致性；②专项活动的组织与管理工作情况；③传播沟通的策略制定及实施情况；④活动对组织公共关系状态的作用与影响。

(3) 年度公共关系活动效果评估　年度公共关系活动效果评估是对组织在年度中所有日常公共关系工作和单项公共关系活动的总体评估，主要涉及以下内容：①本年度公共关系计划方案及目标设定是否合理，最后达成的效果如何；②年度内日常公共关系工作成效分析；③年度内单项公共关系活动的类型、数量和所获成果的分析；④公共关系工作部门、机构及相关人员的工作绩效评价；⑤年度公共关系经费预算的合理性评估，经费使用具体情况，成本效益分析，等等。

(4) 长期公共关系活动效果评估　长期公共关系活动效果评估是对较长时期内（一般来说是几年）的公共关系工作成效所做的宏观考查与总结评价，即对日常公共关系工作、单项公共关系活动、年度公共关系活动等各阶段、各层次的评估结果进行归纳汇总，并做系统、综合的分析研究。

3. 公共关系状态评估

(1) 组织内部公共关系状态评估　主要考查：①组织内部公众对组织基本信息的了解与关心程度；②组织政策与指令贯彻实施的情况；③内部公众集体认同感和凝聚力的强弱、工作积极性高低与精神面貌状况；④公共关系意识与理念在组织各项经营管理活动中的运用情况等。

(2) 组织外部公共关系状态评估　主要考查：①消费者关系；②媒介关系；③社区关系；④政府关系。

## 二、公共关系活动效果评估的重要意义

每一项公共关系工作都要投入一定的人力、物力和资金，一个组织自然就要考虑有没有必要开展公共关系工作，合不合算。这就涉及怎样来评价公共关系工作效果的问题。评价公共关系工作效果就是对公共关系计划、实施及结果进行衡量、检查、评估和总结。如果一项公共关系活动仅到传播实施为止，不看具体效果如何，那么这对公共关系工作是极为不利的，只有紧跟上评价效果这一步骤，公共关系活动的全过程才算暂时完结。评价效果在公共关系工作全过程中是必不可少的重要一环，其意义表现如下：

### (一) 有助于树立公共关系工作本身的形象

在我国目前的情况下，许多组织的领导及员工都还没有充分意识到公共关系工作的重要性。如果要说服他们，使领导在决策中考虑公共关系因素，使员工重视全员公共关系，就必须让他们充分了解公共关系工作能给组织带来很实在的效益。这就需要对公共关系工作效果进行评估，使他们看到开展公共关系工作到底给组织带来了哪些好处。只有这样，公共关系工作人员才能在组织中站稳脚跟，才能树立起公共关系工作自身的良好形象，在组织中占据应有的地位，发挥应有的作用。

如果无法评估效果，无法衡量公共关系工作到底起了什么作用，可带来哪些好的结果，那么不管你把公共关系工作说得多么重要，别人还是不会相信公共关系工作的作用，仍会持怀疑态度。

### （二）有助于积累公共关系工作成果

如果无法评估公共关系效果，所做的公共关系工作就是零乱的、无意义的。做了很多工作后，感到莫名其妙，不知其所以然，为什么要这样干，干了有什么用，这样的公共关系工作根本无法实现总目标。所以，必须及时对传播实施的公共关系活动效果进行评估和总结，明确目前阶段性的成果有哪些、离总目标还差多远、下一步工作应该怎么干。只有这样，才能起到积累工作成果的作用；只有通过一步一步地量变才能达到根本的质变，最终促进公共关系工作总目标的实现。

### （三）总结经验，吸取教训，从实践上升到理论

做好公共关系工作，必须依靠丰富的社会经验。对公共关系活动效果进行评估，实际上也就是总结经验、吸取教训。评出前一段工作的优点，找出前一段工作的缺点，检查预先确定的目标和计划，有哪些实现了，哪些还没有实现，哪些地方还存在问题，今后的目标和计划应该怎样确定。从认识论的角度看，这实际上就是从实践向理论的上升，是认识的深化过程。通过总结经验、吸取教训，归纳出实践经验，并从中升华出理论，从而在更高层次上进一步推进，使以后的公共关系工作顺利开展。

### （四）有利于公共关系工作管理

公共关系活动的效果并不是立竿见影地通过经济指标反映出来的，这使公共关系活动的预算、对公共关系工作人员的管理以及使人们信服公共关系的作用都具有较高的难度。为此，及时地按照衡量公共关系工作效果的特有标准和方法对活动效果进行评估和总结，就成为科学管理公共关系工作的重要一环。只有对公共关系工作效果进行正确的评估，把预算费用与效果评估联系起来，根据效果评估来预算费用，只有这样才能精确地做好公共关系活动开支费用的预算工作；把工作结果与公共关系人员的工作情况联系起来，以此为标准来衡量工作人员的业绩，只有这样才能使工作人员有压力、有紧迫感，才有利于公共关系部门本身的严格管理；只有明确评估公共关系活动效果的标准和方法，人们也才会看得见公共关系的实际工作结果，感受到公共关系的实际作用。为此，就需要进一步明确评估公共关系活动效果的特有内容、标准和方法。

## 三、公共关系活动效果评估的标准

### （一）传播媒体的传播情况

1. 媒体报道的数量

大众传播媒介报道的次数越多，报道篇幅越大，报道频率越高，引起公众注意和兴趣的可能性就越大。

2. 媒体报道的质量

大众传播媒介的新闻写作水准、印刷质量、制作质量及传播方式的选择都会影响传播的

质量，进而影响传播的效果。

3. 传播媒介的影响力

一般而言，发行量大、覆盖面广、声誉好、权威性强的媒体，由于其影响力大，因而传播效果好。但公共关系工作人员在注重媒体的发行量、覆盖面、声誉和权威性的同时也要考虑目标公众的媒体接受习惯。

4. 新闻资料的使用方法

同一份新闻资料，报道方向、报道篇幅、版面及新闻传播时间的安排不同，媒体报道的效果也不同，从而公共关系活动的效果也不同。

5. 报道的时机

新闻媒介是否对组织信息及时进行报道，报道的时机是否合理，是否能与组织外部环境的机遇相配合，这些都会影响公共关系的活动效果。

（二）组织内部的资料

经过公共关系活动后，组织经营管理各方面均会发生或多或少的变化。组织管理人员通过内部管理的变化来评估公共关系活动的效果，销售人员通过销售业绩的变化来评估公共关系活动的效果。组织内部的各种资料如统计报表、消费者来信等都是检验、分析公共关系活动效果的资料。

（三）组织外部的资料

1. 消费者与用户的信息反馈

公共关系活动的对象是包括消费者与用户在内的公众，公共关系活动的目标都直接、间接与公众有关，因此消费者与用户的信息反馈是衡量公共关系活动效果的重要资料。

2. 相关组织的信息反馈

组织在生产经营过程中，会与相关组织有密切的交往，如供应商、经销商等。这些经营伙伴同时与组织的消费者、用户也有直接或间接的交往。因此，相关组织的信息反馈是评估公共关系活动效果的重要依据。

3. 政府部门的信息反馈

政府部门对组织的信息反馈反映了组织公共关系活动的效果。

4. 社区公众的信息反馈

社区公众与组织同处于一个地域，这个特点便于相互之间的信息交流及了解，因此社区公众的信息反馈是评价组织公共关系活动效果的重要资料。

## 四、公共关系活动效果评估的方法

（一）自我评价法

自我评价法指的是社会组织对自身所开展的各项公共关系工作做出自我评价。为了得到相应的评估结果，组织可以：让评估人员直接参与实施过程，进行实地考察，记录各个环节实施的状况和顺序以及进展情况；可以将公共关系计划和活动实际效果进行对比；可以搜集组织内部员工从不同角度对活动成效的评价；可以观察公众在公共关系活动前后对本组织在认知、情感、态度、行为等方面的变化；还可以搜集与所开展的公共关系活动相关的各项统计数据与资料，进行综合分析，如资金平衡表、统计报表、财务活动分析、公众来信采访记录等内部资料，以及消费者、经营合作者（如原料供应商、批发商、经销商等）的信息反馈，社区公众、媒介公众等外部公众的信息反馈情况等。

### （二）专家评价法

专家评价法需要邀请一些未承担本组织公共关系活动任务，但有资格、有能力对活动效果做出合理分析和评议的专家、学者等，或者向他们分别征求意见，或者召开座谈会、评议会，然后从这些意见与看法中得出对自身公共关系活动效果的评价。

### （三）公众评价法

公众评价法即在组织公共关系活动过程中或结束后对公众进行相关的意见调查，然后根据调查所得的数据与信息来评定活动的成果。民意测验是公众意见调查常用的方法，可以分析出公众在认知、情感、态度等方面有无变化，也可以了解公众对相关问题的意见与看法，综合分析出公众对组织的总体印象。此外，还可以召开公众座谈会或者进行重点深度访谈，获取更进一步的信息。

### （四）新闻媒体推断法

新闻媒体推断法的依据在于新闻媒体对组织公共关系活动报道和传播的情况，主要有三个思路：第一是统计各类媒体上与活动相关的消息与报道的次数，借此来估计该组织及该活动受关注的程度；报道越多说明活动越能引起公众的注意。第二是分析各类消息与报道的内容与色彩，推断活动所产生的社会效果；报道中提及组织的工作成就、社会贡献等正面信息越多，越有利于组织良好形象的塑造。第三是对所涉及的媒体进行类别与层次分析，从而估计组织及活动的影响范围；权威性强、发行量大、覆盖面广的媒体有利于扩散组织公共关系活动的影响。

## 五、撰写公共关系评估报告

### （一）公共关系活动效果评估报告

公共关系活动效果评估报告是提供给组织的一种正式的公正性文件。它通过文字、图表或其他形式来体现开展公共关系工作的成绩、经验、教训、建议等。它的主要意义在于为公共关系活动效果评估成果的运用提供依据。

### （二）撰写公共关系评估报告的基本原则

#### 1. 针对性

公共关系评估报告的针对性强，无论是综合项目评估，还是单项活动评估，都是为了解决工作中的实际问题，最多的情况还是单项活动的评估，如庆典活动、赞助活动、展示展览活动、产品推广活动等的评估。

2. 完整性

1）按照公共关系评估报告的内容，对评估工作的目的、对象、原则、依据、方法、结果等进行全面的概括。

2）正文内容与附件资料配套一致，尤其要注意附件资料起着完善、补充、说明正文的作用。

3）被评估的范围和对象要做到完整无缺、无一遗漏。

3. 及时性

公共关系活动效果评估具有较强的实效性，公共关系活动及其面临的环境也在不断地变化。因此，在公共关系活动结束之后，评估人员应及时写出公共关系评估报告书，否则容易失去评估本身的意义。

4. 客观性

公共关系活动效果评估报告是一种公正性文件。在撰写报告时，必须真实、客观、有理有据，要避免空泛议论或掩饰缺点，不能片面分析或夸大其词。

5. 独立性

撰写公共关系活动效果评估报告时，通常要与公共关系活动主办单位的部分领导、员工等接触。评估人员要避免受到他们主观意志或一己之见的影响，应反映自己的独立评估结论。

## 本章小结

学生通过对本章的学习，能了解公共关系工作的程序，掌握公共关系计划的编制环节，同时明确公共关系实施是最复杂、最为关键的一个环节，认识公共关系活动的完整过程。全面系统地掌握公共关系专家所提出的四步工作法，熟悉公共关系调查的方法，能熟练地编制公共关系计划，组织实施公共关系计划，最后对公共关系活动效果进行评估。

## 同步测试

一、单选题

1. 下面（　　）是间接调查法。
   A. 访谈调查法　　B. 观察调查法　　C. 问卷调查法　　D. 文献调查法
2. （　　）指的是社会组织对自身所开展的各项公关工作做出自我评定。
   A. 自我评价法　　B. 专家评价法　　C. 公众评价法　　D. 新闻媒介推断法
3. 公关策划方案中，起到将公关策划活动激活作用的是（　　）。
   A. 背景分析　　B. 策划大纲　　C. 实施方案　　D. 效果评估
4. 根据本组织竞争对手的公关费用来确定本组织的公关费用的方法是（　　）。

A. 固定比率法　　B. 投资报酬法　　C. 竞争对垒法　　D. 量入为出法

5. 借人们关注的焦点，顺势让更多的人认识、关注自己，以此提高自己（产品）的知名度的方法被称为（　　）。

　　A. 借势法　　B. 落差法　　C. 名人效应法　　D. 第一系列法

6. 价值观念、职业道德是（　　）。

　　A. 人员形象的内涵　　B. 人员形象的外显　　C. 文化形象的内涵　　D. 文体形象的外显

7. 高美誉度、低知名度属于公共关系的（　　）状态。

　　A. 最佳　　B. 较为安全、稳定　　C. 不良　　D. 恶劣

8. 组织期望实现的形象是（　　）。

　　A. 理想形象　　B. 自我评价形象　　C. 实际形象　　D. 理念形象

9. 组织根据理想形象的标准对自身形象进行评价而得出的形象是（　　）。

　　A. 理想形象　　B. 自我评价形象　　C. 实际形象　　D. 理念形象

10. 一般来说，在第一手资料难以得到或不够用的时候，会采取（　　）方法。

　　A. 观察法　　B. 访谈法　　C. 抽样调查法　　D. 文献调查法

二、简答题

1. 公共关系工作的程序有哪些步骤？各步骤之间有什么关系？
2. 公共关系调查的方法有哪些？
3. 公共关系活动实施应坚持哪些原则？
4. 公共关系活动效果评估工作的重要意义是什么？

三、案例分析题

美国亨氏集团与我国企业合资在广州建立婴幼儿食品厂。但是，生产什么样的食品来开拓广阔的中国市场呢？筹建食品厂的初期，亨氏集团做了大量调查工作，多次召开"母亲座谈会"，充分吸取公众的意见，广泛了解消费者的需求，征求母亲对婴儿产品的建议，摸清各类食品在婴儿哺养中的利弊。通过综合比较，分析研究，根据母亲们提出的意见，亨氏集团试制了些样品，并免费提供给些托幼单位试用；它还收集征求社会各界对产品的意见、要求，相应地调整原料配比，针对中国儿童食物缺少微量元素、儿童营养不平衡及身体发育的现状，在食品中加入一定量的微量元素，如锌、钙、铁等，食品配方更趋合理，使产品具有极大的吸引力，普遍地受到中国母亲的青睐。于是，亨氏婴儿营养米粉等系列产品迅速走进千千万万个中国家庭。

问题：
试运用公共关系学中的相关知识分析评点这一案例。

四、实训题

选取大学生学习生活中某一实际问题（如学习态度、学风、阅读、课堂纪律、消费、就业意向、节约意识等），设计一份完整的调查问卷。

# 第七章 公共关系危机及处理

> 预防是解决危机的最好方法。
>
> ——英国著名危机管理专家 迈克尔·里杰斯特

> 这个世界上唯一不变的就是变化。
>
> ——美国微软公司总裁 比尔·盖茨

## 知识目标

- 理解公共关系危机的概念
- 了解公共关系危机类型及特点
- 掌握公共关系危机处理原则及技巧
- 掌握公共关系危机管理的方法

## 技能目标

- 能够做好公共关系危机的预防工作
- 能够及时处理公共关系危机事件

## 导入案例

### 知名连锁店的危机公关

久经沙场仍笑傲江湖的 M 公司与 K 公司应该早已适应了各种突发事件,危机公关更是驾轻就熟。可是在 2014 年危机再起时,两个品牌的公关申明几乎相同。面对部分店面已停业的危机,它们的公关真的好吗?

2014 年,M 公司、K 公司等的全球合作伙伴 C 公司,被曝光将大量过期食品原料碾碎再加工。C 公司的工作人员甚至调侃:"也吃不死人!"据悉,这些过期原料被优先安排在我国使用。另外,K 公司的一款产品同样使用了过期近一个月的原料。

M 公司方面表示,已经第一时间通知全国所有餐厅,立即停用并封存由 C 公司提供的所有肉类食品。同时,M 公司立即成立调查小组,对 C 公司及其关联企业展开全面调查,并将尽快公布结果。同一时期,K 公司也对事件做了回应声明,但内容基本雷同:①高度重视;②立即停用并封存 C 公司供应的原料;③自己一直注重食品安全;④成立调查组,展开调查;⑤决不姑息,零容忍! 两家企业模式化的公关语言被网友吐槽:"你俩合起来出一份声明多省事啊!"

危机公关第一原则是承担责任,从这一点来看,企业的态度很重要,一是利益方面,二是情感方面。无论谁是谁非，企业都应该主动承担责任。不论是从原料过期事件还是公司里发生的其他事件来看，M公司和K公司都没有表现出应有的责任担当，不免让人失望。

两家的公关声明中没有道歉，没有真诚沟通，也没有权威证实，坐等调查的解决方式只能让品牌信誉越来越恶化。

对于M公司与K公司这样问题不断的品牌，一声道歉解决不了根本问题，一个没有诚意却不断标榜自己、广告不断的企业会让公众更加反感。没有诚意的公关策略无疑是在给处在危机中的自己补刀。

### 案例分析

公共关系专家常说："在危机面前，我们不可以改变事实，但是可以改变对事实的看法。"上述案例告诉我们，组织面临危机的时候，必须及时进行有效的危机公关，用良好的产品形象和有效沟通来取得公众谅解，重塑组织形象。

## 第一节 公共关系危机概述

当今人类已经进入信息化时代，组织所面临的公众环境更加复杂和不稳定。如何预防并果断处理组织面临的各种危机，已成为当今组织需要处理的一项重要任务。

### 一、公共关系危机的含义和特点

#### （一）公共关系危机的含义

当今社会瞬息万变，人们在享受着科技发展和进步所带来的便利和舒适的同时，也面临着越来越不稳定的社会环境，突发事件和危机的发生在所难免。公共关系危机是公共关系学的一个较新的术语。它是指影响组织生产经营活动的正常进行，对组织的生存、发展构成威胁，从而使组织形象遭受损失的某些突发事件。

公共关系危机事件很多，如：管理不善、防范不力、交通失事等引发的重大伤亡事故；厂区火灾、食品中毒、机器伤人等引发的重大伤亡事故；地震、水灾、风灾、雷电及其他自然灾害造成的重大损失；由于产品质量或社会组织的政策和行为引起的信誉危机；等等。对这些危机事件的处理不当，将会对社会组织造成灾害性后果。

#### （二）公共关系危机的特点

公共关系危机的特点主要包括以下五个方面：

1. 突然性

古人云："智者千虑，必有一失。"各类社会组织都可能因主观和客观因素的变化而发生意料之外、防不胜防的突发事件和危机。危机往往是潜伏、不可预测的，是一种未知因素。我们甚至可以毫不夸张地说：危机无处不在，无时不有。因此所有的公共关系危机事件都是在人们无法预料的情况下突然发生的，往往使组织措手不及。

2. 关注性

危机事件的内容往往和公众有直接关系，特别是在涉及人身安全时，更会成为社会舆论和社会公众的关注焦点和热点。危机事件一经媒体报道，瞬间就会在大街小巷广为传播，公众也由潜在状态变为行动状态，使组织措手不及。

3. 危害性

任何危机事件都会给组织的经济利益和声誉造成不利影响，破坏组织的正常运转或生产经营秩序，恶化组织的社会关系，涣散组织的战斗力，其涉及面广、影响巨大，甚至会使组织消亡。当然，危机事件在危害社会组织的同时，还危害着当事人及其亲属的身心健康，给他们造成极大的伤害和痛苦。

4. 紧迫性

在传媒十分发达的今天，组织一旦发生危机事件，危机事件就可以在很短的时间内迅速而广泛地传播，其负面影响是可想而知的。一旦控制不力，后果将十分严重。所以，对于危机的处理是一项十分紧迫的工作。

5. 可变性

从趋势看公共关系危机是可变的，危机既然可以发生，也可以消除，并不是一成不变的。在现代市场经济条件下，处于动态环境系统中的组织，面临着复杂多变的局面。

## 二、公共关系危机的基本类型

社会组织在运营中遇到各种各样的危机，有来自企业外部的自然灾害，也有来自供应链、生产、销售、人力资源和财务等各个环节的危机。但是无论是哪种危机，一旦发生，就会使组织内部和外部都产生恐惧和怀疑，导致组织公共关系方面的危机。

### （一）根据危机存在的程度划分

根据危机存在的程度，可以将危机划分为一般性危机和重大危机。

（1）一般性危机　一般性危机是指常见的公共关系纠纷，如内部关系纠纷、消费者关系纠纷、同行关系纠纷、社区关系纠纷等。从某种意义上讲，公共关系纠纷还算不上真正意义的危机，它只是公共关系危机的一种信号、暗示和征兆。

（2）重大危机　重大危机主要是指严重的工伤事故、重大生产失误、突发性的商业危机、较大的劳资纠纷、严重的环境污染事件、火灾造成的严重损失等。重大公共关系事件是从业人员面临的必须及时处理的真正危机。

### （二）根据危机关系的范围划分

根据危机关系的范围，可以将危机分为内部公共关系危机和外部公共关系危机。

（1）内部公共关系危机　内部公共关系危机主要是针对组织内部产生的问题，这种危机的发生主要是由该组织的成员直接造成的，危机的责任主要由该组织内部的成员承担。如内部关系纠纷就是组织成员之间的公共关系危机。

内部公共关系危机，具有下述特点：①危机波及的范围不太广，主要影响本组织的利益；②责任的归咎对象是本组织的部分人，因而相对来说容易处理；③内部公共关系危机的客体主要以本组织的领导和职工为重点。

（2）外部公共关系危机　外部公共关系危机主要指组织与外部，如组织与公众之间、本组织与其他组织之间，或者是组织与政府部门之间发生的各类纠纷，其中还包括了公众的误解所引发的一些公共关系危机。

外部公共关系危机，具有如下特点：①危机波及的范围相对较广，受害者大多数是具体的社会公众；②责任不在发生危机的某一具体的企业等社会组织及其成员身上；③不可控因素较多，较难处理，需要危机有关各方面密切配合，共同行动。

### （三）根据危机带来的损失的表现形态划分

根据危机给组织带来的损失的表现形态，可以将危机分为有形公共关系危机和无形公共关系危机。

（1）有形公共关系危机　有形公共关系危机是指给组织带来直接而明显的损失、凭借肉眼即可观测到的损失的危机。这种危机难以挽回，易于评估，只能采取其他措施来弥补。如房屋倒塌、爆炸、商品流转中的交通事故等造成的人员伤亡或财产损失。

有形公共关系危机的特点：①危机的产生与造成的损失大多数是同步的；②危机造成的损失明显，易于评估；③危机造成的损失难以挽回，只能采用其他措施弥补；④有形危机的发生常常伴随无形危机的出现。

（2）无形公共关系危机　无形公共关系危机是给组织带来的损失表现得不明显的危机。给任何一个组织的形象带来损害的危机，皆属于无形公共关系危机。如果不采取紧急有效的措施阻止，已受损害的组织的形象将使组织蒙受更大的损失。

无形公共关系危机，具有下述特征：①危机始发阶段，损失不明显，很容易被忽视；②危机发生后，若任其发展，损失将会越来越大；③这种危机造成的损失是慢性的，可采取相应的措施弥补；④处理好这类危机要与新闻媒体合作，因而必须注意方式方法。

### （四）根据危机产生的主客观原因划分

根据危机产生的主客观原因，可以将危机分为人为的公共关系危机和非人为的公共关系危机。

（1）人为的公共关系危机　人为的公共关系危机是指由人的某种行为而引起的危机。例如，因个人在公共场合的言行不当，而对自己的组织造成伤害，形成公共关系危机事件。

人为公共关系危机具有两大特点：可预见性和可控制性。也就是说，如果平时采取相应有效的措施，有些危机是可以避免或减轻损失的，在一定程度上也是可以控制的。

（2）非人为的公共关系危机　非人为的公共关系危机主要是指不是由人的行为直接造成的某种危机。对一个组织来说，引发非人为公共关系危机的事件常常有地震、洪涝灾害、风灾、雹灾等自然灾难。

非人为公共关系危机，有如下特点：①大部分无法预见；②具有不可控性，如组织无法控制地震；③造成的损失通常是有形的；④这种危机容易得到社会各界和内部公众的同情、理解与支持。

### （五）根据危机的显示形态划分

根据危机的显示形态，可以将危机分为外显公共关系危机和内隐公共关系危机。

（1）外显公共关系危机　外显公共关系危机是指已经发生的危机或危机趋势非常明朗，危机爆发只存在时间问题。

（2）内隐公共关系危机　内隐公共关系危机是指潜伏性危机。与外显危机相比，内隐危机具有更强的危险性。

## 三、公共关系危机形成的原因

美国危机管理专家诺曼·奥古斯丁（Norman R. Augustine）形容说："危机就像普通的感冒病毒一样，种类繁多，难以一一列举。"的确，经营管理不善、市场信息不足、同行竞争，遭到恶意破坏或其他自然灾害、事故，都可能使得现代组织处于危机之中。

引起组织公共关系危机的原因很多，大体可以分为组织内部原因引起的和组织外部原因引起的两种。

### （一）组织内部原因

1. 组织行为不当引起的危机

组织行为不当引起的危机是指社会组织在其运行过程中，由于自身行为的不当或工作失误，给社会公众带来了损失和危害，从而引起的公共关系危机。对于一个组织来说，生产工艺设计欠科学、财务管理不善、产品质量与广告宣传不相符、对消费者的承诺不能实现、随意提高产品价格、服务不周等引起的危机，都属于此类危机。危机发生后，组织的社会声誉严重下降，经济活动受到很大影响，甚至出现生产经营活动的全部停滞。由于组织行为不当而引起的危机是组织主观原因造成的，所以它具有以下两个特征：

1）可预见性，即公共关系危机的发生是可以预见的。社会组织在经营活动中，由于自己的行为不得当，而损害了社会公众的利益，必然会引起社会公众的强烈不满，社会组织必然处于尴尬状况，组织公共关系危机必然发生。

2）可控性，即公共关系危机是可以控制的。既然危机是组织的行为不当引起的，是组织自身的原因造成的，那么如果组织平时就能够采取有效的措施加以防范，在一定程度上就可以控制这类危机。

2. 决策者决策失误引起的危机

管理的最终目的是使组织的经营目标、公共关系目标与组织的内外部环境、条件相适应，达到动态的平衡。一旦决策失误，就必然使组织的经营行为受挫，产生危机。如20世纪70年代的石油危机冲击着汽车制造业，迫使许多汽车制造商生产节能型汽车。此时一些汽车制造者如果坚持生产大型的豪华车以"保持自己的风格"，这个错误决策就会使企业一败涂地，出现严重的亏损。

3. 管理人员素质低下造成的危机

组织是由员工组成的，而员工素质的低下也常常给组织带来危机。如果管理人员素质低，不善于运用科学的管理理念进行组织管理，对内不能激发员工的工作潜能，对外缺乏组织形象意识与公众权益意识，就会造成危机。这方面的例子确实很多。

【相关链接7-1】

### 一包番茄酱

某晚，某顾客一家来到M公司的餐厅就餐，因孩子特别爱吃番茄酱，便向服务员提出多给一包番茄酱的要求，服务员竟然在扔下一包番茄酱之后，轻蔑地说"你们就是爱占便宜"，并调头离开。闻听此言，众顾客纷纷谴责该服务员的恶劣言行，要求其当众道歉。未曾想，该餐厅值班经理竟站在餐厅中央大声宣布"M公司没有员工向顾客道歉的规定"，还有服务员大声嚷道："你们可以不来。"新闻媒体披露此事件后，M公司的形象受到了极其沉重的打击。

（选编自：张百章，何伟祥，《公共关系原理与实务》，东北财经大学出版社。）

4. 没有建立正常有序的传播沟通渠道引发的危机

许多组织的传播沟通意识淡薄：一是片面追求保密意识、层层设卡，唯恐公众知晓组织决策内容。二是只知道信息的单向发布，而不知道信息的及时反馈，不知道公众对组织的知晓状况。

5. 产品品质有问题或违法行为引发的危机

产品质量问题或违法行为引发的危机更容易引起公众的关注。如牛奶质量危机、食品添加剂不符合要求等危机。

【相关案例7-1】

### K公司"秒杀门"事件

K公司为了推广业务，在网上推出秒杀活动，一些产品半价销售。消费者从网上秒杀的半价优惠券上面写着"复印有效"，但是当一些消费者到店消费时，K公司单方面宣布优惠券无效并发表声明称部分优惠券是假的，因此取消优惠兑现，并向顾客致歉。但让消费者不满的是各个门店的解释并不一致。

消费者认为是K公司忽悠了大家，在各大论坛发表谴责帖子，不时出现"出尔反尔，拒食K公司产品"这样的言论，K公司陷入"秒杀门"。

K公司发表公开信，承认活动欠考虑，未能充分预估可能的反响，承认网络安全预防经验不足，表示应对不够及时，个别门店出现差别待遇带来不安全因素，承认第一次声明中"假券"一说用词欠妥。K公司高层也就"秒杀门"事件公开向消费者致歉。

**【启示】**

"秒杀"是网上竞拍的一种方式。首先暂且不论电子优惠券的真假，K公司各门店单方面以不同的理由取消活动已经侵犯了消费者的权益。实体店运用网络电子商务手段做优惠促销本来无可厚非，但经验不足且危机处理不当所带来的必然是信誉的损失和消费者的流失。

在消费者维权方面，我国消费者越来越成熟：当K公司在"秒杀门"事件上表现诚信缺失之后，许多愤怒的网民在互联网集结。面对汹涌的舆论压力，K公司最终不得不承认错误。

在一个不断成熟的消费氛围中，消费者维权的意识必然越来越强，维权的手段也必然越来越多元化，组织必须高度重视与消费者之间的沟通与关系维护，防止出现恶性的消费者维权事件，从而引发危机事件发生。

## （二）组织外部原因

**1. 由突发事件引起的危机**

突发事件是指突然发生危及公众生命财产安全，给公众带来重大损失，给组织形象造成严重损害，影响组织公共关系的事件。对于一个组织来说，诸如飞机失事、火车脱轨、轮船沉没、毒气泄漏、食物中毒、火灾、爆炸等恶性事故均属于突发事件。突发事件会使组织陷入巨大的舆论压力和危机之中。因此，对突发事件处理的效果如何，是关系到组织生死存亡的大事。

在市场经济条件下，竞争激烈，社会环境错综复杂。社会组织在这样的环境中从事经营活动，突发事件是在所难免的。突发事件一旦发生，就必然会给社会组织带来灾难性打击，组织只有开展行之有效的公共关系活动，才能处理好突发事件，重新恢复组织的声誉。

**2. 体制和政策因素引起的危机**

国家的经济管理体制和经济政策是组织难以控制的外部因素，它对组织的经营和发展产生着重大影响和制约作用。一般来讲，任何组织都希望国家经济管理体制和经济政策有利于本组织的生存和发展。否则企业就可能在经营活动中遭遇很大风险，出现严重的问题，甚至陷入一种欲进不能、欲退不忍、欲止不利的困境。在这种情况下，出现一种公共关系危机是完全可能的。

**3. 由媒体对组织的负面报道而引起的危机**

媒体对组织的负面报道有两种情况：一种是对组织损害社会利益行为的真实报道，如违章排污、生产的产品有质量问题或不符合卫生标准、内部员工有伤害消费者的言行等；另一种则是对组织情况的一种失实报道，它往往是由部分公众向媒体投诉而引起的，也有部分是因为组织与媒体的个别记者沟通不畅而存在误会。

对前一种负面报道，组织应该：首先，以负责的态度向公众表明对此类事件的改正决心，并主动采取行动，解决引起负面报道的有关问题，并对因此类事件而受到伤害的目标公众给予某种补偿；其次，告诉公众，组织本身将以此为鉴，在内部制度健全、员工素质教育及外部承担社会责任各方面，完善下一步计划与决策安排。

后一种负面报道，通常是社会组织在运行过程中由于疏忽或其他原因造成工作方面局部失误，使自身陷入困境之中。组织在工作中出现局部失误是不可避免的，失误出现后，对社会的危害并不大，但由于新闻媒体的传播作用，而可能使公众哗然，事态恶化，此时即使组织纠正了失误，也还处于危机之中。这种危机的处理是非常棘手的，因此及时有效的公共关系活动就成为处理危机的重要途径。

4. 竞争对手或个别敌对公众的故意破坏而引起的危机

由于社会的复杂和人们道德水平的差异，一些社会组织可能会遭遇人为恶意破坏所造成的公共关系危机事件。例如，被竞争对手投放有害物质，被竞争对手散布不良财务信息等，这些都可能对社会组织造成重大伤害，形成公共关系危机事件。当事组织的第一反应不应是为自己辩护，而应迅速采取措施，抢救受害公众，最大限度地降低人身危害程度，同时完善、强化组织内部管理和相关产品的安全保护措施，争取以真诚的态度求得公众的谅解与支持。

## 第二节　公共关系危机的预防和处理技巧

公共关系危机的预防是指组织对危机隐患及其发展趋势进行监测、诊断与预控的一种危机管理活动，目的在于防止和消除危机隐患，保证公共关系的系统和经营管理系统处于良好的运行状态。

通过开展有效的公共关系调查和监测，危机在一定程度上是可以预见的，在一定程度上也是可以避免的。因此，社会组织应树立危机意识，采取积极而明智的策略，制定出一套预防危机、对危机事件做出反应的有效措施。

### 一、公共关系危机的预防

#### （一）公共关系危机预防的意义

公共关系危机的预防对组织来说具有很重要的意义，虽然有时危机难以预料，但是有效的预防可以及时发现危机的萌芽；即使危机真出现，组织也能相对从容地采取有效措施。

1. 有助于培养全员的危机意识

现代社会组织所处的社会环境复杂，所面临的公众对象多样，各种因素层出不穷且变化莫测，因此出现危机的可能性日渐增强。要保持组织公共关系系统的良性运行，就必须对全体员工进行危机意识的培养教育，培养员工的服务意识、形象意识、公众意识、忧患意识，通过各种方式帮助员工找到解决危机的方法，提高其对危机的应变能力。

2. 能有效地减少危机的形成

危机预防管理工作，实际就是一种有组织、有计划、有科学规程的公共关系危机控制工作。对社会组织可能发生的危机做好预测，开展有针对性的工作，就会消除很多危机隐患，减少危机;在危机到来的时候,组织已有所准备,从而减少损失。

3. 有利于提高公共关系危机的处理水平

公共关系危机事件和事件带来的危害都需要组织去处理、消除。但是,面对同样的危机,处理水平的高低决定危机危害的大小。做好了危机预防,对全体员工进行危机教育,进行有计划的预防实践,设立领导小组进行指挥协调,制订应变计划与应变对策,做好技术和经费准备以应付不测,并通过对公共关系系统长期的、持续不断的监测与诊断,为危机处理打下良好的基础,这对于提高社会组织的危机处理水平有积极的作用。

【相关链接7-2】

××家居的危机公关艺术

背景与情境:××家居总部宣布在全球范围内对一款玩具熊实施召回,这也是其首次召回产品。一时间,这只售价约10元的小熊玩具,成了媒体关注的焦点。

根据××家居方面的解释,这款被召回的玩具为毛绒玩具熊,由于玩具外部缝合线和内胆拉扯问题,玩具内的塑料球有可能会漏出,如果儿童不慎吞食或者吸入,就会造成窒息等安全隐患。不过目前尚未收到任何有关该产品的相关事故报告。

其实在××家居决定召回之前,对该产品进行了二次检测,检测结果表明,在正常使用下该款产品破裂的可能性极小。××家居市场部表示,虽然该产品塑料珠漏出的概率为2%,而且不一定发生在某些区域,但从对顾客负责的角度考虑,为杜绝任何隐患,××家居立即召回该产品。

至此我们看到,一款仅售约10元人民币的小熊玩具,见证了××家居一次成功的危机公关。从发现问题到勇于解决问题,××家居把整个过程都展露无遗。与此同时又通过媒体反复强调问题的严重程度与××家居方面的决策方向,体现了一家公司管理的规范性和负责任的态度,进一步赢得了人心和信任。虽然面临着数以百万计的玩具召回,但目前对其品牌的负面影响并不深远,甚至还有一定的积极作用。

(选编自:岑丽莹.中外危机公关案例启示.[EB/OL].(2011-11-10).http://ggg:x.lszjy.com/Article/jakj/bzja/201111/238.html.)

### (二) 公共关系危机预防的措施

"凡事预则立,不预则废。"一般而言,除了自然灾害、车船失事等非人为突发事件外,大多数公共关系危机事件都有一个潜伏期。在这个过程中,危机事件无论如何隐蔽总有一些先兆表现出来。

1. 树立危机意识

大部分危机在事发前都是有征兆的。因此,避免危机产生的关键在于做好危机的发现工作。危机的发现是指公共关系工作者在日常的公共关系工作中,通过一些事物的现象和自己长期的工作经验,在危机事件出现时及时发现和做出判断。公共关系危机可分成两种:一是隐性状态下公共关系危机,是指公共关系工作还处在表面正常的状态,但是隐患已经在某些因素和环节中存在；二是显性状态下公共关系危机，是指公共关系危机比较容易被发现，一般来说，稍有一些公共关系经验的人或者常人都可以判断出显性公共关系危机。

2. 建立危机预警系统

组织内部危机公共关系机构应及时搜集信息，把隐患消灭在萌芽状态。例如：搜集公众对产品的反馈信息，及时解决发生的问题；掌握国家政策信息，以便及时调整组织战略方针；调查组织在公众中的形象，注意提高组织声誉；掌握竞争对手资料，做到知己知彼。在社会组织内部建立预警系统，可以使公共关系人员及早发现危机的早期征兆，这是危机预防的重要手段，其核心是善于监测和积极反馈信息。缺乏必要的危机预警机制，则会使组织在危机中陷入被动，难以自拔。

3. 建立危机处理机构

危机有极大的危害性，必须像灭火一样迅速将其扑灭。社会组织设立危机处理机构，通过行之有效的工作，可在有危机先兆时防患于未然；一旦危机发生，也能加以遏制，以减少其对组织形象的损害。危机处理小组成员主要包括企业领导、公共关系专业人员、专家团队、生产或服务品质保证人员、人力资源部、法律工作者以及热线电话接待人员。

4. 制订危机问题的处理方案

对于一个组织来说，有效的危机问题管理可以防止危机的出现或改变危机发生的过程。实施危机问题管理时，应考虑以下几个方面的情况：检查所有可能使组织与社会产生摩擦的问题或趋势；确定需要考虑的具体问题；估计这些问题对组织的生存与发展的潜在影响；确定组织对各种问题的应对态度；确定对一些需要解决的问题采取的行动方针；实施具体的解决方案和行动计划；不断监控行动结果，获取反馈资讯，根据需要修正具体方案。

5. 组织内部媒体公共关系培训

在发生危机时，组织能否冷静自如、坦诚大度地面对媒体，巧妙地回答媒体的问题，是化解危机的一个重要环节。预先对组织领导者以及公共关系人员进行这方面的培训是非常重要的。

6. 建立危机后评估和"亡羊补牢"的制度

危机过后，组织面对的是一系列的新问题。组织需要进行必要的修复，评估危机中的各种表现，以便化危为机，消除隐患，将危机变成对组织的一次洗礼，使组织获得新生。

总之，公共关系危机在组织的整个生命周期中是不可避免的。对于危机，最重要的是要预见和预防它的发生；组织越早认识到危机存在的威胁，越早采取适当的行动，就越可能控制住危机的发展。

## 二、公共关系危机的处理过程

### （一）事前管理——做好危机预防

事前管理的操作步骤如下：

1. 重视平日的良好管理与形象塑造

任何一个组织的声誉和形象都需要经过较长时间的传播沟通，才能逐步建立起来，而要毁坏一个组织的声誉和形象只需要一件事就行了。因此，公共关系危机管理以"防患于未然"为最优化原则。公共关系危机管理绝不仅是危机发生以后再加以解决，而是要在管理层中进行危机意识的宣传教育、普及危机管理知识、培训应对技能，建立防范组织形象危机的"防火墙"，以备不时之需。

2. 建立一套完善、有效的危机预警机制

组织常态下的良好管理固然重要，但随着各种危机爆发的频度越来越高，发生危机似乎不可避免。诱发危机的原因很多，既有组织自身的原因，也有来自外部的破坏。因此，建立一套完善、有效的危机预警机制就显得十分必要。

### （二）事中管理——做好危机事件的处理

事中管理是组织公共关系危机管理的核心环节。它在整个危机处理中占据非常重要的地位，公共关系人员必须认真做好这一环节的工作。

事中管理的操作步骤如下：

1. 危机确认

危机确认就是指做出启动危机管理程序的决策，这意味着给组织面临的问题定性，同时也表明了组织将实施一系列管理和挽救措施的意愿。危机确认是危机管理的关键。如果组织能尽早地确认危机，就能在危机形成的早期比较主动地处理危机，为组织争取到更多的时间；反之，组织等到事态扩大、舆论蔓延才不得不采取行动，就会给组织形象带来更深的负面影响。

2. 危机处理

1) 制定暂时的对外传播时间表。危机的爆发意味着危机传播的开始，任何延滞的、虚假的，甚至缄默式的对外传播都会加剧危机的恶化。因此，需要制定一个暂时的对外传播时间表，这个对外传播时间表可以是 12 小时、24 小时或更长时间的。时间长短主要视危机的程度和发展情况而定，但其基本做法都是一致的：迅速掌握第一发布权，告知公众、媒体发生了什么危机等；成立发布信息的机构，提供 24 小时不间断服务；确定对外新闻发言人；统一新闻稿；等等。

2) 启动危机管理机构，制订危机管理计划。危机发生后，组织应迅速启动危机管理机构，根据已经掌握的信息制订危机管理计划。如果涉及专业领域的公共关系危机，就应在制订计划时，咨询并邀请专业人士共同参与危机解决方案的制订。

3) 危机处理。危机管理机构按照危机管理计划，实施危机管理。由于危机使得组织与公众、媒体间的传播处于非常态中，因此危机管理机构在实施计划时，必须明确目标公众、目标媒体，了解并重视组织的公众，处理好危机。

4) 总结经验。危机处理的传播并不代表组织已经度过了"危机"，针对危机所进行的经验总结更加必要。总结经验一方面要总结"不足"，另一方面要总结"长处"。任何危机事件都是组织理念得以展现的机会，在危机中，组织会形成强烈的凝聚力、向心力，以及新的社会关系、媒体关系等，这些都是值得宣扬的组织经验。

**【相关链接7-3】**

××热水器的遭遇

　　××热水器自投放市场后，销售势头一直很猛，还多次荣获省级或部级奖。但就在其畅销之时，祸从天降——有一年出现了三起使用××牌热水器而致人死亡的恶性事故。××热水器被要求紧急停产整顿，还被多家新闻单位点名批评，厂家声誉一落千丈。怎么办呢？厂领导深知查找真相的重要意义，因为自事故发生以后，各种流言蜚语就沸沸扬扬，使该厂陷入一片猜疑、不满之中，只有以事实为依据，以真相为突破口，才能找到转机。因此，厂领导首先决定查清事实，将事故真相准确、及时地公之于世。经与有关部门共同调查，事情的真相终于查清了：事故不是因产品质量引起的，而是使用者违反使用规程所导致的。为了挽回影响，厂家进一步让事实"说话"：一方面，把××热水器分发给全厂职工，职工的使用在一定范围内成了无声的广告；另一方面，该厂通过新闻媒介广泛宣传使用热水器的注意事项，并开展了各种公共关系活动。这些努力没有白费，××热水器又受到了消费者的喜爱。

　　（选编自：熊超群、潘其俊，《公关策划实务》，广东经济出版社。）

### （三）事后管理——公共关系危机恢复

　　公共关系危机恢复主要是指针对总结的经验进行改进，既包括组织"硬件"的改进，也包括组织"软件"的提升。

　　公共关系危机可能引发一系列的信任危机、声誉危机、形象危机。在总结经验的基础上，组织还应该进行形象恢复、声誉恢复。公共关系常态管理就可以发挥借鉴作用：加强组织与公众的了解、沟通，增进理解；投放公益广告、策划公共关系活动，逐步恢复组织形象或塑造新形象。正如迈克尔·里杰斯特所言："危机经常成为组织的一个转折点，它为组织建立富有竞争力的声誉、树立组织的形象和处理组织的重大问题创造了机会。"

　　事后管理的操作步骤如下：

　　1）公共关系危机发生以后，组织要注意从社会效应、经济效益、心理效应和形象效应等方面，评估消除危机的有关措施的合理性和有效性，并实事求是地写出处理报告，为以后处理类似事件提供依据。

　　2）要认真分析危机事件发生的深刻原因，搜集公众对组织的看法、意见，总结经验、吸取教训，以便改进组织工作，从根本上杜绝类似事件再次发生。

　　总之，国际上公共关系危机管理的氛围已经越来越浓，越来越多的企业与组织已经意识到危机管理的重要性。一个良好的风险控制体系的建立，也是成熟社会组织的标志。组织只有更加重视公共关系危机，才能使自己在竞争激烈的市场中立于不败之地。

### 三、公共关系危机的处理原则

　　公共关系危机处理就是指组织为了解决自身陷入的危机，挽回不良事件给公众造成的影响和带来的损失而采取的一系列具有预防、扭转、挽救作用的策略和措施。危机处理是公共关系活动的重要内容之一，危机处理是否妥当，直接关系到组织的存亡，所以一旦组织出现危机，处理危机就成为组织的首要任务。如何才能使危机处理得迅速、顺利、有效呢？这就要求公共关系工作者在处理危机时必须坚持以下原则：

### （一）及时性原则

处理公共关系危机的主要目的在于：尽最大努力控制事态的恶化和蔓延，把危机事件所造成的损失降到最低限度；在最短的时间内，重塑或挽回组织原有的良好形象和声誉。为此，危机一旦发生，组织就应立即投入危机的处理工作中，及时处理危机，争取时间，平息事态。

【相关链接7-4】

××奶粉的危机公关

2005年，浙江省工商局公布了一份儿童食品质量抽检报告，其中××牌某批次奶粉被发现碘含量超过国家标准要求，儿童摄入过量会发生甲状腺疾病。据悉，工商局在对外公布检测结果前给××公司15天的时间让它说明情况——即××奶粉公司之前就知道检测结果，但该公司既不说明情况又不进行申辩。

此次危机属于质量危机，而且是"某批次奶粉"出现问题，涉及面较小，如果××奶粉公司能及时、主动、积极配合专家、政府，与相关部门积极沟通，分析碘超标原因，采取有效措施，例如宣布立即召回出现质量问题的该批次奶粉，与媒体和社会公众主动沟通，争取媒体和消费者的谅解，这次危机也许就会"峰回路转"，不会导致全国性的"撤柜"后果。

（选编自：王博伟，《××奶粉的危机公关》，公关世界，2005年8月。）

### （二）诚意性原则

在危机事件发生后的第一时间，组织高层应向公众说明情况，并致以歉意，从而体现组织勇于承担责任、对消费者负责的组织文化，赢得消费者的同情和理解。否则一旦外界通过其他渠道了解到某些事实真相，就将会使组织陷于非常不利的局面。事实证明，隐瞒事实真相，往往加深了公众的怀疑，更扩大了危机的波及面，其结果势必是无法处理危机。可以说，危机一旦发生，无论出于什么原因，组织都必须从维护名誉、声誉出发，遵循公共关系原则，放低姿态，并针对事实状况，诚恳传播，掌握主动权。可采用的办法是由发言人在最短时间内发表坦诚的声明，承诺将迅速对危机进行处理，并及时对外通报，及时安排准确的信息披露，以进行有效的舆论引导。

【相关链接7-5】

M公司"消毒水"事件

2003年，广州两位消费者到M公司用餐，发现所点的红茶有极浓的消毒水味道。现场的副经理解释，可能是由于店员前一天对店里烧开水的大壶进行消毒清洗后，未把残余的消毒水排清所致。两位消费者与 M 公司相关人员就赔偿等问题理论和争执长达两个多小时之后，店长和督导才到达现场。在工商局工作人员赶到现场调停近一个小时后，仍以协商破裂收场，消费者愤然报警。一周后，M 公司发表简短声明，用主要文字描述事件过程并一再强调两位消费者是媒体记者，同时声明 M 公司一向严格遵守政府有关部门对食品安全的所有规定和要求，并保证 M 公司提供的每一项产品都是高质量的、安全的、有益健康的。整个声明没有提及自己的任何过失、该如何加强管理或向消费者表示歉意，更没有具体的解决事情的办法。经媒体多方报道，历经半月 M 公司和消费者达成和解，但双方对和解内容保密。

此前 M 公司某北京分店已发生过把消毒水当饮料提供给消费者的事情。当时的受害者表示："没想到他们的态度特别不好，连最起码的医药费他们都不愿意出。店长还跟我说，现在是特殊时期，他们的压力特别大，希望我能体谅他"。

M 公司的此次事件使它的公众形象大大受损，那么 M 公司应该如何处理呢？真诚的公众公关——取得谅解，诚恳的公众公关——赢得信誉，开诚布公的媒体公关——赢得口碑。

（选编自：叶秉喜、庞亚辉，《2003 年企业危机公关案例》，公关世界，2004 年 3 月。）

### （三）权威性原则

当组织与公众的看法不一致、难以调解时，必须靠权威发表意见。要善于借助公正性和权威性的机构来帮助解决危机，以赢得公众的信任。事实证明，在很多情况下，权威的介入会对危机处理起决定性作用。从心理学的角度来讲，一个人批判别人，主要是希望对方正视事实，接受自己的意见，如果自己的批评遭到反驳，几乎没有人会甘心认为自己错了。但是，如果是第三方人士，特别是具有一定权威的人对此发表意见，大多数人会理性地倾听或者接受。一般来讲，组织可以邀请政府部门、行业协会、市场研究机构以及有关专家、学者等社会知名人士，就公众普遍关心的问题进行调查和判断，然后通过媒体发布正面信息，让公众了解事情的真相，从而达到消除舆论风波的目的。

### （四）公正性原则

公共关系工作的出发点是维护组织与公众的共同利益，那么在危机事件的处理过程中，同样也要维护双方的利益，保持公正的态度。在对待事件中受到影响或危害的公众时，要排除主观的、情感的因素，公正而正确地处理问题，绝不能只考虑组织的利益而忽视受害者的利益。

### （五）灵活性原则

在处理危机事件时，由于危机事件也随着情况的发展而不断地发生变化，可能原定的预防措施或抢救方案不太周全，因此组织在危机事件处理的过程中，还要视具体情况灵活地处理，并随着客观环境的变化有针对性地提出有效的措施和方法。

总之，在处理公共关系危机事件时，要以圆满解决问题为出发点，紧紧围绕危机事件，在坚持上述原则的基础上开展工作,目的是挽回影响、减轻损失、求得合作。

## 本章小结

天有不测风云,人有旦夕祸福,对于组织来说,机遇与危难同在。在危机来临前,要建立预警机制,积极预防,防患于未然,尽量避免危机的产生。在危机来临后,要掌握危机公关的原则和处理程序,正视危机,认真对待,争取化危为机,获得一个塑造和提升组织美誉度的新平台。

## 同步测试

### 一、单选题

1. 某制药有限公司的两种产品因含有 PPA 而受到巨大影响,媒体纷纷予以报道,公司正常的公共关系状态受到了损害,这表明其出现了（　　）。
   A. 危机公共关系　　B. 危机管理事件　　C. 危机传播　　D. 公共关系危机
2. 下列说法不正确的是（　　）。
   A. 公共关系危机和危机公共关系在特定的情形下可以相互替代
   B. 公共关系危机是危机的一种表现形态
   C. 危机公共关系是危机的一种处理手段
   D. 危机公共关系是指将公共关系手段运用于危机管理过程中
3. 公共关系危机的本质是（　　）。
   A. 品牌危机　　B. 信誉危机　　C. 舆论危机　　D. 信任危机
4. （　　）的定义为:对组织的公共关系管理系统及组织与公众的传播与沟通活动造成威胁,使组织的声誉和形象受损,在时间和不确定性极高的情况下迅速做出决策的事件。
   A. 危机公共关系　　B. 危机传播　　C. 公共关系危机　　D. 危机管理
5. 公共关系危机管理就是（　　）管理。
   A. 危机传播　　B. 危机控制　　C. 声誉风险　　D. 形象危机
6. （　　）是公共关系危机最为明显的特征。
   A. 不确定性　　B. 舆论关注性　　C. 突发性　　D. 连锁破坏性
7. 下列说法不正确的是（　　）。
   A. 公共关系危机一旦爆发,就会在短时间内对组织声誉、形象产生强烈冲击
   B. 突发事件必定是危机,然而危机未必就形成突发事件
   C. 公共关系危机爆发后会引发舆论危机
   D. 危机事件会通过舆论迅速扩散,使决策者的心理压力增大
8. 下列属于按公共关系危机发生的渊源划分的为（　　）。
   A. 品牌危机　　B. 信任危机　　C. 天灾　　D. 服务危机
9. 公共关系危机管理的操作程序不包括（　　）。

A. 危机处理　　　B. 危机预防　　　C. 危机管理　　　D. 危机恢复
10. 危机管理的关键是（　　）。
A. 危机处理　　　B. 危机预防　　　C. 危机管理　　　D. 危机恢复

## 二、简答题

1. 公共关系危机的类型有哪些？
2. 公共关系危机的成因有哪些？
3. 请联系实际阐述危机公关的处理原则。
4. 简述公共关系危机管理的操作程序。

## 三、案例分析题

海南检验检疫局在对某品牌进口饮料的检验中，发现饮料无中文标签，咖啡因含量超过我国的标准要求，且尚未取得我国标签审核证书。随后国家质检总局发出通知，要求各地检验检疫局对辖区市场销售的该品牌进口饮料进行检查。一家媒体对此做了不准确的报道，随后被多家网站转载，从而对公众和消费者产生了一定程度的误导。媒体新闻只报道"某品牌进口饮料被查"，却没有指出这个产品是"走私进口"的非法产品，与该品牌中国公司生产的产品完全没有关系，而且还把主要问题聚焦在咖啡因超标上面。其实，国家质检总局对该品牌进口饮料的查处并不仅仅是因为其咖啡因超标，更重要的是因为它属于走私进口的非法产品，没有经过任何部门的检验，与我国严厉打击走私相违背。在我国销售的该品牌饮料主要有进口和国产之分。

这些进口走私产品缘于今年夏天以来，在广西、云南、海南等地，有一小批人在销售从非法渠道走私进口的该品牌饮料，而该品牌中国公司也一直在配合当地执法部门查处这些无中文标识的走私产品。该品牌公司认为这种查处只是针对少数几个地区的，而且走私的进口产品数量也很少，不会引起媒体的关注，因此就没有对媒体和公众做出声明和解释。

问题：

1. 你认为该品牌对媒体和公众不做声明的解释是否合理？会有怎样的后果？
2. 制订一个本次危机事件的危机管理方案。

## 四、实训题

假设学校一位同学在学校超市购买牛奶并饮用后，出现腹泻、发热等症状，此事件在校园网上流传开来，请你为学校超市制订"毒牛奶"事件的危机管理方案。

**实训操作**：学生分组，以小组为单位利用所学知识练习如何进行危机预防。

[**实训目的**] 通过本次实训培养学生的危机意识，以及解决危机事件的能力。

[**实训要求**] 就学校组织可能发生的各类危机事件做出预测和分析，并就其中某一个危机（如学生食物中毒）制订应对计划。本任务在教师指导下完成，指导教师需制定任务指导书以规范学生行动，并对任务实施进行全程指导监控。

[**实训成果**] 学生提出一个全面、系统的解决方案；教师对解决方案进行评价。

# 第八章
## 公共关系专题活动策划

端庄的仪表与整洁的服饰就是最好的推荐信。

——日本作家 原一平

交际场上的机智既不能表现太过，也不能不予重视。因为这不仅牵涉到一个体面的问题，而且关系到公务和政府。

——英国哲学家 培根

### 知识目标

- 掌握公共关系专题活动的特征与目的
- 理解公共关系专题活动的各种模式的含义
- 掌握公共关系专题活动的策划技巧
- 了解公共关系专题活动的特点和类型

### 技能目标

- 能够组织一些简单的公共关系活动

### 导入案例

**快克：跨界出击的拳王效应**

快克有个好名字，"快克"（Quick）——快速克服感冒病毒，这和人们头脑中"治感冒关键要快"的认知高度吻合，从这一点上说，快克品牌具有天生优势。但是，对于一个拥有400多个品牌的医药市场来说，这点优势很容易淹没在各种广告中。

快克明白，要让消费者一下子记住自己，除了广告宣传、终端陈列等常规方式外，还需要策划一次轰动事件，吸引社会的广泛关注，并通过这一事件，把快克感冒药的品牌信息传递出去，让消费者产生"治感冒就找快克"的意识。

1）天时：滥用输液的不良现状 2013年7月，一则来自央视的报道引发了快克的关注。这则题为《输液的危害等于自杀》的新闻中提到："据中国安全注射联盟统计，我国每年因不安全注射导致死亡的人数在39万以上。当前有的村卫生所或医院为了挣钱，'凡病皆吊瓶'的现象非常严重。哪怕是牙痛、伤风感冒等小病，也要挂'吊瓶'。专家调查发现，95%以上的人不知道滥用输液及不安全注射的危害。世界卫生组织统计，70%以上的输液为不必要的输液。触目惊心的滥用输液已给人类带来重大灾难，我国已成了重灾区。"

进一步调研后，快克发现了滥用输液的危害：输液超过一定程度会对人体造成伤害，并且可能让患者产生耐药性，严重的甚至会导致"重症感染无药可用"。基于这些事实，快克决定以此为"突破口"，和森博公关发起一场旨在大力推动"感冒合理用药"的科普教育公益活动——感冒合理用药促进行动。

行动开始之前，首要任务是让公众认识到"输液依赖"现象的严重性和危害性。于是，从2013年9月起，《合理用药应引起全民关注》《国人输液量为何远超国际水平》《"输液依赖"该不该依赖》等报道开始见诸各大媒体，报道引用大量专家观点、国内外调研数据对比、医院诊所"吊瓶丛林"实拍等，引起广泛关注。

2）地利：2013快克出击　快克素有做公益活动的传统，这也使其每次公益活动的实施都顺畅自如。2007年8月，快克曾经发起了"防治流感中国行动"活动，在人民大会堂举办了启动仪式，并联合中国疾病预防控制中心进行推广，以促进国民健康及自我保健意识的提升。

这一次，快克的公益活动得到了中国健康教育中心和众多卫生领域专家的支持。整个活动包括：启动仪式发布会；发表感冒合理用药倡议书；发布《快克儿童安全用药手册》；发布《快克感冒健康手册》；宣传"输液依赖"现状及其后果；普及推广"防感冒健身拳"倡导快乐运动，健身防病。

3）人和：拳王的快乐拳击　在公益活动的框架下，最能吸引眼球的莫过于找一位名人担当推广大使，这个人要有影响力、有话题性，还要与快克品牌和公益活动有很好的相关性。最后，快克将目标锁定在前世界重量级拳王迈克·泰森。

经过策划并开发，活动主办方和快克联合北京体育大学的专家，结合拳击运动特点，专门研发出一套简单易学的"防感冒健身拳"，可以让人们轻松、愉快地上手。泰森对这套拳产生了浓厚的兴趣，并给予指点和完善。

泰森来华，如预期所料，引发了媒体和公众的广泛关注和报道兴趣。在这场主题为"快乐拳击健康中国2013防感冒快克出击季暨感冒合理用药促进行动"启动仪式的新闻发布会上，泰森展示了自己真实的一面：热心公益、关爱小朋友、耐心回答媒体和主持人的每一个问题，并不时卖萌做鬼脸。其间，泰森教小朋友打拳，和中国家庭代表一起打"防感冒健身拳"，把会场气氛推向高潮。

媒体监测数据显示："泰森来华做公益"话题成为第二天百度新闻热词；腾讯、新浪、搜狐、网易、凤凰网等媒体全部首页及弹窗报道。值得一提的是，央视网也就此事件进行了新闻报道。因这些公益行动，快克品牌得到了频繁的关注，百度搜索指数显示，快克的关注度指数增长了332%。

（选编自：闫益佳，快克：跨界出击的拳王效应[EB/OL].(2014-01-15). http://www.chinapr.com.cn/templates/.引文有删减。）

## 案例分析

在上述案例中可以看到，快克的这次活动获得了公众的广泛关注，表现了企业强烈的社会责任感，产生了良好的社会效益。这就是公共关系专题活动的作用和魅力。

公共关系专题活动是以一个明确的主题为中心开展的与公众在某一方面的交流,具有操作性强、应用面广等特点,其目的是引起社会各界的广泛关注,扩大组织的知名度和美誉度。公共关系专题活动的形式多种多样,本章分别加以介绍。

## 第一节　新闻传播型公共关系专题活动

### 一、制造新闻

#### (一) 制造新闻的定义

制造新闻是公共关系人员在报道事件真实、不损害公众利益的前提下,有计划地策划、组织、举办具有新闻价值的事件和活动,借此吸引新闻界和公众的注意和兴趣,争取被报道,用以提高组织知名度的一种活动。

#### (二) 制造新闻的作用

1. 推动社会主义精神文明建设的发展

组织为了制造新闻,要维护与政府和社区的关系,想方设法开展深受社会公众和政府部门欢迎的宣传活动,而这些有益的宣传活动将对社会主义精神文明建设起到推动和促进作用。

2. 有助于社会公益事业的发展和文体活动的开展

组织在制造新闻时,通常都会以发展社会公益事业和开展文体活动为出发点来考虑自己应该做的事。如国内外许多组织不惜成本地把巨额资金投入各种体育事业及各种文化、公益事业等。

3. 促进组织的经营管理向健康、正确的道路迈进

制造有利于组织的新闻公关活动,能引导组织走向勇于承担社会责任和义务、采取民主和开明政策的现代经营管理道路。

#### (三) 制造新闻的时机

组织可以选择在以下几个时机制造新闻:①经济效益得到明显提高时。例如组织的产值、利润、创汇等取得较大的成效,对国家做出贡献时,可以发布新闻进行宣传。②产品的生产与技术革新等有重大突破时,例如产品的质量提高、数量扩大、新品种诞生,以及引用了新技术、新设备、新的管理手段,节约了人力、物力和财力时。③开拓新的市场时。例如价格的变动给市场营销带来影响,引起社会与公众的广泛关注时。④组织进行新的组合,或联合,或兼并,构成更大、更有力的系统时。例如因兼并或者收购而对人事做了重要变动,对职工的福利与工作制度做了较大改善时。⑤组织举办各种社会公益活动时。例如与文化体育单位联合支持教育、卫生、慈善机构的工作,并产生积极影响时。

### （四）制造新闻应注意问题

1）应该抓住公众在某一时期关注的热点制造新闻。在不同时期，公众所关注的热点不同，如世界重大体育赛事（奥运会、世界杯足球赛等）的前后，公众最关注的就是有关体育赛事的话题。

2）一个事件的新闻价值就在于它的"新、奇、特"，公共关系人员必须别出心裁，使公共关系活动具备"新、奇、特"的条件，抓住这三点去制造新闻。

3）要事先制造一些热烈气氛，使公众有些心理准备，以强化制造新闻的效果。

4）制造新闻时，要有意识地把组织某些权威人士或社会名流联系在一起。

5）善于利用传统节日或纪念日制造有关组织的新闻。

6）注意与各新闻媒体联合举办各种活动，以增加组织在新闻媒介中出现的机会。

## 二、新闻发布会

### （一）新闻发布会的定义

新闻发布会是政府或某个社会组织定期、不定期或临时举办的信息和新闻发布活动，直接向新闻界发布政府政策或组织信息，解释政府或组织的重大政策和事件。

社会组织在发生具有积极影响的重大事情时，可以通过新闻发布会向新闻界公布信息，借助新闻提升本组织或者与本组织密切相关事物的形象。

### （二）新闻发布会的特点

新闻发布会能有效地向媒体发布组织的重要进展和信息，但同时也必须事先进行周密的计划。要注意，媒体通常都希望获得有价值的新闻。

#### 1. 权威性强

社会组织以新闻发布会的形式发布组织信息，所公布的信息应真实、可信度高，这样才能使社会组织和新闻界之间达到相互理解和沟通的良好效果。新闻发布会形式比较正规、隆重，而且规格比较高，有极强的权威性。

#### 2. 针对性强

新闻发布会上，社会组织与媒体之间的问答是活动的主要形式。在活动中，媒体可以就自己感兴趣的方面和角度提问，问题的针对性较强。同时，在提问中，还可以相互启发，能更深入地挖掘信息。

#### 3. 较高的价值性

任何一个社会组织在其发展过程中，都会遇到各种各样的问题。例如：组织拟定的重大发展规划或新决策即将付诸实施之时，新发明、新产品试制成功之日，突然事件的发生；尤其是消费者和公众的投诉、媒体的公开批评，使组织形象受到影响时，为了挽回影响、争取舆论的支持等。在遇到这些问题时，组织可以召开新闻发布会。因此，新闻发布会具有较高的价值性。

4. 难度大，要求高

召开新闻发布会需要大笔的支出，不仅成本高，而且占用组织和媒体的时间较长，对组织发言人和主持人的要求也较高，因此举办新闻发布会与其他专题活动相比，难度较大，要求较高。

5. 利于情感交流

在新闻发布会上，主持人与媒体面对面地交流，可就一些问题达成共识，既便于组织与媒体的相互沟通，也有利于情感的交流。

（三）新闻发布会的程序

要想成功地召开新闻发布会，就必须认真地按照新闻发布会的程序进行精心准备，以给媒体留下美好的印象，对组织产生好感，甚至倾心。新闻发布会的策划和组织格外重要，需要公共关系专业人员在会前进行精心策划和周密安排，做充分的准备。新闻发布会的具体操作程序有以下几方面：

1. 新闻发布会的筹备

（1）精心策划会议主题　在召开新闻发布会前，先问这样一个问题：如果直接用新闻稿来发布这一信息是不是也可以？如果回答是肯定的，那么就应该取消新闻发布会。如果确实需要召开新闻发布会，就要精心策划会议主题。可作为新闻发布会主题的一般有以下几类：一是组织的重大决策、新技术和新产品问世、庆典等重大活动；二是组织面向社会的文化活动、经济交流、社会公益事业活动；三是市场行情消费趋势、价格波动等社会公众广泛关注的问题。

（2）选择和把握好会议时间和地点　新闻发布会的时间选择合适，会收到事半功倍的效果；反之，则会影响会议效果。时间的选择一定要适合媒体，以免媒体不能来参加。要尽量避开节假日和有重大活动的日子（特殊情况除外，如国庆新闻发布会）。一般情况下，周末举行新闻发布会是不太适宜的。就具体时间而言，一天之内最好安排在上午10点和下午3点左右，会议时间控制在一小时左右为宜。

会议地点的选择：首先，要考虑交通方便；其次，还应考虑能否给媒体创造各种方便采访的条件，如录像、拍摄的辅助灯光、照明设备、视听设备、幻灯或电影的播放设备，适合的桌椅、电话机、传真机等；最后，会议环境要幽雅，场地大小适中，各项服务水准较高。总之，会议地点的选择要符合交通便利、设施齐全、环境良好等原则。

（3）确定邀请的媒体对象　一个成功的社会组织应该有自己鲜明的个性和特色，一个成功的新闻发布会也应该有自己特有的可供选择的媒体对象和邀请范围。在选择媒体对象时，要考虑以下因素：①新闻发布会的规模。②会议预付的费用。③本次新闻发布会影响的范围区域。④对信息传播内容和速度的具体要求等。

（4）人员安排　新闻发布会对会议工作人员、主持人、主要发言人均有较高的要求。

新闻发布会能否成功举行，能否达到预期的效果，在很大程度上取决于会议主持人和主要发言人。新闻发布会的主要发言人原则上应安排为社会组织的主要负责人，因为只有他们才能准确、全面地回答有关本组织的方针、政策、经营、生产等重大问题。

如果新闻发布会的目的是公布某项新成果、新技术、新产品，或是公布面临的重大突发事件，那么主要发言人除了主要负责人之外，还可安排分管这方面工作的部门负责人。

（5）资料准备　由于新闻发布会时间短，因此要求社会组织事先准备好提供给媒体的各种材料。例如，组织背景、会议地点、主要发言及报道提纲、有关证明材料的复印件、产品说明书及有关单位或公众的反映信件，以及能说明问题的数据、术语和有关的照片、图片、录音带、录像带等。

（6）会务及其他准备工作　新闻发布会的日期和地点选定后，要提前把请柬送到应邀媒体手中，以便媒体妥善安排时间。会议召开前一两天应询问落实一下媒体出席的情况；安排足够的工作人员和招待人员，避免出现冷落媒体的不愉快的事情发生；准备好音响及辅助材料，如电话、电源及其他设备，给媒体提供方便；安排好会议记录者、摄影者，做好会议记录工作，以备宣传、纪念之用；适当准备一些小纪念品、礼品以加深友谊，必要时安排一些小型酒会、便餐或茶会，以密切彼此关系。

2. 新闻发布会的过程

新闻发布会的时间不一定很长，但具体的操作过程却非常重要，不可漫不经心，因此精心准备是开好新闻发布会的重要环节。一般来说，新闻发布会的过程有以下几个步骤：

（1）接待签到　在接待站设签到处，最好安排组织的一位主要人物出面迎宾，一方面表示主人的礼貌和会议的郑重，另一方面也可以通过问候沟通感情。

（2）分发资料　在会议正式开始前，要将准备好的资料有礼貌地分发下去，以便媒体对会议有一个粗略的了解，使其在主持人发布信息时，能对会议主题有更进一步的认识和理解。

（3）会议开始　先由主持人简要说明召开会议的目的，所要发布的消息和有关情况的介绍、说明；然后发言人就信息的内容做详细、生动的讲述。

（4）答媒体问　发言人答媒体提问。当发布会接近尾声时，主持人应提醒媒体"下一个问题是最后一个问题了"。

（5）会议结束　会议结束时，组织的工作人员应站在门口，以笑脸相送，感谢对方的光临，从而为以后更好合作打下良好的基础。

3. 新闻发布会的后续工作

（1）做好总结归档工作　总结内容一般包括会议的组织人、主持人、发言人和媒体的反映以及接待服务工作的情况，尽快整理出会议记录，并及时整理归档。

（2）统计发稿　搜集媒体发表的稿件，对照签到簿，统计各媒体关于会议的发稿情况，综合评价会议是否达到预期目标，并作为今后邀请媒体的依据。对已经发稿的媒体，要电话致谢。

（3）注意公众反应　注意搜集社会公众对新闻发布会的反应和评价。

（4）正确对待不同报道　正确对待不准确的或歪曲事实的报道，同时应及时采取措施或要求更正，必要时可采取法律行动。

**【相关链接 8-1】**

S 公司的"五板斧"

1982 年，在美国芝加哥地区发生了有人因服用 S 公司生产的含氰化物药片而中毒死亡的事故。起初，仅 3 个人因服用该药片而中毒死亡。可随着各种消息的扩散，据称美国全国各地有 250 个人因服用该药而得病和死亡，其影响迅速扩散到全美各地，调查显示有 94% 的消费者知道此中毒事件。这对 S 公司来说，危机真正来临了。

危机事件发生后，由首席执行官为首的 7 人危机管理委员会，果断地砍出了"五板斧"，这五板斧环环相扣。

第一板斧：抽调大批人马立即对所有药片进行检验。经过 S 公司各部门的联合调查，在全部 800 万片剂的检验中，发现所有受污染的药片源于同一批，总计不超过 75 片，并且全部在芝加哥地区，不会对全美其他地区有丝毫影响，而最终的死亡人数也确定为 7 个人，并非消息所传的 250 个人。

第二板斧：虽然受污染的药品只有极少数，但 S 公司仍然按照公司最高危机原则，即"在遇到危机时，公司应首先考虑公众和消费者利益"。S 公司在全美国范围内立即收回全部（价值近 1 亿美元）相关止痛药，并投入 50 万美元利用各种渠道和媒体通知医院、诊所、药店、医生停止销售此药。

第三板斧：以真诚和开放的态度与新闻媒体沟通，迅速传播各种真实消息，无论是对 S 公司有利的消息，还是不利的消息，都毫不隐瞒。

第四板斧：积极配合美国医药管理局的调查，在 5 天内对全国收回的药品进行抽检，并立即向公众公布检查结果。

第五板斧：为相关止痛药设计防污染的新式包装，以美国政府发布新的药品包装规定为契机，重返市场。S 公司举行了大规模的新闻发布会。会议由公司董事长亲自主持。在此次会议上，他首先感谢新闻界公正地对待此次事件，然后介绍 S 公司率先实施"药品安全包装新规定"，推出相关止痛药防污染新包装，并现场播放了新包装药品生产过程录像。美国各电视网、地方电视台、电台和报纸就 S 公司相关止痛药重返市场的消息进行了广泛报道，公众也给予了积极的回应。

事后查明，在中毒事件中回收的 800 万片中，只有 75 片受氰化物的污染，而且是人为破坏。S 公司虽然为回收付出了 1 亿美元的代价，但其毅然回收的决策表明了 S 公司在坚守自己的信条："公众和顾客的利益第一"。这一决策受到舆论的广泛赞扬，其中《华尔街周刊》曾评论说"S 公司为了不使任何人再遇危险，宁可自己承担巨大的损失"。

正是由于 S 公司在危机事件发生后采取了一系列有条不紊的危机公关，因此赢得了公众和舆论的支持与理解。在一年的时间内，S 公司的相关止痛药又重振山河，占据了市场的领先地位，再次赢得了公众的信任，树立了 S 公司为社会和公众负责的企业形象。

## 第二节　展示型公共关系专题活动

### 一、展览会

#### （一）展览会的定义

展览会是一种综合性大型活动，除本身能进行自我宣传外，往往还能够成为新闻媒体追踪的对象，成为新闻报道的题材。通过新闻媒体的报道宣传，展览会的宣传效应将大大扩展。

#### （二）展览会的分类

展览会的类型很多，主要有以下几种：

1. 综合性展览会和专项展览会

根据展览的内容不同，可以分为综合性展览会和专项展览会。综合性展览会是介绍一个地区或一个组织全面情况的，要求内容系统、重点突出。专项展览会则是围绕某一项目或某一专业、某一专题进行的，要求主题鲜明、内容集中，有一定的深度。

2. 贸易性展览会和宣传性展览会

根据展览的性质不同，可以分为贸易性展览会和宣传性展览会。贸易性展览会的目的是做实物广告，促进产品销售。宣传性展览会又称展示性展览会，展出的多是照片资料、图表和有关实物，目的在于宣传某一观点、思想成果和信仰。

3. 大型展览会、小型展览会和微型展览会

根据展览的规模不同，可以分为大型展览会、小型展览会和微型展览会。大型展览会通常由专门机构主办，参展者报名参加，参展项目多，参展项目技术水平较高。小型展览会可由有关组织自办或某一单位主办，主要展示与本组织或单位有关的主题或产品，如企业产品展览会。微型展览会则指本企业橱窗展览、流动车展览等，也称袖珍展览会。

4. 室内展览会和露天展览会

根据展览会的地点不同，可分为室内展览会和露天展览会。大多数展览会放在室内举办。但某些展览，如花展、灯展、汽车展等，通常放在露天举办。室内展览会较为隆重，不受气候的影响，时间长短皆宜，但布置复杂、费用较高。露天展览会则比较简便，费用低，但受气候影响大。

5. 长期性展览会、周期性展览会和一次性展览会

根据展览时间的长短不同，可分为长期性展览会、周期性展览会和一次性展览会。长期性展览会有比较固定或稳定的内容，如文物展览。周期性展览会是定期举行的展览。一次性

展览会则是配合某一主题活动临时设计组织的专题性展览。

### （三）展览会的组织与实施

1. 明确展览会的主题和目的，并确定相应的展览方式、接待形式

每次展览会都应有明确的主题和目的，因为这是决定展览的内容、形式和对象的前提条件。

2. 指定展览会总策划，并构思展览基本框架

由指定的总策划负责撰写展览脚本，设计展览徽标及主题画；选择好展厅并布置和美化；总策划讲明总体布局并负责衔接各部门的关系。

3. 明确参展单位和参展项目

可以采用广告和发邀请函的形式组织参展单位，对有可能参展的单位说明展览会的宗旨、提供展出项目造型，介绍对参观者人数及类型的预测、展览会的要求和费用等基本资料。

4. 选择时间和地点

在时间方面，考虑展出内容的季节性和周期性、与重大社会活动时间的冲突性等。在地点方面，考虑交通的便利性，展览场所的大小、设施等，此外还应考虑展览场所周围环境与展览主题的相互协调性问题。

5. 明确参观者类型和数量

在筹划展览会时，应对参观者范围有较精确的估计，以便确定展览的方式。

6. 选择并落实展览的有关资料及实物

各部门人员应根据展览大纲或总策划的意图、思路搜集各参展单位的实物、文字、图片、录音、录像等宣传资料，并按要求完成设计创作任务。

7. 成立专门的对外新闻发布机构和接待机构，做好新闻宣传工作和服务工作

展览会中有许多具有较高新闻价值的信息资料可供公共关系人员发掘。这项工作应该由专门机构来制订计划和组织实施。同时展览会中也有领导和各参展单位的工作人员、参观人员参加，因此必须同时做好各项服务工作，以扩大展览会的社会影响。

8. 培训参展工作人员

展览会工作人员的素质与技能对整个展览效果有重大影响，因此要对展览会的工作人员进行公共关系的培训，尽可能使之符合展览会的各种服务要求。参展工作人员包括讲解员、接待员、服务员等。

9. 展览会的经费预算

一般经费预算包括：场地使用费，内含各种设备使用费、能源费等；设计建造费，内含材料费等；工作人员酬金，内含工资、津贴、差旅费等；传播媒介使用费，内含电视、录像带、计算机、软件、幻灯机、幻灯片、新闻广告费等；宣传品、纪念品制作费用；交际联络费，内含举行招待会、购买茶点、接待宾客及交际应酬的各种费用；运输费；保险费；预备金；等等。

【相关链接 8－2】

## 世界博览会的历史

世界博览会是由一个国家政府主办，有多个国家或国际组织参加，以展览人类在社会、经济、文化和科技领域取得成就的国际性大型展览会。它的特点是举办时间长、展出规模大、参展国家多、影响深远。自 1851 年英国伦敦举办第一届世界博览会以来，世界博览会因发展迅速而享有"经济、科技、文化领域内的奥林匹克盛会"的美誉。

1851 年，第一届世界博览会在英国伦敦的海德公园举行，主要内容是世界文化与工业科技，其定名中的"Great"在英文中有伟大的、很棒的、壮观的意思，在当时英国借此博览会展现了工业革命后英国技冠群雄、傲视全球的辉煌成果。

1867 年，巴黎世界博览会已经具备了现代世界博览会的雏形。

第二次世界大战后，世界人民在满目疮痍的废墟上重建家园，并在恢复生产、复苏经济的基础上，于 1958 年在比利时首都布鲁塞尔举行第二次世界大战后第一个世界博览会，主题为"科学、文明和人性"。为了体现"科学"这个主题思想，布鲁塞尔世界博览会建造了一座原子能结构的球形展馆，作为人类进入了科技进步的新世纪的象征，它独特新颖的造型在时隔半个多世纪后，仍然历历在目。布鲁塞尔世界博览会的辉煌和丰富，几乎使以往的所有世界博览会都黯然失色。

1962 年，美国西雅图举办了一次规模不大的专业性博览会，名为"太空时代的人类"。该博览会展出了全新的先进科技，包括自动售货机和单钢轨铁路，获得了巨大的成功。

1964 年，为了纪念纽约建城 300 周年，纽约又一次举办了世界博览会，主题的格调高雅——"通过理解走向和平"。但这次世界博览会浓重的商业气氛，使观众驻足不前，失去了纪念活动的意义。

1970 年，在日本大阪举办了世界博览会，日本人称之为万国博览会，体现了"人类的进步与和谐"，向观众展示了继东京奥运会之后，日本在各方面的发展和成就。得益于这次博览会，日本在以后 10 年的经济发展中，一直保持强劲的势头。

1985 年，日本再次举办世界博览会，会址是在新城——筑波市，一座距离东京 50 多公里的全新科学文化城。博览会的主题是"居住与环境 人类的家居科技"。

1986 年，加拿大为纪念温哥华建城 100 周年，举办了一次以"交通运输"为主题的世界博览会。

1988 年是英国人在澳大利亚建立居住点 200 周年，因此澳大利亚在东部黄金海岸城市布里斯班举办了世界博览会。这次博览会的主题是"科技时代的休闲生活"，体现了人类在当今科学技术极其发达的时代中的休闲和娱乐。各国都围绕这个主题大做文章，以体育、文娱、旅游、休闲、烹调、园艺等各种内容来体现人类生活的丰富多彩。

1990 年，日本大阪举办了国际"花与绿"博览会，主题是"人类与自然"。展出以世界园艺为内容，作为庆祝大阪"新的开端"100 周年的纪念活动。这次展览会共有 82 个国家参加，取得了巨大的成功。

1992年是哥伦布发现美洲500周年,为此,西班牙政府在塞维利亚举办了世界博览会,把博览会的主题命名为"发现的时代"。塞维利亚世界博览会占地面积478万 $m^2$,有100多个国家参加。观众达6000多万人次。中国馆因展出了四大发明及长征系列火箭等,而被评为"五星级展馆"。

1993年,韩国大田博览会是世界上第一次由发展中国家举办的世界博览会(认可类),主题为"新的起飞之路"。中国馆展示了航天科技、三峡工程等,共接待观众350万人次,为各展馆之最,被评为"五大最佳展馆"之一。

1998年,在葡萄牙里斯本举办世界博览会。1998年是联合国批准的国际海洋年,因此此次博览会的主题为"海洋——未来的财富"。

2000年,德国汉诺威世界博览会的主题为"人类、自然、科技",参展国家和组织共计172个,为往届世界博览会参展国家、地区和组织最多的一届。

2005年,日本爱知世界博览会的主题为"自然的睿智",是最近的一次注册类世界博览会。中国馆接待观众570万人次,为接待观众最多的展馆之一。

2008年,西班牙举办萨拉戈萨世界博览会。水塔是2008年萨拉戈萨世界博览会的标志性建筑,也是萨拉戈萨城市最高的建筑。水塔是世博园中三大主题展馆之一,是展览"水,生命之源"主题的场所,为此也称"水塔馆"。

2010年,我国上海世界博览会(Expo2010)是第41届世界博览会,于2010年5月1日至10月31日在我国上海市举行。此次世界博览会也是我国举办的首届世界博览会,总投资达450亿元,创造了世界博览会史上最大规模纪录。7308万的参观人数也创下了历届世界博览会之最。

(选编自:佚名,世界博览会[EB/OL]. [2015-01-08]. http://baike.baidu.com.)

## 二、对外开放参观

社会组织为了让公众更好地了解自己,获得公众对其各项活动的支持,可以有计划地邀请组织的员工家属、社会公众、新闻工作者及其他对组织感兴趣的人到组织现场参观。利用这种机会向公众宣传,也是塑造组织形象的方法之一。

对外开放参观是一项繁杂的工作,因此应认真做好以下事项:

1. 确定参观日期

注意参观日期不要和重要的节日或社会组织的重要活动发生冲突。因为在重要节日,公众一般都有自己的安排;在社会组织举办重要活动期间安排对外开放参观,一方面参观者看不到日常工作的场面,另一方面也会给接待工作造成极大的麻烦。

2. 成立专门机构,配备专门人员来负责此事

成立专门机构,该机构中应至少有一名决策层的人员来负责总协调,也应有相关部门的负责人和具体的工作人员参加。

3. 宣传准备工作

应充分重视宣传工作，最好事先通知新闻部门，利用新闻媒介来扩大影响。同时，也应对组织内部全体员工做好宣传工作，使每个人都明白对外开放参观工作的意义与目的，人人自觉地参与这项活动。

4. 确定对外开放参观的内容

开放参观的内容一般包括情况介绍、现场观摩和实物展览三种。

1）情况介绍一般可采用事先准备好深入浅出、图文并茂、印刷精美的宣传小册子，发给参观的公众。

2）现场观摩就是让公众参观工作现场，以厂房布置、厂区环境、工作流程或员工的实际工作来说明社会组织的内在面貌。现场观摩一般以口头讲解的形式，边走边结合具体场景进行介绍。

3）实物展览是以资料、模型、样品的陈列等，对公众做补充说明。

5. 选择参观路线

选择参观路线的主要要求是：既可以引起参观者的兴趣并保证他们的安全，又对组织正常工作的持续干扰最小。参观路线应有明确的路标，且事先需采取安全措施；安全员应在必要的地方设置警告信号和障碍，以防止意外发生。

6. 做好解说和接待工作

对导游或解说人员要事先进行挑选、培训，使他们熟练掌握参观过程中每一个参观点的解说内容。参观点的员工应佩戴印有个人名字的标牌，并要礼貌、耐心、认真地回答参观者提出的各种问题。要热情周到地做好参观者的接待工作，安排合适的休息场所，提供必要的服务，如备好茶水、饮料等。

7. 做好欢送工作，收集参观者意见

参观结束后，要做好欢送工作，并认真听取参观者对组织的看法和建议，整理分析后提交有关部门。对组织予以采纳的意见，还应把实施情况反馈给提议者。

## 第三节　社区型公共关系专题活动

### 一、联谊活动

联谊活动是指社会组织为了达到内部管理人员与员工之间，社会组织成员与社会公众之间，或者社会组织与社会组织之间联络感情、增进友谊的目的而组织的活动。社会组织内部的联谊活动可以调节员工文化生活，创造和谐的人际关系。社会组织针对外部公众所组织的联谊活动可以增进公众对社会组织的关注和了解，加强相互联系和协作交流。联谊活动形式多样，如组织舞会、观看演出、参观游览、各种有益身心健康的休闲活动，相互间信息共享等。

## (一) 舞会

舞会也称社交舞会,源于西方,当时主要流行于西方上流社会。宫廷舞会、家庭舞会、成年舞会、慈善舞会等五花八门,其中尤以"维也纳新年舞会"最为著名。根据规格不同,舞会可分为大型舞会和小型舞会。舞会是一种比较轻松、活跃的社交活动,也是公共关系人员经常举办的联谊活动的一种形式。组织为广结善缘、联络感情,举办舞会是必要的。

1. 舞会的组织工作

舞会能否获得成功,其组织工作是至关重要的。在组织公共关系舞会时,应当注意以下主要问题:

1) 被邀请的男、女客人人数要大致相等。对已婚者,一般请夫妇双方参加。若是企业内部舞会,可根据人员情况邀请外单位人员参加。

2) 正式的舞会要发请柬。请柬上应注明舞会的时间,客人可在期间任何时候到场和退席。一般情况下,舞会最适于傍晚开始举行,并以不超过午夜为好。舞会最佳的时间长度,通常被认为是 2~4h。

3) 确定舞会举行的具体地点。既要考虑人数、交通、安全问题,又要注意档次与气氛是否适宜。与此同时,还需量力而行。舞会场地应宽敞,主办人一定要注意的是,邀请总人数要与场地舞池的大小相适应,人均 $1m^2$ 最佳,人太多显得拥挤,舞者不能尽兴,人太少会显得冷清。

4) 舞池地板要上蜡,保持光滑。舞厅内可以用纸花、彩带和各色彩灯装饰,把握光线明暗,光线要柔和,不宜过强。最好安排乐队伴奏。舞池的周围最好设置足够的桌椅,供舞者在舞会期间休息之用。应在场地、灯饰、舞曲等方面为客人营造热烈的气氛。

5) 为了做好接待工作,必须要明确舞会的主持人和招待员。常见的接待工作主要包括迎送来宾、为来宾服务、邀请单个的来宾共舞和为遭到异性纠缠的来宾解围。

6) 如有必要和条件,应准备咖啡、茶、点心等,以便来宾食用。

2. 作为来宾参加舞会应注意的礼貌

1) 参加舞会前最好先吃些东西,不要饿着肚子前往,也不要在舞会前饮酒或食用有浓烈刺激气味的食物。舞会中饮酒要节制,酒精能使人兴奋,让整个舞会的气氛更加热闹,可一旦喝多了,就可能会胡言乱语或是当场呕吐,这样就非常尴尬了。

2) 服装要整洁、大方,仪表要修饰。女子可以化淡妆,穿得漂亮些。男子也应适当讲究,一般穿西服,显得大方、文雅。

3) 进入舞场,要先坐下来,观察一下全场情况,适应一下气氛。没有带舞伴的,要慢慢地寻找合适的舞伴。邀舞一般都是男子邀请女子共舞,如果对方婉言谢绝,也不必介意,更不应勉强。

4) 正式的舞会中,第一场,由主人夫妇、主宾夫妇共舞(也可以由已成年的女儿代替女主人),第二场,男主人与主宾夫人、女主人与男主宾共舞。

5）男方邀请女方共舞，如女方的丈夫或是父母在旁，则应先向其丈夫或父母致意，以示礼貌。

6）女方无故拒绝男方邀请是不礼貌的，如实在不愿意与某人共舞，可婉言辞谢。

7）跳舞时注意舞姿，男方的右手应在女方腰部正中，不能超过女方腰的中部，动作不要过大，也不要过于剧烈。男子应避免全场只与一位女子共舞，切忌与同性共舞。

### (二) 晚会

晚会是以某个具体的事件为主题，通过邀请来宾参加以文艺、体育、游戏、竞赛等多种活动为内容的聚会来开展的公共关系专题活动。它能使来宾共同参与、互相交流，来宾既得到了休息、娱乐，又有一种自我参与感。因此，晚会开始受到各方面的欢迎，呈现日益流行的趋势。

1. 晚会的类型

组织为了扩大影响、联络感情、提高知名度，可以举办或赞助一些大型晚会。例如，在传统节日、喜庆活动时，按本地风俗组织的形式多样的晚会。

晚会的种类很多，常见的晚会包括：①节日晚会。逢年过节，组织要通过节日晚会的活动形式畅谈成绩、展望未来，营造吉祥喜庆的气氛。如春节联欢晚会、中秋赏月晚会。②迎送晚会。迎送晚会的主题应围绕着被迎送人员或其工作学习的性质而定。晚会可采取座谈的形式，也可采取晚餐的形式。③庆祝晚会。④游艺、竞赛晚会。⑤文艺晚会。⑥篝火晚会。⑦体育晚会。

2. 晚会的程序

应成立一个专门的组委会，由公共关系部门负责，包括承担指挥、接待、宣传、保卫、后勤等职能的人员。一般来说，晚会有以下程序：

1）确定主题。举行此次晚会的原因或目的，如迎接新年、春节等。

2）选定节目。应从活动的目的出发，根据来宾的欣赏习惯与兴趣选定节目。一般应选择具有来宾本国或本民族风格的节目，并要了解节目内容，避免因政治内容、宗教信仰、风俗习惯等问题造成的不愉快。

3）发出邀请。要选用较为讲究的请柬，用主客双方文字印刷并提前送达来宾。请柬可附带晚会主要内容的提示、节目顺序表和节目说明。

4）座位安排。一般应根据来宾的身份事先安排座位。观看文艺节目，一般以第七、八排座位为最佳，看电影则以第十五排前后为宜。专场演出，通常把贵宾席留给 VIP 客人，主人可陪同。

5）入席与退席。专场演出，可安排普通观众先入座，主宾席客人在开幕前由主人陪同入场。演出进行中，观众不得退场。演出结束，全场起立向演员热烈鼓掌表示感谢，一般观众待贵宾退场后再离去。

6）献花。许多国家习惯于演出结束后向演员献花。我国讲究主随客便，如果客人提议献花，主人则要陪同客人一起上台。

7）摄影。为了保证演出效果和维护剧团专利等，许多国家禁止在演出中摄影。我国招待国宾举行的专场文艺演出，可以拍摄新闻照片和录像。

3. 参加晚会应注意的礼貌

1）收到晚会请柬或入场券的人应准时参加，因故不能参加的，应及早向邀请单位说明情况，以便其另行安排。

2）参加晚会时，服装要整洁、大方。入场后应脱帽，以避免影响后排视线。

3）节目演出时，保持安静，禁止喧哗。

4）不能在场内吸烟。

5）每个节目演完后，应热烈鼓掌致谢，遇到精彩节目，可以欢迎重演，但次数不宜太多。

6）参加文艺晚会，中途不要早退，当遇到急事必须离场时，可等一个节目结束后悄然离开，不要影响别人观看。

## 二、赞助活动

赞助活动是指社会组织给各种公益事业提供财力、物力等方面的支持，是以社会服务形式进行的公共关系活动。实际上，它也是一种对社会的贡献行为，是一种信誉和感情的投资，是组织改善社会环境和公共关系最有效的方式之一。

### （一）赞助活动的作用

赞助活动是组织在维护公共关系时，经常使用的一种公共关系活动方式。这种活动做得好，对扩大组织知名度与美誉度都是非常有利的，因此不可忽视这一公共关系方式的积极作用。

1. 扩大影响

社会组织通过赞助活动，可以吸引新闻媒体的关注，从而使自己成为公众的关注点，创造新闻报道的机会。这样社会组织就可以通过新闻媒介扩大影响，提高组织及产品的知名度和美誉度。

2. 树立形象

社会组织通过赞助活动，向社会捐助一定的资金或物品，表明了组织作为社会的一员乐于承担一定的社会责任和义务；同时，也是对社会和公众做贡献，必然会获得社会和公众的好评，从而增进与公众之间的感情，获得他们的有力支持与合作；还可以由此树立自己关心社会、乐于回报社会的良好形象。

3. 广告宣传

社会组织的赞助活动，特别是一些重大的赞助活动，往往会引起公众的关注和新闻媒体的报道兴趣。通过赞助活动，一个社会组织能重复利用它的商标、代表色、特有的印刷工艺手段及其他有形图像刺激公众的感官,以增强公共对组织标志的识别。

### (二) 赞助活动的类型

根据赞助活动的对象,可以将赞助活动分为以下几种类型:

1. 赞助体育活动

常见的赞助体育活动的方式有:赞助某个运动队,或直接赞助优秀运动员;赞助地区性比赛、国内比赛,或赞助国际性比赛。赞助体育活动一般常以大型体育比赛为主,可以由一个社会组织独立举办,也可以由数个社会组织联合举办。例如,李宁、安踏等品牌就以经常赞助各种体育活动而闻名世界。

2. 赞助新闻出版、文化艺术事业

常见的赞助文化活动方式有:赞助广播电视节目的制作、播映;赞助电影的拍摄;赞助报刊开辟新专栏;赞助图书的出版;赞助科学与艺术的研究;赞助文学艺术创作、文艺表演活动;赞助节日庆典与游园活动;等等。

3. 赞助教育事业

赞助教育事业的方式有:提供奖学金、兴建校舍、赠送图书资料和教学仪器、资助学校的教研活动和学术科研活动、提供某项科研基金、购买科研设备、赞助学术研讨会、捐助"希望工程"以及协助学校进行职业训练等。例如,邵氏集团赞助教育事业,投资建造了许多"逸夫楼"。

4. 赞助社会福利事业

赞助社会福利和慈善事业常见的有修建马路、天桥、公园、路标等。具体方式可分为临时性捐助、定期性捐助以及两者相结合。例如,宁波雅戈尔集团公司出巨资修路,并将修建的公路命名为"雅戈尔大道",使公众都记住了雅戈尔公司的善举。

赞助活动的最大特点是"双赢",它不仅具有"利他性",深受社会公众的喜爱和好评,还具有"利己性",可以大幅提升组织的社会形象,同样深受组织的喜爱。

### (三) 赞助的方式

组织除了提供资金赞助以外,一般情况下还可以提供产品赞助、服务支持、设备和设施赞助。

1. 资金赞助

组织通过有计划、有目的地拨出一定的资金,资助一些社会公益事业。

2. 产品赞助

组织提供自己的产品赞助,一方面可以树立组织的良好形象,另一方面也可以提高产品的知名度,树立产品的良好形象。

3. 服务支持

组织也可以为社会公益事业提供一些免费服务支持。2008年奥运会期间,一些服务单位,如出租汽车公司、广告公司等提供了免费服务。这种赞助方式尤其适合一些小公司、一些服务性企业，同样能提高组织的知名度。

4. 设备和设施赞助

组织可以为一些社会公益事业、大型活动提供一些设备和设施。

**【相关链接 8-3】**

**英菲尼迪赞助《爸爸去哪儿》**

《爸爸去哪儿》是一档非常经典的大型亲子真人秀综艺节目，当时一推出就迅速占据了电视综艺节目的一席之地，其火热程度超出了很多人的想象。同时，在节目中全程出现的 SUV——英菲尼迪 JX 也随之一起被广大观众所熟知。作为节目的赞助商，英菲尼迪借助《爸爸去哪儿》的热度成功收获了品牌和销量上的双赢，英菲尼迪 JX 一下子成为市场上最为畅销的七座 SUV 之一，迎来了其在中国市场的大爆发。

其实，英菲尼迪这次赞助活动的巨大成功并非偶然，在给予赞助之前，英菲尼迪就对这个节目的潜力和价值进行了分析，综合了明星、平台、节目性质等多个因素，最终认可了节目与品牌的契合度和共赢的可能性。在赞助的策划和筹备过程当中，英菲尼迪非常看重明星父子之间的家庭互动，尤其是在各种出游和外景的镜头中，作为出行工具的英菲尼迪 JX 可以名正言顺地出镜。在各种路况和环境中，这款车都有了良好的表现，这也使受到明星效应影响的观众真正看到了这款车的优点，对其产生了深刻的印象。

需要注意的是，英菲尼迪对 JX 这款产品的定位是"感性"豪华汽车，在本土化之后提出了"敢·爱"的品牌口号，而这与《爸爸去哪儿》中的亲子感情和出行都非常契合。为了进一步体现产品理念与节目的贴合程度，英菲尼迪还打出了"爱的旅程，勇敢出发"的传播口号，在节目中全程相伴。

可以看到，英菲尼迪赞助《爸爸去哪儿》的做法是非常明智的：它不仅看到了节目的价值，还从自身特点出发理性分析了节目与品牌的契合度；原创节目、热门播放平台和明星的热度，使英菲尼迪 JX 产品拥有了更高的知名度；这一档主打亲子真人秀的综艺节目能够大火，不仅仅是因为其模式的成功和明星的加盟，而且有情感加分，英菲尼迪加入产品体验，并尝到了"情感+体验"带来的营销效果。

## (四) 赞助活动的实施步骤

组织开展赞助活动时，不仅需要有详细的计划，还要付诸具体的行动，只有这样才能真正通过赞助活动，树立良好的公众形象。

1. 制定赞助政策

公共关系人员根据组织的公众关系现状、目标、政策和经济能力，决定赞助活动的赞助金额，制定切实可行的赞助政策。

2. 传播赞助信息

公共关系人员应该把组织的赞助政策，通过适当的传播渠道和传播方式，传递给可能向本组织提出赞助要求的单位。

3. 确定赞助对象

1）掌握赞助对象情况，包括赞助对象业务内容、社会信誉、公众关系、面临的问题等，以便有选择地进行赞助。

2）了解赞助项目情况，包括：项目提出的背景；对公众的影响力；项目所需财力、人力与物力情况；操作实施过程中可能出现的困难和问题；等等。

3）进行成本效益分析。进行赞助成本（组织付出的全部财力、人力、物力）与综合效益（赞助活动可能获得的经济效益与社会效益）的分析比较。

4）认真确定赞助对象。社会组织的赞助活动应纳入科学管理的轨道，即以本组织的公共关系目标、本组织面对的社会环境为出发点，按照有利于组织综合效益提高的原则，充分考虑多方面利益，协调平衡，确定赞助对象，防止盲目赞助或因带有个人主观感情色彩而影响赞助。

4. 与赞助对象沟通

要及时通知已经确定的赞助对象，做好实施准备。对不能满足或者不能全部满足其赞助要求的对象，应该坦率相告，诚恳解释原因，争取互相理解。

5. 实施赞助计划

组织应安排专门的公共关系人员或组织专门的工作组，负责赞助活动的具体实施。

1）分工负责落实。对整个赞助活动中的各个项目或环节，应分派具体人员负责落实，各负其责，密切配合。

2）运用公关技巧。在实施过程中，公共关系人员应充分运用各种公共关系技巧与方法，以求达到最佳效果。

3）扩大组织影响。赞助活动本身的目标就是扩大组织的影响，因此在赞助活动中，应尽量利用多种传播方式、途径，开展主要活动，扩大组织的影响。如利用大众传播媒介广泛宣传报道，利用广告传播烘托气氛，强化效果。

6. 进行效果评估

赞助活动完成后，应进行效果评估，要总结经验，吸取教训。

1）评估公众评价与反响。

2）评估赞助计划完成情况。

3）制作赞助活动的音像资料。

4）编写赞助活动总结报告。

5）做好新闻报道剪报资料的存档工作。

【相关案例 8-1】

## 联通赞助科考，甘做"无名"英雄？

2005 年 9 月中旬至 10 月下旬，我国科学家曾对可可西里地区进行了为期 40 天的大规模科学考察，这是人类首次在青藏高原腹地可可西里无人区进行的大规模科考探秘活动。中国联通以首席合作伙伴和"独家通信支持单位"的身份,为本次科考活动提供了金额高达2000万元的现代化通信设备和通信资源,使此次科考活动拥有了可靠的通信保障。为了圆满完成此次科考的通信保障,中国联通进行了几个月的精心筹备,为了适应可可西里复杂、恶劣的自然环境和应付可能遇到的各种突发情况,两辆通信车分别经过了定制和改造。在人员上,从14名候选人员中,基于高原适应能力的考验,挑选出跟随科考队进入无人区的7人组建第一梯队,其他人员随时待命。

相比于2000万元的巨大投入,中国联通在传播宣传上的声势就显得小得多了。

活动官方网站:活动指定网站"搜狐户外频道",发布活动的最新进展文章,文章中会对中国联通赞助有所提及。主页面最下方有"联通专区",内容大多是与此次活动无关的产品信息。主页面的联通链接点开后,在"新闻"版块中有关于可可西里活动的新闻主题链接,但其他内容与此并不相关。

中国联通网站:全国各地的联通网站都会转发活动消息,但形式仅限于新闻。

其他媒体及网站:由新华社供稿,许多媒体和门户网站及其他一些通信类网站都有关于活动的新闻报道。

央视活动报道:CCTV-5对活动进行跟踪报道,会提及中国联通的赞助行为。

在如此微弱的传播下,中国联通的公关活动一直静悄悄地进行着……

【启示】

公益赞助,说到底还是个投资的问题。对于企业而言,通过公共关系活动获得传播是公共关系活动开展的核心目的所在。中国联通独家通信支持"中科院可可西里科考探秘行动"的公共关系活动中,很显然对于"传播"这个核心问题关注得不够。可以说,中国联通通过赞助此次活动所形成的信息传播,还只是一种媒体的自发传播,其传播的主动性根本没有发挥出来,公共关系传播所追求的广度和深度更无从谈起。

## 第四节　庆典型公共关系专题活动

庆典型公共关系活动总体要求是有喜庆的氛围、隆重的场面、高昂的情绪、灵活的形式,同时还应该有较高的规范性和礼仪要求。常见的庆典仪式有:节庆活动,如五一国际劳动节庆祝活动;某一组织的庆典活动,如复旦大学百年校庆;组织为了扩大组织形象宣传范围,利用奠基、开幕、周年等时机举行庆典仪式;签字仪式、颁奖、授勋仪式等。这里重点介绍开幕典礼和节庆活动两种庆典活动。

### 一、开幕典礼

#### (一)开幕典礼的定义

开幕典礼是指第一次与公众见面或为具有纪念意义的事件而举行的庆祝活动,如开业典礼、新大楼和新建工程奠基典礼、展览展销会开幕等。

开幕仪式是指现代商务活动中,各类公司、商场、酒店等组织在正式营业活动开张时,经过周密策划,精心安排,按一定程式专门举行的一种庆典,是组织在社会公众面前的第一次亮相。

宣传组织特色、扩大传播范围、塑造良好形象、争取更多客户是举办开幕仪式的目的,因此要按照礼仪要求,做好这个"第一次"。

### (二) 开幕典礼的程序

1. 开幕典礼的准备工作

开幕典礼的准备工作是极其重要的,它关系到开幕典礼的成功,进而关系到组织开张的顺利、业务的开展和组织的社会形象。开幕典礼的准备工作是一项重要且基础性的工作,在准备中要注意以下几个方面的工作:

(1) 做好宣传工作　开幕典礼前利用媒体多做报道,发布广告,也可派人在公众场合发放宣传品,造成一定的声势,引起公众的广泛关注。公共关系活动及宣传广告等适宜安排在开幕典礼前3~5天进行,最早不超过一周,过早和过迟都难以收到良好的效果。同时还应提前向媒体记者发出邀请,届时现场采访、报道,以便于进一步扩大影响。

(2) 拟出宾客名单　除上述媒体记者外,参加开幕典礼的人员还应包括:政府相关部门的领导,主要是表达组织对上级机关的感谢及希望能继续得到支持;社会知名人士,通过他们的名人效应,更好地提升组织的形象层次;同行业代表,希望能同舟共济、彼此合作、促进友谊、共谋发展;社区负责人及客户代表,搞好组织的社区公关,求得社区的共同繁荣,表明组织与客户的亲密合作关系;本组织参加开幕典礼的领导、员工代表、服务人员。

(3) 布置开幕典礼现场　开幕典礼的现场一般选在组织、商场、酒店的正前门。现场布置要突出喜庆、隆重的气氛,一般要有标语、彩旗、横幅、气球等。

(4) 不可忽视具体事项　在准备工作中,除了将上述事项落实外,还有不少具体事务要做,各方面分工到位后应认真落实,不可忽视。任何一个环节的具体工作出了差错,都会影响开幕典礼的整体效果。例如:请柬的准备和发送务必落实到被邀请人,要有确切的回复;贺词的撰写、讨论和审定要慎重,字体要大,内容要简练、热情;现场接待人员应年轻、精干,形象要好,佩戴的标志(工作证等)要突出;贵宾到场时应由企业主要负责人亲自相迎;工作人员事前要调试好设备,千万不可临场出错;来宾的胸花、桌卡、饮品、礼物等都要一一准备好。

2. 开幕典礼的程序

开幕当天,主办单位的主要领导者,男性要身着深色西装、穿黑色皮鞋,女性宜穿着西装或套裙,在场依照身份站成迎宾线,微笑迎候客人并与之热情握手,表示感谢。具体程序如下:

第一项,宣布庆典正式开始,全体起立,奏国歌。

第二项,本单位主要负责人致辞。致辞内容有:对来宾表示感谢、介绍此次庆典的缘由等,重点应是报捷以及汇报庆典的可"庆"之处。

第三项，邀请嘉宾讲话。大体上讲，出席的上级主要领导、协作单位及社区关系单位，均应有代表讲话或致贺词。不过应当提前约定好，不要当场当众推来推去。对外来的贺电、贺信等，不必一一宣读，但对其署名单位或个人应予以公布。在进行公布时，可以"先来后到"为序，或是按照其具体名称的汉字笔画的多少进行排列。

第四项，安排文艺演出。这项程序可有可无。如果准备安排文艺演出，应当慎选内容，注意不要出现有悖于庆典主旨的内容。

第五项，邀请来宾进行参观。如有可能，可安排来宾参观本单位的有关展览或车间等。当然，此项程序有时也可省略。

在以上程序中，前三项必不可少，后两项则可以酌情省去。

参加庆典时，不论是主办单位的人员还是外单位的人员，均应注意自己临场之际的举止表现。其中，主办单位人员的表现尤其重要。

在举行庆祝仪式之前，主办单位应对本单位的全体员工进行必要的礼仪教育。对于本单位出席庆典的人员，还须规定好有关的注意事项，并要求大家务必要严格遵守各项要求。假如这些人在庆典中精神风貌不佳，穿着打扮失当，举止行为散漫，很容易对本单位的形象起到"反面宣传"作用。

【相关案例8-2】

## 别开生面的开业典礼

北方某市A酒店选择在2018年的8月8日这一天隆重开业。当天上午，A酒店上空用彩球和彩旗装饰，礼仪小姐身着鲜艳的旗袍恭候在酒店门口的两侧，她们的身后是摆放整齐的鲜花、花篮，所有员工服饰一新，精神焕发。A酒店沉浸在喜庆的气氛中。

上午11时许，在A酒店广场上，应邀前来参加庆典的有关领导、各界友人、新闻记者陆续到齐。可就在正要剪彩的关键时刻，天空突然暗了下来，大雨倾盆，主办方只好将典礼移至厅内。好在提前有所准备，典礼仪式在音乐和雨声中如期举行。

典礼完毕，雨仍在下着，厅内避雨的行人短时间内根本无法离去，许多人焦急地盯着厅外。于是，A酒店经理当众宣布："今天能聚集到我们酒店的都是我们的嘉宾，这是天意，希望大家能与本店共享今天的喜庆，我代表酒店真诚邀请诸位到餐厅共进午餐，当然一切全部免费。"霎时间，大厅内响起雷鸣般的掌声。

虽然，A酒店额外多花了一笔午餐费，但是A酒店的名字在新闻媒体及众多来客的渲染下迅速传播开来。开业后，A酒店的生意格外红火。

【启示】

开业是企业的大喜日子，开业典礼是气氛热烈又隆重的庆祝仪式，既表明企业对活动的重视，又可借此扩大企业的知名度和美誉度。该酒店的经理在开业典礼之际请避雨的行人共享开业的喜庆，借此树立企业形象，收到了意想不到的效果。这一举动很好地体现了酒店经理的公共关系意识。

## 二、节庆活动

### (一) 节庆活动的定义和分类

节庆活动是指因盛大节日而开展的公关策划活动,各国、各地区的节日繁多,但大致可以分为官方节日和民间传统节日两大类。

1. 官方节日

官方节日有国际性节日和国家性节日之分,如国际性节日有妇女节、世界卫生日、元旦等,我国有国庆、青年节、教师节、护士节、建军节等。

2. 民间传统节日

外国民间传统节日有欧美的圣诞节、情人节、感恩节、复活节、母亲节、狂欢节等,我国的民间传统节日则有春节、元宵节、清明节、端午节、重阳节等。不论是哪种节日,其实都是社会组织值得把握的开展公共关系活动的良好时机。

此外,许多地方还根据自己的地理文化环境、风俗、民间传说、土特产以及民族的特点,举办具有浓厚地方特色的特殊节庆活动,如上海的龙华庙会、山东潍坊的风筝节、浙江余姚的杨梅节等。这些活动本身就具有公共关系活动的性质,组织完全可以利用此机会,不露声色地开展公共关系活动。

### (二) 庆典活动的程序

庆典活动具有较浓重的表演色彩,虽然施行形式灵活多样、不拘一格,不同的庆典活动可以有不同的形式和过程,但是无论是哪种形式的庆典活动,要想达到预期的效果,都必须精心策划、周密准备、认真实施。

1. 庆典活动的筹备工作

庆典活动的筹备工作比较琐碎,需要细心,以免遗漏重要工作,影响整个庆典活动的效果。具体筹备要求如下:

(1) 做好前期调查和宣传工作 社会组织在策划和安排庆典活动之前,要针对组织自身的性质、特点和公众对象的情况,在其所处地区进行广泛的调查研究,充分了解公众对本组织的认识。还应该针对公众对本组织的兴趣所在,开展庆典策划,最大限度地适应大部分公众的心理需求。甚至可以在总体设计中安排某些独特的活动,以满足某些对组织影响重大的公众的需要。

(2) 精心选择庆典活动的时间 在调查分析的基础上,选择举行庆典活动的时间。选择较佳时间举办庆典活动,更容易产生广泛的社会效益。

(3) 确定庆典活动的主题 庆典活动不是单纯的庆典,庆典活动应该纳入组织的战略规划中,成为组织重要工作的一部分,使其符合组织整体利益。庆典活动的主题必须符合组织的整体目标,并且围绕主题进行精心策划。

2. 庆典活动的组织准备工作

庆典活动，特别是大型的庆典活动涉及方方面面，组织好这样的庆典活动，既能展示组织风采，又能检验组织活动的能力。

庆典活动的组织准备工作的操作步骤如下：

（1）成立庆典活动筹备委员会　在这个工作机构的统一领导下，对庆典活动进行整体的考虑、策划，制定出详细的工作时间表，落实具体的工作人员和经费，安排好具体的工作。

（2）拟定出席庆典活动的宾客名单　宾客一般包括政府工作人员、社区负责人、知名人士、社团代表、同行代表、员工代表、公众代表和新闻界人士。名单拟定后，应提前发出邀请函，以便被邀请宾客合理安排时间。

（3）选择庆典活动场地　庆典活动场地主要是根据庆典活动的形式、规模、出席人数和一些附加活动等因素来选择。

（4）布置会场　布置会场应以隆重、热烈、大方得体为原则。主席台及主宾位置应放在会场前方突出显眼的部位，并根据需要放置桌椅、铺上台布、摆放鲜花和茶具，悬挂横竖条幅或张贴主题词、宣传画，以及安装好音响扩音器材、空调等设施设备。

（5）确定致贺词和答谢词人名单，并为本组织负责人拟写答谢词　致贺词的宾客应该是地位较高、具有一定声望的知名人士。主办方应该由主要负责人发表简要的答谢词，以达到融洽关系、增进友谊的目的。同时，要事先安排好他们的座次。

（6）确定关键仪式人员　例如，剪彩、揭牌等环节，除本组织负责人外，还应该有德高望重的知名人士作为来宾共同参加。

（7）安排各项接待事宜　应事先确定签到、接待、剪彩、摄影、录音、扩音等各项服务工作人员，这些人应该事先经过培训，并在庆典活动开始前到达指定岗位。

（8）安排礼后活动　礼后活动一般是指在庆典活动快要结束的时候安排的专项活动。常见的礼后活动有参观、座谈会、观看表演、宴请招待等。

（9）其他必需物品的准备　例如，剪彩用的彩带、剪刀；奠基、植树用的铁锹；烘托喜庆气氛的唱片、录音带；收受礼品用的登记簿；赠送客人的纪念品；等等。

3. 编排庆典活动程序

庆典活动的程序安排非常重要，如果事先不做准备，就会使整个活动杂乱无章。庆典活动的程序一般是签到、宣布庆典开始、介绍重要来宾、领导或来宾致贺词、主办者致答谢词、剪彩等。其间可适当安排一些助兴节目，以渲染气氛、提高兴致。同时，不要忘记及时发派宣传资料和赠送纪念品。

4. 庆典活动的后续工作

庆典活动之后仍有大量工作要做。主要有：敦促新闻界客观、迅速地报道庆典的情况；搜集传播媒体及公众舆论的有关反应；做好新闻报道剪报资料的存档工作；制作庆典活动的音像资料；写好庆典活动的总结报告；等等。

## 本章小结

本章主要介绍了公共关系的专题活动。新闻传播型公共关系专题活动包括制造新闻和新闻发布会；展示型公共关系专题活动包括展览会和对外开放参观；社区型公共关系专题活动包括联谊活动和赞助活动；庆典型公共关系专题活动包括开幕典礼和节庆活动。通过本章的学习，读者能够熟悉以上常见的公共关系专题活动及其类型，掌握公共关系专题活动的程序及步骤。

## 同步测试

### 一、单选题

1. 赞助（   ）。
   A. 是一种可以获得效益的投资，而不仅是一种慈善事业
   B. 是一种慈善事业，而不是一种可以获得效益的投资
   C. 既不是一种慈善事业，也不是一种可以获得效益的投资
   D. 仅是一种慈善事业

2. 开业庆典赠送的礼品是（   ）。
   A. 宣传性传播媒介　B. 纪念性传播媒介　C. 象征性传播媒介　D. 沟通性传播媒介

3. 双方签约后，为庆祝合作成功，可以举行（   ）。
   A. 小型宴会　　　B. 鸡尾酒会　　　C. 舞会　　　　D. 大型宴会

4. 从性质上看，可容纳多家不同产品同时展销的是（   ）。
   A. 专项展销会　　B. 综合性展销会　C. 大型展销会　D. 中型展销会

5. 社会组织邀请公众前来参观的主要目的是（   ）。
   A. 扩大组织美誉度　　　　　　　　B. 促销
   C. 提高工作水平　　　　　　　　　D. 增强员工或家属的自豪感

6. 策划具有新闻价值的事件又可称为（   ）。
   A. 新闻发布会　　B. 制造新闻　　　C. 撰写新闻资料　D. 撰写新闻稿

7. 把展览分为综合性和专题性两种类型的标准是（   ）。
   A. 内容　　　　　B. 时间　　　　　C. 地点　　　　D. 人员

8. 不属于展览会的特点的是（   ）。
   A. 高效性　　　　B. 复合性　　　　C. 趣味性　　　D. 新闻性

9. 赞助活动是指社会组织以不计报酬的捐助方式，出资或出力支持一项社会活动的某一种（   ）。
   A. 家庭事业　　　B. 社区事业　　　C. 个人事业　　D. 社会事业

10. 一般情况下，组织每年举办（   ）庆典活动。
    A. 1次　　　　　B. 2~3次　　　　C. 5~6次　　　D. 10次

## 二、简答题

1. 开幕典礼的程序包括哪些？
2. 新闻发布会的程序包括哪些？
3. 展览活动的特征是什么？
4. 赞助活动应遵循什么原则？

## 三、案例分析题

茅台酒本来并没有什么名气。有一次，厂家代表带它去参加在印度新德里举办的世界酒类饮料博览会。该博览会汇集了世界各国著名的各种饮料，而世界著名的酒类品牌也决不肯放弃这样的极好机会。茅台酒是首次参展，光租展位，就是很大一笔开销。但厂家认为，只要能够提高知名度，还是值得的。然而，面对法国的香槟等西方传统的酒类饮料，人们对来自中国的茅台酒展位，根本不屑一顾。展览的第一天，茅台酒基本无人问津。面对这样的尴尬局面，茅台酒展览工作人员急得团团转，为此，他们决心要扭转这种受人冷落的状况。于是，第二天的展览开始之后，面对人流最高峰的时候，工作人员急中生智地拿着一瓶茅台酒走到展厅中央，假装在人流中不小心将它"打翻"在地。顿时，整个展厅充满了茅台的酒香。参观展览的人们立即被这从来没有闻到过的酒香所吸引，好奇地相互打听这是什么牌子的酒香味。茅台酒展览人员抓住这一时机，向参观者介绍茅台酒。很快茅台酒展位吸引了大批参观者，随即引起整个展览会的轰动，新闻媒体也闻风而动，纷纷予以报道。结果，茅台酒在本次展览会上获得了金牌。从此，它身价百倍。

（资料来源：田军等主编，《智者公关》，上海交通大学出版社，2001年。）

**问题：**

1. 茅台酒展览工作人员是怎样使得茅台酒一鸣惊人的？
2. 茅台酒的"雕虫小技"给我们什么启示？
3. 展览活动和其他公关专题活动相比有什么优点？

## 四、实训题

某酒店开业前，酒店公共关系部对如何进行开业庆祝活动进行了热烈的讨论。大家议论纷纷，出了不少创意，可归纳为五种方案：

第一种方案，开业当天气氛越热闹越好：鸣放礼炮，进行大型军乐演奏，请明星登台献艺，大造声势，吸引各方公众。

第二种方案，除演出活动外，还邀请省市领导来参加剪彩仪式，请主要领导讲话，制造轰动效应。

第三种方案，开业大酬宾，通过抽签选出幸运观众，举办500人的宴请品尝活动。这样既增强吸引力、扩大影响面，又使品尝者得到实惠，从而使此次活动传为美谈。

第四种方案，举行隆重的开业典礼，播放喜庆的音乐，先请劳动模范剪彩，然后召开顾客与酒店领导座谈会，请顾客为酒店出谋划策，中午以便餐招待顾客。

第五种方案，召开简单的开业典礼，把省下的资金捐献给希望工程，请记者采访并形成材料，通过媒体传播产生广泛影响。

请你品评一下，你认为哪一种方案比较好？请你提出意见，也可以提出更好的方案。

**实训操作：**筹办开幕庆典。

[**实训目的**] 通过本次实训，学生能学习并练习如何筹办开幕庆典，提高自己合理思考、周密分析以及解决问题的能力。

[**实训要求**] 分小组情景模拟学校超市周年庆典活动。具体工作如下：成立庆典工作小组；确立活动目标及活动主题；选择场地；邀请嘉宾；开展开幕典礼的舆论宣传工作；布置场地，准备物资；等等。

[**实训成果**] 教师根据以下标准给予学生评定：①能够准时完成；②策划可行；③策划包含开幕庆典的主要内容。

# 第九章 公共关系礼仪

> 恭则不侮，宽则得众，信则人任焉，敏则有功，惠则足以使人。
> ——中国古代思想家、教育家 孔子

> 人无礼则不生，事无礼则不成，国家无礼则不宁。
> ——中国古代思想家、政治家 荀子

## 🔍 知识目标

- 了解公共关系礼仪的原则、功能与作用
- 掌握仪表礼仪、会面礼仪
- 熟悉日常社交活动礼仪

## 🎯 技能目标

- 能够修饰自己的仪表仪容
- 能够正确运用日常见面的相关礼仪
- 能够正确并熟练地运用社交活动中的相关礼仪

## 💡 导入案例

### 小张的面试

一次某公司招聘文秘人员，由于待遇优厚，应聘者很多。中文系毕业的小张同学前往面试，她的背景材料可能是最棒的：大学四年在各类刊物上发表了3万字的作品，内容有小说、诗歌、散文、评论、政论等，还为6家公司策划过周年庆典，一口英语表达也极为流利，书法作品也堪称佳作。小张五官端正，身材高挑、匀称。面试时，招聘者拿着她的材料等她进来。小张穿着迷你裙，上身是露脐装，涂着鲜红的唇膏，轻盈地走到一位考官面前，不请自坐，随后翘起了二郎腿，笑眯眯地等着问话。孰料，三位招聘者互相交换了一下眼色，主考官说："张小姐，请回去等通知吧。"小张喜形于色："好！"然后挎起小包飞跑出门。

问题：小张能等到录用通知吗？为什么？

## 📝 案例分析

小张不能被录取，因为她缺少面试的基本礼仪，具体来说：
1. 服装过于时髦和前卫，不规范，不庄重，给人轻浮的感觉。

2. 化妆过于浓艳和夸张。

3. 举止归于随意，不文明、不优雅。"不请自坐"和"翘起了二郎腿"等行为给人感觉缺少基本涵养。

# 第一节　公共关系礼仪概述

在公共关系活动中，公共关系工作人员需要广交朋友，沟通信息，融洽与协调多方面的社会关系，减少社会摩擦，化解各类矛盾与冲突，为组织创造一个"人和"的社会关系环境。在组织与外界的交往中，公共关系工作人员最应该讲究的是公共关系礼仪。

## 一、公共关系礼仪的含义

礼仪包括"礼"和"仪"。"礼"即礼节、礼貌、礼俗，是指为规范人与人之间的社会关系、维持社会秩序而必须遵守的规则和习惯；"仪"即仪式，是指按照程序进行的礼节。礼仪就是人们在社会交往中，为了互相尊重，在仪表、仪态、仪容、仪式、言谈举止等方面约定俗成的、相互认可的规范程序，即人与人之间相处的行为规范。

公共关系礼仪则是指社会组织的成员、公共关系工作人员及其他人员在公共关系活动中，为了塑造个人和组织的良好形象而应当遵循的，尊重他人、讲究礼节、注重仪表和仪式的规范和程序。简单来讲，公共关系礼仪就是人们从事公共关系活动的行为规范。

## 二、公共关系礼仪的原则

### （一）尊重原则

"礼者，敬人也"。敬人是礼仪的一个基本原则，它要求人们在交际活动中互尊互敬，友好相待，对交往对象要重视、恭敬。公共关系礼仪最根本的原则就是对公众的尊重。如尊重公众的人格，尊重公众的爱好和性格特质，尊重公众的信仰、习俗、隐私等。公共关系工作的对象是公众，只有尊重公众，才能很好地与公众沟通，赢得公众的理解、信任和支持，达到组织的公共关系目标。

### （二）平等原则

追求平等，是任何人都有的一种共同的人性要求。在公共关系工作中平等地对待所有公众，是做好公共关系工作的基本前提。在人际交往中，公共关系人员不能我行我素、不能自以为是、不能厚此薄彼，更不能以貌取人或以职位和权势压人。人与人之间、人与组织之间、组织与组织之间，在正式交往的过程中，都应该时刻持有平等、谦虚之心。

### （三）诚信原则

人际交往离不开诚信，诚信即一个人诚实、不欺、信守承诺。古人云"一言既出，驷马难追",公共关系人员不要轻易许诺,一旦许诺就要设法实现,以免失信于人。"以诚感人者,人亦诚而应",只有诚心地对待他人,才能得到他人真诚地对待。礼仪绝不仅是外表的修饰,还是发自内心地表现出对他人的尊重、友好和待人真诚的礼仪言行。

### (四)适度原则

适度就是把握分寸,礼仪是一种程序规定,而程序自身就是一种"度"。礼仪无论是表示尊敬还是热情都有一个"度"的问题,没有"度",就可能进入误区。人们讲究礼仪是基于对对方的尊重,虽说"礼多人不怪",但凡事过犹不及,过度或不足都是失礼的表现。公共关系工作人员应用礼仪时要注意把握分寸,认真得体。

### (五)自律原则

自律是指在交往中,没有任何监督的情况下,都能依据礼仪规范要求,自我对照,自我反省,自我要求,自我检点,自我约束。公共关系工作人员要在自己内心树立一种道德信念和行为准则,无须外界监督,自觉约束自己的行为,不能把礼仪仅仅看作一种客套、一种工作技能,而应认识到礼仪实质上是人们自我意识的道德要求,是自我素质的自然流露,是自我修养的自觉行为。

### (六)从简实效原则

礼仪是社会文化的产物,是人类生产方式和生活方式的调节剂,随着人类社会的进步,礼仪也在发展变化。有些社会生活方式已不存在了,建立在其上的一些礼仪也应当自动被淘汰,古老礼仪中也有过于烦琐、不实用的内容,这些内容甚至成为社会发展的桎梏。因此在实际的公共关系活动中,要本着古为今用、洋为中用的原则,去除那些繁文缛节、礼宾教条,以求达到节约时间、节约经费的目的,使公共关系礼仪更好地为组织塑造形象服务。

## 三、公共关系礼仪的功能与作用

礼仪作为人们调整和处理相互关系的手段,多是一个民族、一个国家传统文化的重要组成部分,世代相传,并且渗透了人们日常生活的方方面面,发挥着重要的功能和作用。

### (一)公共关系礼仪的功能

1. 弘扬礼仪传统

文明古老的中华民族,以其聪颖的才智和勤奋的力量,创造了人类历史上灿烂的文化,中华民族,素以礼仪之邦著称,几千年来创作了一整套独具特色的礼节、仪式、风尚、习俗、节令和典制等,并被广大人民所喜爱、沿袭。这些礼仪习俗,反映了中华民族的传统美德与优良品质,勾画了中华民族的历史风貌。

2. 提高自身修养

在人际交往中,礼仪往往是衡量一个人文明程度的准绳。它不仅反映一个人的交际技巧与应变能力,而且反映一个人的气质风度、阅历见识、道德情操、精神风貌。因此,在这个意义上,完全可以说礼仪即教养,有道德才能高尚,有教养才能文明。通过一个人对礼仪的运用,可以察知其教养、文明和道德的水准。

3. 完善个人形象

讲究礼仪对个人的交际成功是至关重要的,因为它关系到个人的形象。个人形象是一个人仪容、表情、举止、服饰、谈吐、教养的集合,而礼仪在上述方面都有详尽的规范。因此学习礼仪、运用礼仪,无疑将有益于人们更好地、更规范地维护个人形象,更好地、更充分地展示个人的良好教养与优雅的风度。

4. 塑造组织形象

组织形象是社会公众对组织进行综合评价后所形成的总体印象。在现代社会中,任何一个社会组织都要处理好与自身发展密切相关的内外公众关系,树立良好的组织形象,一个非常重要的方面就是要充分发挥公共关系礼仪的功能。公共关系工作人员的举止言行、衣帽服饰符合公共关系礼仪的要求,在某种程度上也代表所在社会组织的形象;公共关系礼仪可以密切与外部公众的关系,形成和谐、融洽、合作的关系,获得外部公众对组织的认可和好评;社会组织通过公共关系礼仪活动向公众显示各方面的形象,以感召公众,使公众认同组织、产生信任和好感,提高组织在社会上的地位和声誉。

5. 改善人际关系

社会是人们交往作用的产物。没有社交活动,人类的生活是不可想象的。人们参加社交活动,多是为了调节紧张的生活,建立友谊、交流感情、融洽关系、增长见识、获取信息。在社会生活中,组织难免与公众打交道,一般来说,当人们受到尊重、礼遇、帮助时就会产生吸引心理,形成和谐关系,反之会产生敌对、抵触、反感心理。公共关系礼仪则是公共关系人员与公众之间和谐关系的调节器,在交往中公共关系人员按照礼仪的规范去做,有助于双方之间相互尊重,同时还能够建立良好的合作关系。

6. 建设精神文明

世界各国和各民族都十分重视交往时的礼节礼貌,把它视为一个国家和民族文明程度的重要标志。正如古人所说"礼义廉耻,国之四维",礼仪是立国的精神要素之本。在社会主义精神文明建设中,讲究礼节礼仪,注重礼貌是最基本的要求,它对建设精神文明起着基础作用。

### (二) 公共关系礼仪的作用

1. 促进沟通

在人际交往中,自觉地执行礼仪规范,可以使交往双方的感情得到沟通,在向对方表示尊重、敬意的过程中,获得对方的理解和尊重。人们在交往时以礼相待,有助于加强人们之间的相互尊重,建立友好合作的关系,缓和或者避免不必要的矛盾和冲突。

2. 规范行为

礼仪规范是为维护社会生活的稳定而形成和存在的,实际上反映了人们的共同利益要求。社会上的任何一个成员,不论身份职位的高低,都有自觉遵守、应用礼仪的义务,都要以礼仪去规范自己的言谈举止。在社会生活中,礼仪规范着人们的行为方式,协调着人与人之间的关系,维护着社会的正常秩序,在社会交往中发挥着巨大的作用。

3. 遵守道德习俗

礼仪以一种道德习俗的方式对全社会的每一个人发挥着维护社会正常秩序的教育作用。人们通过对礼仪的学习和应用,建立新型人际关系,从而在交往中严于律己,宽以待人,互尊互敬,互谦互让,讲文明,懂礼貌,和睦相处,形成良好的社会风尚。

4. 凝聚情感

在纷繁复杂的公共关系活动中,公共关系工作人员与媒体、公众、竞争对手不免会发生冲突,甚至会采取极端行为。运用公共关系礼仪,有助于使利益冲突的双方保持冷静,缓解被激化的矛盾。在公共关系活动中,每一个公共关系参与者都应该自觉遵守相关礼仪规范,严格按照礼仪规范约束自己,让人际感情得到有效沟通,互相尊重、信任,为组织正常运转创造良好的条件和环境,从而促进组织目标的实现。

## 第二节 公共关系工作人员形象礼仪

在人际交往中,人们外在的仪表仪容、言谈举止等作为一种信息在不知不觉中被传给了对方,而这些信息无疑会或好或坏地影响交际活动的全过程。这就要求人们自觉地加强修养,有效地运用礼仪规范,准确地表现自我。整洁大方的个人仪表、得体的言谈、高雅的举止、良好的气质风度,必定会给对方留下深刻而美好的印象,从而赢得对方的尊重或对自己所代表的组织的信任,最终达到公共关系的目的。

个体形象礼仪塑造包含丰富的内容,本节主要从仪容礼仪、服饰礼仪、仪态礼仪三个方面进行介绍。

### 一、仪容礼仪

在任何情况下,一个正常人倘若不注意对本人的仪容进行合乎常规的修饰与维护,就难以在他人的心目中树立良好的个人形象。所以,我们平时必须时刻不忘对自己的仪容进行必要的修饰和整理,做到"内正其心,外正其容"。

#### (一)干净整洁

要做到仪容干净整洁,重要的是需要坚持不懈、不厌其烦地进行以下仪容细节的修饰工作:坚持洗澡、洗头、洗脸;去除眼、耳、口、鼻分泌物;男士定时剃须;保持手部卫生;

注意口腔卫生；保持头发整洁。

### (二) 化妆适度

在职业活动中，适当化妆，不仅是职业工作的需要，同时也是对他人尊重的一种表现。做任何事情都贵在适度，化妆也不例外，妆容过分浓艳，不仅有损皮肤的健康，而且有损于别人的观瞻，因此化妆适度是仪容美的基本要求。

公共关系工作人员化妆必须坚持美化、自然、协调的原则。

首先，美化原则。化妆意在使人变得更加美丽，因此在化妆时要注意适度矫正、修饰得法。在化妆时不要自行其是、任意发挥、寻求新奇，不要有意无意将自己丑化、怪异化。

其次，自然原则。化妆既要美化、生动，又要真实、自然。化妆的最高境界，是没有人工美化的痕迹，好似天然的美丽。

最后，协调原则。高水平的化妆，强调的是整体效果，所以在化妆时，应努力使妆容与全身、场合、身份协调一致。

## 二、服饰礼仪

整洁美观的服饰是人们用以改变自己或烘托自己的最好、使用最频繁的"武器"，着装甚至能让人们得到不同的待遇。因此公共关系工作人员要学会运用服饰来"武装"自己，从而在人际交往中获得成功。

### (一) 服装的类别

服装主要有正式服装和便装之分。

#### 1. 正式服装

正式服装用于参加各种仪式，以及会客、拜访、社交场合。正式服装的式样一般是根据穿用的目的、时间、地点而定的。现在的正式服装虽正在简化，但仍保持着它的美感和庄重感。

正式服装包括礼服、西装、职业装等。礼服是女士最高档次的服装之一，有特色、能充分展示个性的礼服适合各种不同的正式场合。西装广义上是指西式服装，是相对于"中式服装"而言的欧系服装。西装常常被人们贴上"有文化、有教养、有风度、有权威感"等标签，在日益开放的现代社会，西装体现着独立、自信。职业装即工作服装，适合其职业的性质、工作环境，实用又便于活动，给人整齐划一、美观整洁之感，可以增强职业自豪感。

#### 2. 便装

便装是指平常穿的服装，使用范围广泛，通常包括家常便装、运动装和休闲装等。

以休闲装为例，上街购物、看电影、会见朋友等场合都可以穿着休闲装，它比礼服随意，以自然舒适为主。每个人可根据自己的爱好及自身的客观条件进行选择，但穿着时一定要注意符合环境与气氛。

### (二) 着装的注意事项

1. 注意协调

所谓穿着的协调，是指一个人的穿着要与他的年龄、体形、职业和所处的场合等吻合，表现出一种和谐，这种和谐能给人以美感。

2. 注意色彩

明朝文人卫泳在《缘饰》中说"春服宜清，夏服宜爽，秋服宜雅，冬服宜艳；见客宜重装；远行宜淡服；花下宜素服；对雪宜丽服"。色彩，是服装给人们留下的最深的印象之一，而且在很大程度上也是服装穿着成败的关键所在。

对一般人而言，要想在服装的色彩上获得成功，就要掌握色彩的特性，充分利用色彩的冷暖、轻重等特性来搭配服饰。配色时，尽量采用同一色系之中各种明度不同的色彩或明暗两种特性相反的色彩进行组合，按照深浅不同程度来搭配；配色时也可以在某些相关部位刻意采用同一色彩，使其遥相呼应，产生美感。例如，在社交场合穿西服的男士讲究"三一律"原则，即公文包、腰带、皮鞋的色彩相同，以黑色为宜。

正装的色彩总体上要求以少为宜，最好将其控制在三种色彩之内。这样有助于保持正装庄重的总体风格，显得简洁、和谐。

3. 注意场合

喜庆欢乐的场合包括庆祝会、欢乐会、生日、结婚日纪念活动、婚礼聚会等。喜庆欢乐场合的穿着应与人们高兴、快乐、兴奋的情绪相协调，可以穿得色彩鲜艳、丰富一些，款式也可以新颖一些，以烘托和活跃欢乐的气氛。

隆重庄严的场合，如开幕闭幕式、签字仪式、重要的或高层次的会议、重要的会见活动、新闻发布会等，男士应西装革履，正规、配套、整齐、洁净、一丝不苟；女士穿着不要过于花哨、随便，也应穿上套装或较为素雅、端庄的连衣裙，体现职业女性在正规场合的风范。

悲伤肃穆的场合，如吊唁活动和葬礼。这时的服装色彩不能太刺眼，款式不能太引人注目。男士可以穿黑色或深色的西服套装；女士也应以素色为主，切忌服饰过于鲜艳、款式过于新潮或者暴露，以示尊重。

**【相关案例 9-1】**

小楠的"尴尬"

领导安排刚参加工作的小楠去采访某民营企业的老总。听说这位老总是一个既能干又极有魅力的女性，对工作一丝不苟，又热爱生活，且对时尚敏感，对衣着及礼仪要求极高。采访前小楠做了大量的准备工作，对采访纲要进行了反复修改，内心莫名激动。采访当天，如何装扮自己却让小楠犯愁了。因为工作和性格原因，小楠平时穿衣都是怎么舒服、方便就怎么穿。最终，小楠被相关时尚杂志上女孩清纯可人的服饰穿着打动了，于是她穿了一件紧身小上衣搭配迷你裙，穿一双小白鞋，梳了个流行的发髻。当小楠站在该民营企业前台说明自己的身份和来意时，她明显看到了前台小姐那不屑的眼神。小楠再三说明身份，并拿出工作证来，才勉强地被安排进了老总的办公室。

眼前的这位女性老总，高挑的身材，优雅的举止，得体的穿着，让小楠怎么看怎么舒服。虽然她不是很精通衣着，但在这样的场合面对这样的采访对象，小楠突然感觉自己就像一个小丑，来时的自信和兴奋全都没了。

【启示】

俗话说："穿衣打扮，各有所爱。"喜欢穿什么样的衣服是个人的事情，与别人无关。但是，对于职场中的人来说，衣着不只是个人的事。因为，衣着要和职业身份相符合，它既代表个人的品位，又代表单位的形象，同时还代表对他人的尊重。服装不仅具有遮羞、蔽体、抗暑、御寒的作用，还可以美化人体、扬长避短、展示个性、体现生活情趣，反映社会分工，体现地位和身份差异。因此，得体的服饰应该根据个人的工作性质以及出席的场合来选择。

### （三）男士西装的选择与穿着

西装是男士最常见的办公服，也是现代交际中男士最得体的着装。为了塑造良好的个人形象，男士必须学会选择和穿着西装。

1. 男士西装的选择

首先要选择合适的款式。男士在选择西装时，要充分考虑自己的身高、体形。身材较胖的人，最好不要选择瘦身短西装，身材较矮者最好不要穿上衣较长、肩较宽的双排扣西装。

其次要选择合适的面料和颜色。西装的面料要挺括一些。作正式礼服用的西装可选深色如黑色、深蓝、深灰等颜色的全毛面料制作的。日常穿着的西装则在颜色上可有所变化，面料也不必太讲究，但必须熨烫整齐。

再次要选择合适的衬衣。穿着西装时一定要穿带领的衬衣。花衬衣配单色的西装效果比较好，单色的衬衣配条纹或带格子的西装比较合适。

最后要选择合适的领带。在交际场合穿西装必须打领带。领带的颜色、花纹和款式要与所穿的西装相协调。领带的面料以真丝为最优。在领带颜色的选择上，杂色西装应配单色领带，而单色西装则应配花纹领带等。

2. 男士西装的穿着

一是要穿好衬衣。穿西装必须要穿长袖衬衣，衬衣领子要硬挺，高出西装领子 $1 \sim 2cm$，不要翻在西装领子外，外露的部分一定要平整干净。衬衣下摆要掖在裤子里，衣袖长于西装衣袖 $1 \sim 2cm$。

二是要注意内衣不可过多。穿西装切忌穿过多内衣，衬衣内除了背心之外，最好不要再穿其他内衣，如果确实需要穿内衣的话，内衣的领圈和袖口也一定不要露出来。如果天气较冷，衬衣外面还可以穿上一件毛衣或毛背心，但毛衣一定要紧身，不要过于宽松，以免穿上显得过于臃肿，影响穿西装的效果。

三是要系好领带。在比较正式的社交场合，穿西装应系好领带。领带有简易系法和复杂系法之分。领带的长度要适当，以达到皮带扣处为宜。如果穿毛衣或毛背心，应将领带下部放在毛衣领口内。系领带时，衬衣的第一个纽扣要扣好，如果佩戴领带夹，一般应戴在衬衣的第四、第五个纽扣之间。

四是要鞋袜整齐。穿西装一定要穿皮鞋，皮鞋的颜色要与西装相配套。皮鞋还应擦亮，不要蒙满灰尘。穿皮鞋还要配上合适的袜子，袜子的颜色要以深色为主。

五是要扣好扣子。如果是单排一粒扣西装，扣与不扣均可；如果是单排两粒扣西装，扣子全不扣表示随意、轻松，扣上面一粒则表示庄重；如果是单排三粒扣西装，扣子全不扣表示随意、轻松，只扣中间一粒则表示正统，扣上面两粒表示庄重；如果是双排扣西装上衣，扣子一般都要扣好。

**（四）女士服装的穿着**

女士服装应讲究配套，款式较简洁，色彩较单纯，以充分表现出女士的精明强干、落落大方。

1. 女士西装

女士西服套装给人以精明干练、富有权威的感觉，在一些正式的社交活动中它成为普遍适用的服装。

女士西装式样较多：它的领形有西装"V"字领、青果领、披肩领等；款式有单排扣、双排扣；衣长也有变化，或短至齐腰处，或长至大腿；造型上有宽松的、束腰的，还可有各种图案的镶拼组合。女士西装有衣裤相配的套装，也有衣裙相配的套裙，在社交场合无论西服套装或西服套裙，款式都宜简洁大方，避免过分花哨和夸张。

女士西服套裙的上装是西装，下装是腰裙，如西装裙、喇叭裙、百褶裙等。西服套裙的面料应是高档面料，如：夏季用丝绸，华贵柔美；春秋用各类毛料，考究挺括；冬季用羊绒或毛呢织物，高贵典雅。西服套裙的色彩应呈中性，也可偏暗色，纯色的面料较适宜，各种条、格、点面料也常用。西服套裙上下一色显得端庄，有成熟感；色彩上浅下深或上深下浅，式样上简下繁或上繁下简，可以搭配出动感和活力，适合女士在不同场合穿出不同的风貌。

2. 女士连衣裙

连衣裙是上衣和裙子的结合体，它不但能尽显女士特有的恬静和妩媚，而且穿着便捷、舒适。连衣裙也可与西装外套等组合搭配，提高服装的使用率。

女士穿着的连衣裙应以个人爱好、流行时尚而定，但交际场合中连衣裙还应以大方典雅为宜。单色连衣裙在大多数场合穿着效果都很好，点、条、格等面料的连衣裙也要力求简洁。

女士穿连衣裙要避免：一是受时髦潮流的影响，太流行或趋于怪异，变得俗不可耐或荒诞不经；二是不顾及环境，穿着过低的领口、过紧的衣裙、过透的面料，使人感到极不雅观。

3. 女士旗袍

旗袍被公认为是最能体现女性曲线美的一种服装。近年来旗袍带着一股从未有过的震撼力正在影响着世界各地女性的穿着，它像一种特殊的世界语，迅速被人们所接受，打破了只有东方女性才适合穿着的传统论断，也可作为社交中的礼服。旗袍作为礼服，一般采用紧扣高领、贴身、身长过膝、两旁开叉、斜式开襟、袖口至手腕上方或肘关节上端的款式，面料以高级呢绒或绸缎为主，配以高跟鞋或半高跟鞋。

(五) 服装的饰物佩带

饰物的佩带要注意与个人的风格、服装的质地与整体形象等相一致，如：帽子、围巾可以遮阳和御寒，同时也给人的仪表增添各种不同的情趣美；眼镜不仅是实用的日常用品，也可以看成"眼睛的服饰"，眼镜的选择要适合人的脸型；包，无论是男士的公文包还是女士的坤包都应与所穿服装相协调，要保持包的清洁和美观；首饰对于服饰而言，起着辅助、烘托、陪衬、美化的作用，在正式场合使用时数量上以少为佳，必要时可以一件首饰也不戴，若有意同时佩戴多种，在数量上不要超过三种，样式要力求简单。

【相关链接 9-1】

### 着装的 TPO 原则

TPO 是时间（Time）、地点（Place）、目的（Object）的首字母组合，即着装应该与当时的时间、所处的地点和目的相协调。着装时应遵循的 TPO 原则是时间原则、地点原则、目的原则。

时间原则：不同时段的着装规则对女士尤其重要。男士有一套质地上乘的深色西装或中山装就够了，女士的着装则要随时间而变换。白天工作时，女士应穿着正式套装，以体现专业性；晚上出席鸡尾酒会就须多加一些修饰，如换一双高跟鞋，戴上有光泽的佩饰，围一条漂亮的丝巾。服装的选择还要适合季节、气候特点，一年有春、夏、秋、冬四季的交替，一天有 24 小时变化，显而易见，在不同的时间里，着装的类别、式样、造型应有所变化。

地点原则：在自己家里接待客人，可以穿着舒适但整洁的休闲服；如果是去公司或其他单位拜访，穿职业套装会显得专业；探亲访友时，着装应沉稳；郊游运动时，着装应轻松舒适；外出时，着装要顾及当地的传统和风俗习惯，如去教堂或寺庙等场所，不能穿过露或过短的服装；等等。

目的原则：衣着要与目的协调。与顾客会谈、参加正式会议等，衣着应庄重考究；听音乐会或看芭蕾舞剧，则应着正装；出席正式宴会时，则应穿西式礼服或我国的传统旗袍等。以便装出席正式宴会，不但是对宴会主人的不尊重，也会令自己处于尴尬之境。

## 三、仪态礼仪

仪态，又称"体态"，是指人的身体姿态和风度。姿态是身体所表现的样子，风度则是内在气质的外在表现。人们可以通过自己的仪态向他人传递个人的学识与修养，并能够以其交流思想、表达感情。正如艺术家达·芬奇所说：从仪态了解人的内心世界、把握人的本来面目，往往具有相当的准确性和可靠性。

### （一）站姿

标准的站姿：从正面看，全身笔直，精神饱满，两眼正视，两肩平齐，两臂自然下垂，两脚跟并拢，两脚尖微张；从侧面看，两眼平视，下颌微收，挺胸收腹，腰背挺直，手中指贴裤缝，整个身体庄重挺拔。

要领：一是平，即头平正、双肩平、两眼平视；二是直，即腰直、腿直，后脑勺、背、臀、脚后跟成一条直线；三是高，即重心向上，看起来显得高。

### （二）坐姿

**1. 标准的坐姿**

先站好，全身保持站立的标准姿态，两腿直立于椅子前面，弯曲双膝，挺直腰背坐下。落座时声音要轻，动作要缓。落座过程中，腰、腿肌肉要稍有紧张感。

坐时，上身正直而稍向前倾，头、肩平正，两臂贴身下垂，两手可自然放在大腿上，两腿外侧间距与肩宽大致相等，两脚平行自然着地。坐姿要求端正、大方、舒展。

**2. 不同场合的坐姿**

谈判、会谈时，场合一般比较严肃，适合正襟危坐，但不要过于僵硬。要求上体正直，端坐于椅子中部，双手放在桌上、腿上均可。双脚为标准坐姿的摆放。

倾听他人教导时，对方是长者、尊者、贵客，坐姿除了要端正外，还应坐在座椅、沙发的前半部或边缘，身体稍向前倾，表现出一种谦虚、迎合、重视对方的态度。

在比较轻松、随便的非正式场合，可以坐得轻松、自然一些。全身肌肉可适当放松，可不时变换坐姿，以便休息。

### （三）走姿

标准的走姿：上身基本保持站立的标准姿势，挺胸收腹，腰背笔直；两臂以身体为中心，前后自然摆动，前摆约35°，后摆约15°，手掌朝向体内；起步时身子稍向前倾，重心落于前脚掌，膝盖伸直；脚尖朝向正前方，切忌走成内八字或外八字。

正确的行走：上体的稳定与下肢的频繁规律运动形成和谐、干净利落、鲜明均匀的步伐，形成节奏感，前后、左右行走动作平衡对称，以呈现行走时的形态美。

### （四）表情

表情是一个人内心思想感情在颈部以上（包括眼、眉、鼻、嘴等）各个部位的综合、微妙的反映，它可以给人们以最直接的感觉和情绪体验。在表情要素中，眼神和微笑具有至关重要的作用，它们在交往中被使用的频率也是最高的。

1. 眼神

"眼睛是心灵的窗户",它是人体传递信息最有效的器官,而且能表达最细微、最精妙的差异,显示出人类最明显、最准确的交际信号。正如著名印度诗人泰戈尔所说:在眼睛里,思想敞开或是关闭,放出光芒或是没入黑暗,静悬着如同落月,或者像忽闪的电光照亮了广阔的天空;那些自有生以来除了嘴唇的颤动之外没有语言的人,学会了眼睛的语言,这在表情上是无穷无尽的,像海一般深沉、天空一般清澈,黎明和黄昏,光明与阴影,都在自由嬉戏。据研究,在人的视觉、听觉、味觉、嗅觉和触觉等各种感官知觉中,视觉感受最为敏感,人由视觉感知的信息占总信息的83%。在汉语中用来描述眉目表情的成语就有几十个,如"眉飞色舞""眉目传情""愁眉不展""怒目而视"……这些成语都是通过"眼语"来反映人们的喜、怒、哀、乐等情感的。

据调查研究,人们在交谈时视线接触对方脸部的时间约占全部谈话时间的30%~60%。超过60%,可认为对谈话者本人比谈话内容更感兴趣;低于30%,则表示对谈话内容和谈话者本人都不太感兴趣。不难想象,如果谈话时心不在焉、东张西望,或由于紧张、羞怯不敢正视对方,目光注视的时间不到谈话总时间的30%,必然难以被人接受和信任。

人们在社会交往中,面对不同的场合和对象,目光所及之处也是有差别的。有的人在与比较陌生的人打交道时,往往因为不知把目光安置在哪里而窘迫不安;已被人注视而将视线移开的人,大多有相形见绌之感;仰视对方,一般体现"尊敬、信任"的语义;频繁而又急速的转眼,是一种反常的举动,常被用作掩饰的一种手段;当然,如果死死地盯着对方或者东张西望,是极不礼貌的,显得过于漫不经心。

【相关链接9-2】

目光注视的礼仪区域见表9-1。

表9-1 目光注视的礼仪区域

| 图示 | 礼仪称呼 | 注视范围 | 适用场合 | 语义 |
| --- | --- | --- | --- | --- |
|  | 公务凝视区 | 以两眼为底线、额中为顶角形成的上三角区域 | 洽谈业务、贸易谈判、磋商问题 | 严肃、认真、有诚意 |
|  | 社交凝视区 | 以两眼为底线、唇心为下顶点形成的下三角区域 | 茶话会、舞会和各种友谊聚会 | 自然、轻松、平等 |
|  | 亲密凝视区 | 从双眼到胸部之间形成的大三角区域 | 关系亲密的人,如亲人、恋人之间 | 亲昵、爱恋 |

## 2. 微笑

微笑是一种特殊的语言——"情绪语言"。它可以和有声语言及行动相配合，起"互补"作用，沟通人们的心灵，架起友谊的桥梁，给人以美好的享受。工作、生活中离不开微笑，社交中更需要微笑。微笑是世界通用的体态语，它超越了各种民族和文化的差异。

微笑是有规范的，一般要注意以下四个结合：

第一，口眼结合。要口到、眼到、神色到，笑眼传神，微笑才能扣人心弦。

第二，笑与神、情、气质相结合。"神"，就是要笑得有情入神，笑出自己的神情、神色、神态，做到情绪饱满，神采奕奕；"情"，就是要笑出感情，笑得亲切、甜美，反映美好的心灵；"气质"，就是要笑出谦逊、稳重、大方、得体的良好气质。

第三，笑与语言相结合。语言和微笑都是传播信息的重要符号，只有注意微笑与美好语言相结合，声情并茂，相得益彰，微笑才能发挥它应有的特殊功能。

第四，笑与仪表、举止相结合。以笑助姿、以笑促姿，形成完整、统一、和谐的美。

尽管微笑有其独特的魅力和作用，但若不是发自内心的、真诚的微笑，那就是对微笑语的亵渎。有礼貌的微笑应是自然、坦诚的，是内心真实情感的表露。

# 第三节　社交会面礼仪

社交会面礼仪涉及很多方面，包括称呼、介绍、握手以及名片使用等。在社交活动中，要想给客户留下最好的印象，就要懂得会面礼仪。

## 一、称呼礼仪

在社会交往中，交际双方见面时，如何称呼对方直接关系双方之间的亲疏、了解程度、尊重与否以及个人修养等。一个得体的称呼，可以为今后的交往打下良好的基础；不恰当或错误的称呼，可能会令对方心里不悦，影响彼此的关系乃至交往的成功与否。

### （一）通常的称呼

1. 姓名称呼

一般的同事、同学关系，平辈的朋友、熟人，彼此之间均可以姓名相称。例如，"王小亮""赵大光""李明"。长辈对晚辈也可以如此称呼，但晚辈对长辈却万万不可这样。为了表示亲切，可以在被称呼者的姓前分别加上"老""大""小"字，而免称其名。例如，对年长者可称"老赵""大张"，对年幼者可称"小刘""小周"。对同性的朋友、熟人，若关系较为亲密，可以直呼其名，如"明亮""子轩"。

2. 职务称呼

在工作中，以交往对象的职务相称，以示身份有别、敬意有加，这是一种最常见的称呼方法。具体做法如仅称呼职务，"局长""经理""主任"等。

3. 称呼职称

对于有职称者，尤其是具有高级、中级职称者，可以在工作中直接以其职称相称。例如，"教授""研究员""工程师"等。

4. 学衔称呼

在工作中，以学衔作为称呼，可增强被称呼者的权威性，有助于增强现场的学术氛围；也可以在学衔前加上姓氏，例如"张博士"；也可以在学衔前加上姓名，如"张明博士"。一般对学士、硕士不称呼学衔。

5. 职业称呼

直接以被称呼者的职业作为称呼。例如，将教员称为"老师"；将教练员称为"教练"或"指导"；将专业辩护人员称为"律师"；将财务人员称为"会计"；将医生称为"大夫"或"医生"；等等。一般情况下在此类称呼前，均可加上姓氏或姓名。

6. 亲属称呼

亲属，即和本人直接或间接拥有血缘、姻亲关系者。在日常生活中，对亲属的称呼已约定俗成，人所共知。面对外人，对亲属可根据不同情况采取谦称或敬称。

(二) 几种称呼的正确使用

1. 同志

志同道合者，如政治信仰、理想、爱好等相同者，都可称为同志。在我国同志这个称呼流行于中华人民共和国成立后，这个词已成为我国公民彼此之间最普通、最常用的一种称呼。这个称呼不分男女、职位，除了亲属之外，所有人都可以称同志。对解放军战士、国内的普通公民、同一组织内的伙伴，皆可使用这一称呼。

2. 老师

这个词原意是对传授文化、知识、技术的人的尊称，后泛指在某些方面值得学习的人。孔子曰："三人行，必有我师。"这说明，在我国古代"老师"这一称呼已泛指所有值得学习的人。现代社会，老师这一称谓一般用于学校中传授文化知识、技术的教师。目前，老师这一称谓在社会上也比较流行，有时人们出于对交际对象的学识、经验或某一方面的敬佩、尊重，常常以"姓+老师"来称呼对方，尤其在文艺界比较常见。使用这种称谓，能使交际的对方感到受到了尊重。

3. 先生

在我国古代，一般称父兄、老师为先生，也有称郎中（医生）、道士等为先生的。有些地区的一些已婚妇女称自己的丈夫或别人家的丈夫为先生。改革开放以后，随着对外交流的增多，"先生"的概念已与以前有所不同。目前，先生一词泛指所有成年男子。在西方国家，对成年男子一般都称呼为先生。不过也有例外，如在美国，12岁以上的男子就可以称为先生；在日本，对身份高的女子也称先生；在我国知识界，也喜欢称有学识的女子为先生。先生这一称谓大方得体，既显示了尊重，又有彼此平等之意，有利于提高交际效果。

4. 小姐、女士

二者区别在于，未婚者称"小姐"，已婚者或不明婚否者称"女士"。在外企、宾馆、商场等行业，此种称呼极其通行，在称呼前可加姓氏或姓名。

5. 师傅

这一词原是对工、商、戏剧行业中传授技艺的人的一种尊称，后泛指对所有身怀技艺的人的称谓。20世纪五六十年代及以后，师傅这一词在我国社会中比较流行，有虚心请教、尊敬对方之意。

### （三）称呼的技巧

初次见面更要注意称呼：初次与人见面或谈业务时，要称呼姓＋职务，要一字一字地说得特别清楚，如"王总经理，您说得真对……"如果对方是个副总经理，可删去那个"副"字；但若对方是总经理，不要为了方便把"总"字去掉，不能变为经理。

称呼对方时不要一带而过：在交谈过程中称呼对方时，要加重语气，称呼完了停顿一会儿，再谈要说的事，这样能引起对方的注意。

关系越好越要注意称呼：与对方十分熟悉之后，千万不要忽略了对对方的称呼，一定要坚持称呼对方的姓＋职务（职称），尤其是有其他人在场的情况下。人人都需要被人尊重，越是朋友，越是要彼此尊重，如果熟了后就变得随随便便，用"老王""老李"甚至用一声"唉""喂"来称呼是极不礼貌的。

## 二、介绍礼仪

介绍是社交活动中最常见也是最重要的礼节之一，它是初次见面的、陌生的双方开始交往的起点。介绍在人与人之间发挥桥梁与沟通作用，几句话就可以缩短人与人之间的距离，为进一步交往开个好头。

### （一）介绍的基本规则

为他人做介绍时必须遵守"尊者优先了解情况"的规则。在为他人做介绍前，要先确定双方地位的尊卑，先介绍位卑者，后介绍尊者。

先将男士介绍给女士；先将年轻者介绍给年长者；先将未婚女子介绍给已婚女子；先将职位低的介绍给职位高的；先将家庭成员介绍给对方；等等。

### （二）自我介绍

在不同场合，遇见对方不认识自己，而自己又有意与其结识，当场又没有他人从中介绍时，往往需要自我介绍。

1. 自我介绍的时机

因业务关系需要相互认识，进行接洽时可自我介绍；第一次登门造访，事先打电话约见，在电话里应自我介绍；参加一个人较多的聚会，主人不可能一一介绍，与会者可以与同席或身边的人互相自我介绍；在出差、旅行途中，与他人不期而遇，并且有必要与之建立临时接触时，可适当自我介绍；应聘求职时需首先自我介绍；等等。

2. 自我介绍的要求

自我介绍时，应面带微笑注视着对方说声"您好"以引起对方的注意，然后报出自己的姓名、身份，并简要表明结识对方的愿望或缘由；自我介绍时，态度务必自然、友善、亲切、随和，要充满信心和勇气，敢于正视对方的双眼，显得胸有成竹；自我介绍时，所表述的各项内容一定要实事求是、真实可信。

(三) 他人介绍

1. 时机

他人介绍即社交中的第三者介绍。在他人介绍中，为他人做介绍的人一般由社交活动中的东道主、社交场合中的长者、家庭中聚会的女主人、公务交往活动中的公关人员（礼宾人员、文秘人员、接待人员）等。他人介绍的时机包括：在家中接待彼此不相识的客人；在办公地点，接待彼此不相识的来访者；与家人外出，路遇家人不相识的同事或朋友；陪同亲友，前去拜会亲友不相识者；本人的接待对象遇见了其不相识的人士，而对方又跟自己打了招呼；陪同上司、长者、来宾时，遇见了其不相识者，而对方又跟自己打了招呼；打算推介某人加入某一交际圈；受到为他人做介绍的邀请；等等。

2. 注意事项

在为他人做介绍时，介绍者对介绍的内容应当字斟句酌，慎之又慎。

在正式场合，内容以双方的姓名、单位、职务等为主。例如："我来给两位介绍一下，这位是 A 公司的公关部主任李华女士，这位是 B 公司的总经理王强先生。"

在一般的社交场合，介绍的内容往往只有双方姓名一项，甚至可以只提到双方姓氏即可。接下来，则由被介绍者见机行事。例如："我来介绍一下，这位是小白，这位是老刘，你们认识一下吧。"

在比较正规的场合，介绍者有备而来，有意将某人举荐给某人，因此在内容方面，通常会对前者的优点重点加以介绍。例如："这位是王刚先生，这位是我们公司的李明总经理。王先生是一位管理方面的专业人士，他还是北大的 MBA。李总，我想您一定很想认识他吧！"

在进行他人介绍时，介绍者与被介绍者都要注意自己的表达、态度与反应。介绍者为被介绍者介绍之前，不仅要尽量征求被介绍双方的意见，而且在开始介绍时还应再打招呼，切勿上去开口即讲，显得突如其来，让被介绍者措手不及。

被介绍者在介绍者询问自己是否有意认识某人时，一般不应加以拒绝或扭扭捏捏，而应表示欣然接受。实在不愿意时，则应说明原因。

当介绍者走上前来，开始为被介绍者进行介绍时，被介绍的双方应起身站立，面含微笑，大大方方地注视介绍者或者对方，神态庄重、专注。

当介绍者介绍完毕后，被介绍双方应依照合乎礼仪的顺序握手，并且彼此问候。此时的常用语有"您好""很高兴认识您""久仰大名""认识您非常荣幸""幸会，幸会"等。必要时还可做进一步的自我介绍。介绍时要注意实事求是、掌握分寸。

## 三、握手礼仪

相传在刀耕火种的年代，人们经常持有石头或棍棒等武器，陌生者相遇，双方为了表示没有敌意，便放下手中的武器，并伸出手掌，让对方抚摸掌心。久而久之，这种习惯便逐渐演变为今日的握手礼节。当今，握手已成为世界上最为普遍的一种礼节，其应用的范围远远超过了鞠躬、拥抱、亲吻等。在日常交际中，我们必须注意握手礼仪。

### （一）握手的次序

根据礼仪规范，握手时双方伸手的先后次序，一般应当遵守"尊者先伸手"的原则，由尊者先伸出手来，对方予以响应。例如，男女、主宾、长幼、上下级等之间的握手，其基本规则就是在正式场合握手时伸手的先后次序主要取决于职位、身份。如上级和下级见面，上级主动伸手、下级回应等。

### （二）握手的方式

握手的标准方式，是行礼时行至距握手对象约1m处，双腿立正，上身略向前倾，伸出右手，四指并拢，拇指张开与对方相握。握手时应用力适度，上下稍许晃动三四次，随后松开手来，恢复原状。具体应注意如下几点：

神态：与人握手时神态应专注、热情、友好、自然。

力度：握手力度适当，可握得稍微紧些，以示热情，但不可太用力。与女士握手应当轻一些，不宜握全手，握住手指部位即可。因此握手时应掌握好分寸，不轻不重，恰到好处。

时间：握手的时间应根据与对方的亲密程度而定。初次见面握手时间不宜过长，以3s为宜。

### （三）握手的禁忌

在人际交往中，握手虽然司空见惯，看似寻常，但是由于它可被用来传递多种信息，因此在行握手礼时应努力做到合乎规范。

忌用左手：不要用左手与他人握手，尤其是在与阿拉伯人打交道时要牢记此点，因为在他们看来左手是不洁的。

忌戴手套：不要戴着手套握手，在社交场合女士的晚礼服手套除外。

忌不专心：在握手时另外一只手不要依旧拿着香烟、报纸、公文包等东西，也不要将另外一只手插在衣袋里；握手时忌左顾右盼、面无表情、不置一词、心不在焉。

忌顾此失彼：同一场合与多人握手时，与每个人握手的时间应大致相等，时间明显过长或者过短都有失礼仪。

### 四、名片使用礼仪

名片发展至今,已成为具有一定社会性、广泛性,便于携带、使用、保存和查阅的信息载体之一,担负着保持联络的重任。而名片使用是否正确,已成为影响人际交往成功与否的一个因素。

#### (一) 名片的作用

名片用于自我介绍,是社交场合最简单的自我介绍方式,它的作用主要表现在以下几个方面:

1) 搜集今后联系所必需的信息。
2) 可以使人们在初识时就能充分利用时间交流思想感情,无须忙于记忆。
3) 可以使人们在初识时言行更得体,不会因为既要了解对方情况,又顾忌触犯别人的隐私而左右为难,也不会因为要介绍自己的身份和职位而引起不快。
4) 使用名片,可以不必与他人见面就能与其相识,名片可以代替正式的拜访。

#### (二) 携带名片

使用名片前的准备工作做得是否充分将直接影响公共关系工作人员的商务活动。在平时应多留意自己的名片,身上要随身携带一定数量的名片,并及时补充名片数量;名片的质量非常重要,名片也要保持干净整洁,切不可出现褶皱、污损、涂改的情况;应该准备专用的名片夹来放置名片,也可以将名片放在公文包或西装上衣内兜里,在办公室则应放在办公桌的名片架上或名片盒内,切不可随便放置。

#### (三) 名片交换礼仪

名片的交换是名片礼仪中的核心内容,在社交场合如何交换名片,往往是个人修养的一种反映,也是对交往对象尊重与否的直接体现。

1. 递送名片礼仪

一是观察意愿。除非自己想主动与人结识,否则名片务必在交往双方均有结识对方并建立联系的意愿的前提下递送。这种愿望往往会通过"幸会""认识您很高兴"等一类谦语以及表情、姿态等非语言符号体现出来。以下情形可以递送名片:希望认识对方;表示自己重视对方;被介绍给对方;提议交换名片;初次登门拜访对方且有再次交往的意愿;等等。

二是把握时机。递送名片要掌握适宜的时机,只有在有必要时递送名片,才会令名片发挥作用。递送名片一般应选择初识之际或分别之时,不宜过早或过迟。不要在用餐、看剧、跳舞之时递送名片,也不要在大庭广众之下向多位陌生人递送名片。

三是讲究顺序。交换名片的顺序一般是"先客后主,先低后高",即由身份、地位较低者首先向身份、地位较高者递送,再由后者回复前者。若交往对象不止一人,则按职务由高至低顺序递送,或是由近而远,按顺时针或逆时针方向依次递送。

四是先打招呼。递上名片前，应当先向接受名片者打个招呼，令对方有所准备。既可先做自我介绍，也可以说声"对不起，请稍候""可否交换一下名片"之类的提示语。

五是表现谦恭。对于递交名片这一过程，应当表现得郑重其事。要起身站立主动走向对方，面含微笑，上体前倾15°左右，以双手持握名片，将名片正面面对对方，同时说"请多多指教""欢迎前来拜访"等礼节性用语。

2. 接受名片礼仪

一是面含微笑。接受他人名片时，不论多忙，都要暂停手中一切事情，并起身站立相迎，面含微笑，双手接过名片。

二是认真阅读。接过名片后，先向对方致谢，然后将名片内容从头至尾默读一遍，如遇有显示对方荣耀的职务、头衔不妨轻声读出，以示尊重和敬佩。若对方名片上的内容有所不明，可当场请教对方。

三是精心存放。接到他人名片后，切勿将其随意乱丢乱放，而应将其谨慎地置于名片夹、公文包或上衣内兜，且应与本人名片区别放置。

四是有来有往。接受了他人的名片后，一般应立即递交自己的名片。没有名片、名片用完或者忘记带名片时，应向对方做出解释并致以歉意。

## 第四节  社交活动礼仪

### 一、迎送、拜访礼仪

#### （一）迎送礼仪

迎来送往是社会交往接待活动中最基本的形式和重要环节之一，是表达主人情谊、体现礼貌素养的重要方面，尤其是迎接，迎接是给客人留下良好第一印象的最重要环节。

迎来送往作为常见的社交礼节，在国际交往和组织间交往中不可缺少，对来访客人，应视其身份、两国或两组织间关系、活动的性质等因素，安排相应的迎送仪式。

1. 迎送仪式前的准备

（1）确定迎送规格  确定迎送规格时要注意国际惯例。主要迎送人员通常与来宾身份相当或者相差不大，尽量做到对等、对口。主要迎送人员不能出面时，应从礼貌出发向对方解释清楚，以免双方产生不必要的误会。其他的迎送人员不宜过多。有时，为发展双方关系和出于其他需要，也可破格接待。

（2）掌握迎送时间、地点  迎接客人必须在来宾乘坐的飞机（火车或轮船）抵达之前到机场（车站或码头）等候，送行则应在客人登机前到达机场（车站或码头）。因此必须准确掌握客人乘坐的飞机（火车或轮船）抵达和离开的时间，及早通知全体迎送人员和有关单位。如有变化应及时通知。

（3）注意迎送的细节  应安排好迎送的车辆，准备好献给客人的鲜花，了解对方的背景以及准备途中交谈的话题等。

2. 正式迎送仪式的程序

在迎接重要客人时，要安排正式的迎送仪式；迎送一般客人，可省去正式仪式，主要工作是做好各项安排。正式迎送仪式的程序如下：

1）迎送人员应提前到达，遇到重大迎送仪式可安排乐队，在客人抵达或离开时乐队奏乐。

2）安排献花。如涉外迎送仪式等，通常在迎送主要领导与客人握手之后，由儿童将鲜花献上。

3）相互介绍。在双方见面握手、拥抱或贴面等礼节之后，可由礼宾交际人员或迎接人员中的身份最高的人给双方做介绍。

4）陪同乘车。客人抵达后由机场（车站或码头）到安排好的住地，或访问结束由住地到机场（车站或码头），有时需要安排主人陪同乘车。陪同乘车时应请客人坐在后排主人的右侧，译员或其他陪同人员坐在司机旁边。上车时，应协助客人从右侧门上车，主人则从左侧门上车，如果客人先上车坐了主人的位置，则不必请客人挪动位置。

【相关案例9-2】

迎接王总的"尴尬"

深圳某科技有限公司召开了一次全国客户联络会，公司的刘总经理带着秘书小张亲自驾车到机场迎接来自上海某集团的王总经理。为了表示对王总的尊敬，刘总把王总请到轿车后排左座，并让小张在后排作陪。下榻宾馆后，王总对小张表明，自己会打车到明天的会议现场，就不麻烦刘总亲自来接了。

【启示】

该案例告诉我们车内座次排序是有讲究的。把不同身份、职务的人安排到相应的位置，这是座位安排的核心。排序的原则是"四个为尊""三个为上""灵活变通"。"四个为尊"即客人、长者、领导、女士为尊。"三个为上"即安全、方便、舒适为上。在使用小轿车时，座次排序比较讲究，如主人亲自开车时上座为副驾驶座。这个位置便于和主人交谈，既重视客人又尊重主人。

3. 迎送中应注意的礼仪

（1）迎宾礼仪 见到客人光临，应主动上前彬彬有礼、亲切地问候，表示热烈的欢迎。宾客乘坐的车辆抵达时，要热情相助；车辆停稳后，接待人员先下车，应一手替客人拉开车门，一手遮挡车门框上沿，以免客人头部碰撞到车顶门框。凡遇到老、弱、病、残、幼客人，要主动搀扶、加倍关心。

帮助宾客提携行李物品，要主动热情，宾客的行李物品要轻拿轻放，以免损坏行李中的贵重物品和易碎物品；同时应尊重宾客的意愿，宾客坚持要自己提的物品时，不要过分热情地强行帮助提携。

向每一位宾客致问候语，问候时要目视宾客，注意力集中，以示真诚。接待团体宾客时，应连续向宾客点头致意，如遇宾客先致意，则要及时还礼。

下雨、下雪天要撑伞迎接，以防宾客被雨雪淋湿。

（2）引导礼仪　负责引导时，应走在客人左前方一两步远的地方和客人的步伐一致，遇到路口或转弯处，应用手示意方向并加以提示。乘电梯时，如有专人服务，应请客人先进，如无专人服务，接待人员应先进去操作，到达时请客人先行。进房间时，如门朝外开，应请客人先进，如门朝里开，陪同人员应先进去，扶住门，然后再请客人进入。

到达房间，不要立即离去，应陪客人稍作停留，简单交谈，谈话内容要让客人感到满意，如客人参与活动的背景材料、当地风土人情、有特点的自然景观、特产等。考虑到客人旅途劳累，因此不宜久留，让客人早些休息。

（3）送宾礼仪　对于外地来的客人，应提前为其预订返程的车、船票或机票。客人离开前，主人应专程前往下榻处话别。

接待人员应问清客人共有多少件行李物品，小心地提携并负责运送到车上。

安置好行李后，不要立即转身离去，而应向客人交代，并施礼感谢光临和致告别语。

轻轻替客人关上车门，注意不要让客人的衣裙被车门夹住，门要关得恰到好处，不能太轻而关不上，也不能太重而惊吓客人。

车辆启动时，不要立即结束送别，应面带笑容，向客人挥手告别，目送离去。

前往机场、码头或车站送别时，应与客人一一握手，祝愿客人旅途顺利并欢迎再次光临。将客人送上车、船或飞机后，送行人员应面带微笑，挥手告别，待车、船或飞机离开后，直到看不见对方时，方可返回。

### （二）拜访礼仪

在社交过程中，相互拜访是经常的事，懂得拜访礼仪无疑会为拜访活动增添色彩。

1. 拜访前的准备

商务拜访前一定要做充分的准备。

（1）预约时间　拜访之前必须提前预约，这是最基本的礼仪。一般情况下，应至少提前三天给拜访对象打电话，简单说明拜访的原因和目的，确定拜访时间，经过对方同意以后才能前往。

（2）预约地点　拜访地点可以是拜访对象的工作地点，也可以是其私人住所。一般应将拜访的地点约定在工作场合，除非对方特意邀请去其住所见面。

（3）注意着装　要根据场合选择服装，着装要整洁、大方、庄重，避免穿着过于随意的或是与所在场合不相称的服装。去公务场所拜访的时候，一般要穿着较为正式的服装。如果是去私人住所拜访，则可以适当随意，但也不能过于轻佻。

（4）明确目的　必须明确拜访目的，出发前对此次拜访要解决的问题应做到心中有数。例如，需要对方为自己解决什么；对对方提出什么要求；最终要得到什么样的结果；等等。

这些问题的相关资料都要准备好,以防万一。

2. 拜访过程

(1) 具备较强的时间观念　拜访他人时,可以提前到达约定地点附近或者办公楼大厅,预留时间整理和熟悉拜访所需要用到的资料,约定时间前 1~2min 或者准时出现在约定地点。迟到是失礼的表现,不但是对被拜访者的不敬,也是对工作不负责任的表现。拜访他人的首要规则就是准时。如果因故不能如期赴约,则必须提前通知被拜访者,以便被拜访者重新安排工作。通知时一定要说明失约的原因,并诚恳致歉,必要时还需约定下次拜访的日期和时间。

(2) 先通报后进入　到达约定地点后,如果没有直接见到被拜访对象,拜访者不得擅自闯入,必须经过通报后再进入。一般情况下,前往大型企业拜访,首先要向接待负责人员交代自己的基本情况,待对方安排好以后,再与被拜访者见面。如果被拜访者身处某一宾馆,而拜访者已经抵达宾馆,切勿鲁莽地直奔被拜访者所在房间,应该由宾馆前台接待人员电话通知被拜访者,经同意后再进入。

(3) 举止大方,态度谦恭　如果双方是初次见面,拜访者必须主动向被拜访者致意,简单地做自我介绍,然后热情大方地与被拜访者行握手礼(参照握手礼仪)。即便双方已经不是初次见面了,也要主动问好致意,这样可显示出诚意。见面行礼以后,在主人的引导之下,进入指定的房间,待主人落座以后,拜访者再坐在指定的座位上。

(4) 开门见山,切忌啰唆　谈话切忌啰唆,简单的寒暄是必要的,但时间不宜过长。因为被拜访者可能有很多重要的工作等待处理,没有很多时间接见拜访者,所以谈话要开门见山,简单寒暄后直接进入正题。当对方发表意见时,应该仔细倾听,将不清楚的问题记录下来,待对方讲完以后再请对方就不清楚的问题给予解释。如果双方意见产生分歧,要保持沉着冷静,避免破坏拜访气氛,影响拜访效果。

(5) 把握拜访时间　在拜访过程中,拜访时间不宜拖得太长,否则会影响被拜访者其他工作安排。如果双方在拜访前已经约定了拜访时间,就必须遵守约定;即使没有对时间问题做具体要求,也要在最短的时间里讲清所有问题,然后起身离开。

(6) 拜访结束　拜访结束起身告辞时,要向被拜访者表示"打扰了"的歉意。出门后,回身主动道别,并请其留步,走几步再回首,挥手致意"再见"。

社交拜访活动是当今最流行的一种交往形式,也是对礼仪要求最多的活动之一。掌握上述礼仪要领,有助于公共关系工作顺利进行。

## 二、会议礼仪

会议是人类文明的产物,在现代社会中,会议已经成为各社会组织开展各类活动的重要方式之一。会议礼仪,是指会议前、会议中、会议后参会人员应注意的一系列职业礼仪规范,懂得会议礼仪对会议精神的执行有较大的促进作用。

### (一) 会议准备阶段的礼仪

1. 拟发会议通知

每一次会议都有它特定的目的和任务，也都有它特定的议题。在会议召开之前，要向会议组织者和主持人了解会议的议题和基本步骤。会议包括会议的议程、程序、日程等具体内容，了解这一切，就会对会议的主要内容、基本规模做到心中有数，为准确拟写、发送会议通知奠定基础。

根据会议的步骤和目的，要准确及时地拟定与会人员范围或名单，并呈报会议组织者最后确定，然后按照所确定的范围拟发会议通知。

会议通知必须写明开会时间、闭会时间、地点、主题及与会人员等内容。会议通知要提前一定的时间发出，以便使与会人员有所准备。对外地来的与会人员，有关食、宿、行、车旅费报销等问题都应一并写明，以免造成不应有的麻烦。根据会议的内容和与会人员范围，采用不同的形式寄发会议通知。

会议通知的结尾要写明举办单位，注明联系人、联系电话。为了方便起见，会议通知的正文与落款之间写上"请准时参加"的字样。

2. 安排好会场

会场各方面条件及舒适程度，对与会人员的心理起着不可忽视的作用。与会人员的心理状态又直接影响会议效果。因此，要重视会场的选择、安排和布置。

选择会场要根据与会人员的人数和会议内容来综合考虑。一般来说，要达到以下几个标准：

（1）大小要适中　会场太大，人太少，空下的座位太多，松松散散，会给与会人员一种不景气的感觉；会场太小，人过多，挤在一起，又显得十分小气，影响会议效果。

（2）地点要合理　临时召开的、时间较短的会议，会场宜在与会人员比较集中的地方；超过一天以上的会议，会场要尽可能距离与会人员的住所近一点儿，免得与会人员劳碌奔波。

（3）附属设施要齐全　会场的照明、通风、卫生、服务、通信、扩音、录音等各种设备设施都要配备齐全。对于附属设备，要逐一认真检查。

（4）要有停车场地　停车场是选择会场时一定要考虑的重要条件。

会场的布置是一种艺术，它主要通过会场上的会标、标语、会徽、旗帜、花卉、彩灯等来体现不同的气氛，布置会场的工作要独具匠心。如庆祝大会的会场要布置得喜庆热烈；业务洽谈、经验交流等会议的会场要布置得和谐亲切；等等。

3. 正确设计主席台和会场形式

大型会议的会场多在礼堂、会堂等场所，多设主席台，和与会人员形成面对面形式，主席台一般设在舞台上。中型会议的主席台设在舞台上面和下面均可。小型会议一般不设主席台。

会场形式按照会场的大小和形状、会议的需要、与会人数而定，通常呈长方形、圆形、方形等。常用的会场形式有圆桌式、方桌式、剧场式、教室式、"冂"字形式、鸡尾酒会式。

（1）圆桌式、方桌式　在圆（椭圆）桌、正方（长方）形桌周围安放椅子，与会人员互相可以看见，领导和与会人员可以自由交谈，适合召开 15～20 人的小型会议，椭圆桌式会场形式如图 9-1，长方桌式会场形式如图 9-2 所示。

 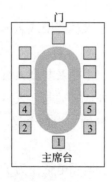 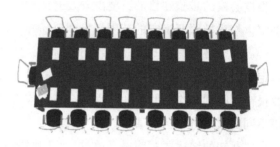

图 9-1　椭圆桌式会场形式　　　　图 9-2　长方桌式会场形式

（2）剧院式　在会议室内面向讲台摆放一排排座椅，中间留有较宽的过道。这种摆台形式的特点在于，在留有过道的情况下，尽量摆放座椅，最大限度地将空间利用起来，在有限的空间里可以最大限度地容纳人员，通常适用于新闻发布会、论坛、辩论会、启动仪式等。剧院式是参会人员比较多的情况下，会议场地布置的首选，如图 9-3 所示。

（3）教室式　会议室内将桌椅端正摆放，按教室式布置会议室，每个座位的空间根据桌子的大小而有所不同。这种会场布置形式的特点在于：布置上有一定的灵活性，可以为与会人员提供放置资料及记笔记的桌子，还可以最大限度地容纳与会人员。教室式的摆放适用于论坛、新闻发布会、研讨会、培训等需要听众做记录的会议，如图 9-4 所示。

图 9-3　剧院式会场形式　　　　图 9-4　教室式会场形式

（4）"冂"字形式　将桌子连接着摆放成长方形，在长方形的前方开口，椅子摆在桌子外围，通常开口处会摆放放置投影仪的桌子，要有黑板或银幕。这种会场布置形式的特点在于：不设置会议主持人的位置，营造比较轻松的氛围，并且摆设多个麦克风以便与会人员自由发言。

(5) 鸡尾酒会式　以酒会式摆桌，只摆放供应酒水、饮料及餐点的桌子，不摆设椅子，这是一种以自由交流为主的会场布置形式，自由的活动空间可以让与会人员自由交流，营造轻松的氛围。鸡尾酒会式通常适用于年会、交流会、慈善活动等。

4. 注意排列座次

座次包括主席台座次和其他与会者座次。主席台座次，以主席台人员的职务（职位、声望）高低排列，最高的排在第一排的正中间，其余按照高低顺序，以正中间座位为主，面向会场，依"左为上，右为下"的原则排列。

与会人员面对主席台就座，座位排列既要服从会议目的，又要体现平等精神。按照国际通用的原则，如英语字母、汉字笔画等顺序排列，如图9-5所示。

座位方案提出以后，要报请领导审查确定。

图9-5　主席台座次排列

## （二）会议进行和结束阶段的礼仪

会议进行过程中，应该按部就班，分工负责，各司其职，相互协调，使会务部门发挥作用，保证会议的效率和质量，尽可能地降低会议的费用支出，让每一名与会人员都满意。

1. 迎接与会人员

按照会议报道日期，提前做好接待准备工作。

2. 签到

为了解与会人员的出席情况，大型会议往往都派专人负责签到工作。为了给每一名与会人员留下美好的印象，工作人员要穿戴齐整，佩戴好标识，把与会人员引到签到台前。签到负责人彬彬有礼，微笑服务。

3. 接待与生活安排

大中型会议的接待工作是繁重的，专门的接待员要把与会人员引领到其住处安顿好，要快速掌握每一名与会人员的面貌特征、姓名、单位、职务及住房号码，以便为他们提供快捷服务，还要注意礼貌服务，让每一名与会人员都有宾至如归的轻松感觉。

4. 会场服务

大中型会议设有专门的会场服务人员。服务人员佩戴好工作标识，穿上软底鞋，在各自岗位上时刻准备着，主要任务是管好音响设备，做好会议记录，供应茶水，做好保安工作等。服务过程中一定要轻，尽量不要弄出声响，不要攀谈，凭借自己的观察能力为与会人员提供急需的服务。

5. 调派车辆

在会议即将结束时，抓紧时间调派车辆，准备欢送与会人员离席。会议一共需要多少车，自备的有多少，需调派的有多少，安排直接送回的该调派多少，送到车站、机场的该调配多少……这些问题都要了解清楚。力争做到会议结束后，与会人员都能尽快乘车返回。

6. 会后工作

对给予帮助的有关人士，及时发出感谢的信息，措辞要热情恳切。

会场是否有客人遗漏的物品，做好保管事宜，第一时间联系失主，及早送还。

组织专门人员取走会场剩余物品，向单位接待员或大会组织者汇报用品使用情况，做好会务决算，上报有关部门。

整理会议记录，完成会议总结材料，将材料报领导审批，将审批通过的会议纪要印发下去。

召开总结会，肯定成绩，找出问题，落实会议精神贯彻执行情况的检查、反馈工作。

### 三、宴请礼仪

宴请是在社交活动中，尤其是在商务场合中表示欢迎、庆贺、饯行、答谢，以增进友谊和融洽气氛的重要手段。宴请活动的形式多样，礼仪繁杂，掌握其礼仪规范是十分重要的。

#### （一）宴请的几种形式

国际上通用的宴请形式有宴会、招待会、工作餐等。通常根据活动目的、邀请对象以及经费开支等各种因素来选择宴请形式。

1. 宴会

宴会按其隆重程度、出席规格，可分为国宴、正式宴会、便宴、家宴。按举行时间，又可以分为早宴、午宴、晚宴。一般来说，晚宴较早宴和午宴更隆重。

（1）国宴　国宴是国家元首或政府首脑为国家庆典或为欢迎外国元首、政府首脑而举行的正式宴会，因而规格最高。国宴厅内悬挂国旗，安排乐队演奏国歌及席间乐，席间有致辞或祝酒。

（2）正式宴会　正式宴会通常是政府和团体等有关部门为欢迎应邀来访的宾客或者来访的宾客为答谢主人而举行的宴会。除不挂国旗、不奏国歌及出席规格不同外，其余安排大体与国宴相同。有时也安排乐队奏席间乐，宾主按身份排列就座。

（3）便宴　便宴是非正式宴会，常见的有午宴、晚宴，也有早宴。这类宴会不拘严格的礼仪，随便、亲切，可以排座位，不做正式讲话。多用于日常友好交往。

（4）家宴　在家中设宴招待客人，以示亲切友好，家宴往往由主人亲自下厨烹饪，家人共同招待。

2. 招待会

招待会是指各种不备正餐的灵活的宴请形式，备有食品、酒水饮料，通常不排席位，可以自由活动。常见的有冷餐会（自助餐）和酒会（茶会）等。

（1）冷餐会　冷餐会又称自助餐，基本是以冷食为主，也可以有热菜、菜肴、酒水和饮料连同餐具陈设在餐桌上，供客人自取，也可由服务员端送。冷餐会地点可以设在室内，也可置于露天的院子里、花园里。这种宴请形式的特点：一是不设固定席位，客人可以自由活动，边走边吃；二是便于接触交谈，广泛交往；三是可以容纳更多的来宾。

（2）酒会（茶会）　酒会（茶会）是一种简单的招待形式，举行的时间一般在下午四时左右（也有上午十时），以招待酒水（茶水）为主，略备小吃，厅内置小桌或茶几、座椅，不设座席。这种形式比较灵活，便于广泛接触交谈，多用于大型活动，如各种开幕、闭幕典礼；文艺、体育招待演出前后；等等。

3．工作餐

按用餐时间可分为工作早餐、工作午餐和工作晚餐。它是现代国际交往中经常采用的一种非正式宴请形式，利用进餐时间，边吃边谈问题。此类活动一般只请与工作有关的人员，往往排席位。如用长桌，其座位的排法与会谈座位安排相仿。

（二）宴会的组织

宴会对宾客而言是一种礼遇，必须按规定、按有关礼节礼仪的要求来组织。

1．确定宴会的目的与形式

宴会的目的一般很明确，如节庆日聚会、工作交流、贵宾来访等。根据目的，确定宴请形式，并决定邀请什么人、邀请多少人，并列出客人名单。宴请主宾身份应该对等。有些活动还要考虑政治因素、政治关系等。

2．确定宴会时间和地点

宴会的时间和地点，应当根据宴请的目的和主宾情况而定。一般来说，宴会时间不应与宾客工作、生活安排发生冲突，通常安排在晚上6点到8点。同时还应注意宴请日期要尽量避开对方的禁忌日，如欧美人忌讳"13"，日本人忌讳"4""9"等。宴请的地点，应依照交通、宴请规格、主宾喜好等情况而定。

3．邀请

当宴请对象、时间、地点确定后，应提前两周制作、分发请柬，以便被邀请的宾客有充分的时间对自己的行程进行安排。即使是便宴，也应提前用电话准确地通知。

4．确定宴会规格

宴会规格对礼仪效果的影响是十分明显的。宴会规格一般应考虑宴会出席者的最高身份、人数、目的、主人情况等因素。规格过低，会显得失礼；规格过高，则无必要。确定规格后，应与饭店（酒店、宾馆）共同拟订菜单。在拟订菜单时，应考虑宾客的口味、禁忌、健康等因素。对个别需要个别照顾的宾客，应尽早做好安排。

5．席位安排

宴请往往采用圆桌来布置菜肴、酒水。席位安排要注意桌次、位次。

（1）桌次　排列餐桌高低次序的原则是：主桌排定之后，其余桌次的高低以离主桌的远近而定，近者为高，远者为低；平行者以右桌为高，左桌为低。这里所讲的右与左，是由面对正门的位置来确定的，这种做法叫"面门定位"，如图9-6所示。

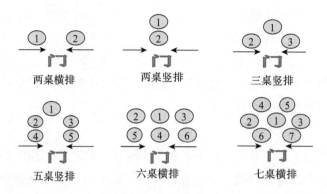

图 9-6 桌次排列

（2）位次　主人在主桌面对正门之位就座；多桌宴请时，每桌都要有一位主人的代表在座，位置一般和主桌主人同向，有时也可以面向主桌；各桌位次的尊卑，以距离该桌主人的远近而定，以近为上，以远为下；各桌与该桌主人距离相同的位次，讲究以右为尊。位次排列如图 9-7 所示。

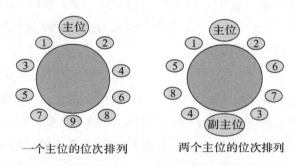

图 9-7 位次排列

6. 餐具的准备

宴请餐具十分重要，考究的餐具是对客人的尊重。依据宴会人数、酒类、菜品的道数准备足够的餐具，是宴会的基本礼仪之一。餐桌上的一切物品都应十分安全、卫生，桌布、餐巾都应浆洗干净并熨烫平整。玻璃杯、酒杯、筷子、刀叉、碗碟等餐具，在宴会之前都必须洗净消毒。

7. 宴请程序

迎客时，主人一般在门口迎接。主人陪同主宾进入宴会厅，全体宾客入席，宴会开始。若宴会规模较大，则可请主桌以外的客人先就座，贵宾后入座。若有正式讲话，一般安排在热菜之后、甜食之前由主人讲话，接着由主宾讲话，也可以刚入席时双方即讲话，冷餐会及酒会讲话时间则更灵活。用完果盘，主人和主宾起立，宴请即告结束。

西方日常宴请在女主人作为第一主人时，往往以她的行动为准。入席时，女主人先坐下，并招呼开始进餐。餐毕，女主人起立，邀请女宾与其一起离席。然后男宾起立，随后进入休息厅。男女宾客在休息厅会齐，即上茶或咖啡。主宾告辞时，主人把主宾送至门口。

### (三) 赴宴的礼仪

无论是作为组织的代表，还是以私人身份出席宴会，从入宴到告辞都应注重礼节规范。这既是个人素质与修养的表现，又是对主人的尊重。

**1. 认真准备**

接到邀请，无论能否出席都应尽早答复对方，以便主人做出安排。接受邀请后不要随意改动，万一遇到特殊情况不能出席时，尤其是在作为主宾时，要尽早向主人解释、道歉，甚至亲自登门表示歉意。应邀出席一项活动之前，要核实宴请活动举办的时间和地点、是否邀请配偶以及主人对服饰的要求等。

若参加家庭宴会，可给主人准备一些礼品，在宴会开始前送给主人。礼品价值不一定很高，但要有意义。

**2. 掌握时间**

出席宴请活动，抵达时间的早迟、逗留时间的长短，在一定程度上反映了对主人的尊重，因此应根据活动的性质和当地习俗掌握时间。迟到、早退、逗留时间过短或过长，都被视为失礼或有意冷落。

**3. 礼貌入座**

应邀出席宴会，应听从主人安排。进入宴会厅之前，先掌握自己的桌次和座位。入座时注意桌上座位卡是否写有自己的名字，不可随意入座。如邻座是长者或女士，应主动协助他（她）们先坐下。入座后坐姿要端正，不可用手托腮或将双臂肘放在桌上。坐时应把双脚踏在本人座位下，不可随意伸出，影响他人。不可玩弄桌上的酒杯、盘碗、刀叉、筷子等餐具，不要用餐巾擦拭餐具等。

**4. 注意交谈**

无论身份是主人、陪客或宾客，都应与同桌的人交谈，特别是左邻右座，不可只与几位熟人交谈，若不相识，可自我介绍。谈话要掌握时机，要视交谈对象而定谈话主题，不可只顾自己一人夸夸其谈，或谈些荒诞离奇的事而引人不悦。

**5. 文明进餐**

宴会开始时，一般是主人先致祝酒词，此时应停止谈话，注意倾听。致辞完毕，主人招呼后，即可开始进餐。

进餐时要注意举止文雅，取菜时不可一次盛太多，盘中食物吃完后可以再取。若遇本人不能吃或不爱吃的菜品，当服务员或主人夹菜时，不可打手势，不可拒绝，可取少量放入盘中，并表示"谢谢，够了"。对不合口味的菜，不要显出难堪的表情。如果需要协助主人给其他宾客布菜，则要用公用餐具，切忌用自己的餐具。

进餐中要微闭着嘴咀嚼，不可发出声响；食物过热时，可稍凉后再吃，切勿用嘴吹；鱼刺、骨头、菜渣等不可直接外吐，要用餐巾掩嘴，轻吐在手中或餐匙上，放在骨碟中；嘴里有食物时不可谈话；剔牙时，要用餐巾遮口；等等。

### 6. 学会祝酒

作为宾客参加宴请，应了解对方祝酒的习惯，如为何人何事祝酒等，以便做必要的准备。主人致辞时应停止进餐，停止交谈；主人敬酒时应起立举杯，碰杯时要注视对方，以示敬重友好。宴会上相互敬酒以营造热烈的气氛，但切忌饮酒过量，一般应控制在本人酒量的1/3以内，不可饮酒过量失言失态。若不能饮酒，可以礼貌地声明，但不可把杯子倒置。

### 7. 告辞致谢

正式宴会一般在果盘过后即宣告结束，此时，一般先由主人向宾客示意，然后宾客从座位上站起准备离席，西餐宴请一般以女主人的行动为准。告辞时应礼貌地向主人道谢。

一般不应提前退席。若确实有事需提前退席，应向主人打招呼后悄悄离去，也可事前打招呼到时离去，退席时要有礼貌。退席理由应当尽量不使主人难堪和心中不悦，从宴会结束到告辞前不可有任何不耐烦的表示。

对主人的致谢，除了在宴会结束告辞时表达谢意之外，若正式宴会，还可在宴会结束后2~3天内以印有"致谢"字样的名片或便函表示感谢。

## （四）吃西餐的礼仪

西餐是西方国家的一种宴请形式。由于受民族习俗的影响，西餐的餐具、摆台、酒水菜点、用餐方式、礼仪等都与中餐有较大差别。目前，由于我国对外交往活动不断增多，西餐也已成为我国宴请活动的一种方式。因此，了解西餐的一般常识和礼仪是十分重要的。

西餐的餐具多种多样。常见的西餐餐具有叉、刀、匙、杯、盘等。西餐宴会摆台如图9-8所示。

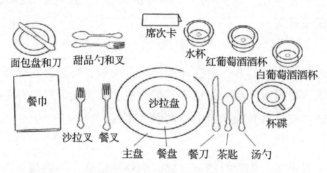

图9-8 西餐宴会摆台

吃西餐时，应注意掌握以下几个方面的礼仪：

### 1. 上菜顺序

西餐上菜的一般顺序是：①开胃前食；②汤；③鱼；④肉；⑤色拉；⑥甜点；⑦水果；⑧咖啡或茶等。

### 2. 餐巾的使用

（1）餐巾的铺放　西餐餐巾通常会折叠成一定的图案，放置在就餐者的水杯里，有时直接平放于就餐者的右侧桌面上或就餐者面前的垫盘上，形状有长方形和正方形之分。

餐巾应平铺在自己并拢的大腿上。如果是正方形的餐巾，应将它折成等腰三角形，直角朝向膝盖方向；如果是长方形餐巾，应将其对折，然后折口向外平铺在腿上。餐巾的打开、折放应尽量在桌下进行，不要影响他人。

（2）餐巾的用途　餐巾对服装有保洁作用，防止菜肴、汤汁落下；也可以用来揩拭口部，但不能用其擦脸、擦汗、擦餐具；还可以用来遮掩口部，在剔牙或吐出嘴中的东西时，可用餐巾遮掩，以免失态。

（3）餐巾的暗示作用　西餐以女主人为第一主人，当女主人铺开餐巾时，暗示用餐开始，当女主人把餐巾放到桌上时，暗示用餐结束。就餐者如果中途离开，一会还要回来继续用餐，可将餐巾放在本人所坐的椅面上；如果放在桌面上，就暗示用餐结束。

3．刀叉使用

吃西餐时，通常用左手持叉、右手持刀。用餐叉按住食物，用餐刀切割，然后用餐叉叉起食物送入口中，切不可用餐刀送食物入口。如果只使用餐叉，就可只用右手。使用刀叉时应避免发出碰撞声。用餐过程中，若想放下刀叉，应将刀叉呈"八"字形放在盘子上。用餐完毕，则应将刀叉并拢放在盘子上。

4．用餐礼节

当全体客人面前都上了菜，主人示意后开始用餐。

喝汤时使用汤匙，且不要发出声响。

面包要用手去取，用手撕着吃，不可用餐叉去取，也不可用餐刀去切。

吃色拉时只能使用餐叉。

吃水果不可整个咬着吃，应先切成小瓣，用叉取食。

用餐过程中，若需用手取食物，要在西餐桌上事先备好的水盂里洗手（沾湿双手拇指、食指和中指），切不可将水盂中的水当成饮用水喝掉。

若不慎将餐具掉在地上，则请服务员更换；若将油水或汤菜溅到邻座身上，应表示歉意，并请服务员协助处理。

【相关案例9－3】

### 老胡吃西餐

老胡的朋友带着洋媳妇回国后，请老胡一家到当地最好的五星级酒店吃西餐。老胡为在朋友面前显示自己也很讲究，就用桌上一块"很精致的布"仔细地擦了自己的刀叉，然后学着朋友的样子使用刀叉，既费劲又辛苦，但他觉得还算得体。用餐快结束了，喝惯了汤的老胡盛了几勺精致小碗里的"汤"放到自己碗里，然后喝下……

【启示】

该案例中老胡的正确做法：一是不用精致的布（餐巾）擦拭餐具；二是不喝精致小碗里的汤（洗手水）。随着我们对外交往越来越频繁，西餐离我们越来越近。享用西餐时，人们不仅讲究吃饱，而且讲究享受用餐的情趣和氛围，因此掌握一些西餐礼仪是有必要的。

## 四、电话礼仪

电话是人们开展社交活动不可缺少的工具,日常生活和工作交往都要利用电话与别人取得联系和交谈。通常,人们在使用电话时完全靠声音和使用电话时的习惯给人留下印象,要想拥有"带着微笑的声音"或者通过电话赢得信任,就必须掌握使用电话的礼节与技巧。

### (一)接打电话语言要求

1)态度礼貌友善。
2)传递信息简洁。
3)控制语速语调。
4)使用礼貌用语。

### (二)接电话注意事项

**1. 及时接听**

接电话首先应做到迅速及时,力争在铃响三声之内就拿起话筒,这是避免让打电话的人产生不良印象的一种礼貌。

**2. 积极反馈**

对方来电话,一般会主动介绍自己。如果没有介绍或者没有听清楚,应该主动询问:"请问您是哪位?我能为您做点什么?"如果对方找的人在旁边,告诉对方"请稍等"并马上转接。如果对方找的人不在,询问清楚是否要留言并认真记录。

**3. 讲究艺术**

接听电话时,应注意嘴和话筒保持适当的距离,耳朵贴近听筒,仔细倾听对方的讲话,及时反馈。通话结束,礼貌道别,应让对方先挂断电话,然后再轻轻把话筒放好。

**4. 做好记录**

对于需要转接的电话、对方要找的人不在等情况,需要注意的礼仪如下:

转接电话不仅是帮忙叫人和记录来电者姓名及电话号码,它实际是如何处理好自己与来电者、自己与要接电话者之间关系的重要表现,因此转接电话需要职业性处理。一方面要清楚有效地把电话转接出去,另一方面不能给来电者留下不良印象,也不能给要接电话者带来麻烦。例如,转接到了一个敏感人物的电话,这时候千万不要捕风捉影,不要去转告第三人"谁给谁来电话了",更不能在旁边偷听对方的电话内容并随意传播。

对方要找的人不在时,要尽量做好电话记录工作。记录内容包括什么人、什么时间来电、大概要说什么事(如果对方不愿意则不必强问)、对方有什么要求(一看到字条马上回电话,还是晚上再打电话等)。在记录对方电话号码时,一定要重复,以免记错。切忌随便透露己方人员尤其是领导的私人电话,注意保护隐私。

【相关案例 9-4】

### 小道消息

办公室内，同事小军的手机响了，小敏无意间听到小军说："好，主任，我现在去您办公室。"小敏立即跑到同事那里："主任刚刚叫走小军，一定是他那天喝醉酒打人的事被主任知道了，估计得严厉处分呢。"一时间，单位里传遍了小军喝醉酒打人被主任狠批的信息。

【启示】
该案例告诉我们应懂得办公室礼仪及接电话原则：在办公室中不乱说话，不随便传播小道消息，更不能谈及同事或者领导的负面问题，即便"我只和你讲"，但很快所有人都会知道。遵守办公室礼仪，才会形成良好的人际关系，创造办公室的和谐氛围。

## （三）打电话注意事项

### 1. 时间适宜

打电话的时间应尽量避开上午 7 时前、晚上 10 时以后，还应避开晚饭时间。对于有午休习惯的人，也请不要在午休时打扰他。电话交谈所持续的时间也不宜过长，事情说清楚就可以了，一般以 3～5min 为宜。在办公室打电话时，要照顾其他电话的进、出，不可过久占线，更不可将办公室的电话或公用电话用作聊天的工具。

### 2. 有所准备

通话之前应该核对对方单位的电话号码、名称及接话人姓名。写出通话要点及询问要点，准备好在应答中使用的备忘纸和笔以及必要的资料和文件。预估对方的情况，决定通话时间。

### 3. 注意礼节

接通电话后，应主动友好地自报家门，不要让对方"猜一猜"，主动证实对方的身份，用语应规范。请受话人找人或代转时，应说"劳驾"或"麻烦您"等。

## 本章小结

本章主要围绕个人礼仪、社交礼仪的相关知识设置各节的知识目标，内容具体涵盖：公共关系礼仪原则、功能与作用；公共关系人员形象、社交会面及社交活动等礼仪。通过本章的学习，学生能够扎实地掌握礼仪的相关常识并能够熟练地加以运用。完成本章学习后，学生可以运用礼仪的基本知识和规范开启社交大门，并为今后踏入社会、开展社交活动或从事相关工作奠定良好的基础。

## 同步测试

### 一、单选题

1. 公共关系人员化妆必须坚持三原则，即美化原则、自然原则和（　　）。
   A. 个性原则　　　B. 突出原则　　　C. 从众原则　　　D. 协调原则

2. 公共关系人员着装注意事项包括注意协调、注意色彩、注意（　　）。
   A. 场合　　　　　B. 个性　　　　　C. 自然　　　　　D. 从众

3. 服饰搭配中，使用首饰的数量应以少为佳，若有意同时佩戴多种饰品，数量不要超过（　　）。
   A. 2 种　　　　　B. 3 种　　　　　C. 4 种　　　　　D. 5 种

4. 在称呼中，如政治信仰、理想、爱好等相同者，都可称为（　　）。
   A. 先生　　　　　B. 师傅　　　　　C. 老师　　　　　D. 同志

5. 握手的时间应根据与对方的亲密程度而定。一般情况下，初次见面握手时间不宜过长，以（　　）为宜。
   A. 5s　　　　　　B. 4s　　　　　　C. 3s　　　　　　D. 2s

6. 在社交中，介绍应掌握一定的规则。以下说法正确的是（　　）。
   A. 先将女士介绍给男士　　　　　　B. 先将年长者介绍给年轻者
   C. 先将已婚女子介绍给未婚女子　　D. 先将职位低者介绍给职位高者

7. 在商务接待活动中，如果主人亲自陪同主宾乘车，那主宾应坐的位置是（　　）。
   A. 副驾驶座　　　B. 后排左座　　　C. 后排右座　　　D. 后排中座

8. 在宴请中，不设固定席位，客人可以自由活动，边走边吃，广泛交往。这种宴请形式属于（　　）。
   A. 国宴　　　　　B. 正式宴会　　　C. 家宴　　　　　D. 招待会

9. 在涉外宴请日期的安排上应注意避开对方的禁忌，宴请欧美客人要避开（　　）。
   A. 13 日　　　　 B. 14 日　　　　 C. 15 日　　　　 D. 16 日

10. 在吃西餐的礼仪中，如果用餐完毕，应将刀叉（　　）。
    A. 交叉放在盘子上　　　　　　　　B. 并拢放在盘子上
    C. 并拢放在餐盘旁　　　　　　　　D. 放在餐巾上

### 二、简答题

1. 公共关系礼仪的原则是什么？
2. 公共关系礼仪的功能有哪些？
3. 社交场合递送名片讲究哪些礼仪？
4. 赴宴的礼仪有哪些？

## 三、案例分析题

F公司新建的办公大楼需要添置一系列办公家具，价值数百万元。公司的徐总经理决定向A公司购买这批办公用具，并与A公司销售部负责人孙经理约好了时间，计划在双方约谈后就定下这笔生意。孙经理听说F公司要在近期内落成一批员工宿舍，希望宿舍所需设备也能向自己公司购买，因此，在约定当日孙经理比预定的时间提前1h到达徐总办公室。

为了谈妥这件事，孙经理特意带来了一大堆资料，摆满了台面。徐总没料到对方会提前到来，刚好手边有急事需要处理，匆匆握手互递名片后便请孙经理稍作休息。孙经理等了20min，就开始不耐烦了，一边收拾资料一边说："我还是改天再来拜访吧。"这时，徐总正好返回，发现对方在收拾资料准备离开时将自己刚才递上的名片不小心掉在了地上，对方却并没发觉，走时还无意从名片上踩了过去……

问题：
1. 请指出A公司孙经理在拜访过程中存在的问题。
2. 请你谈谈拜访应注意的礼仪规范。

## 四、实训题

学生六人为一个小组，以小组为单位完成模拟情景礼仪训练内容，每位学生轮流扮演某角色。

[实训目的] 通过从个人仪容服饰仪态入手到见面礼节再到社交活动的实训演练，使学生熟练掌握公共关系礼仪的相关知识，使他们能熟练运用规范。

[实训要求] 该任务在教师指导下完成，教师需指定任务指导书以规范学生行动，并对任务实施进行全程指导和监控。案例中要包含个人仪表礼仪、称呼介绍握手礼仪、名片递交礼仪、各种社交活动方面的礼仪。

[实训成果] 教师根据以下标准给予学生评价：①能够准时完成；②实训项目包含指导书里面的全部内容；③实训内容丰富，能够进行礼仪文化的熏陶和渗透。

# 参考文献

[1] 张践. 公共关系学 [M]. 3版. 北京：中国人民大学出版社，2017.
[2] 殷娟娟. 公共关系学教程 [M]. 北京：中国人民大学出版社，2017.
[3] 吴少华. 公共关系理论与实务 [M]. 北京：人民邮电出版社，2015.
[4] 任正臣. 公共关系学 [M]. 2版. 北京：北京大学出版社，2016.
[5] 蒋楠. 公关策划学原理 [M]. 2版. 北京：科学出版社，2017.
[6] 司孟月. 公共关系学 [M]. 北京：中国财政经济出版社，2016.
[7] 蔡国栋. 互联网时代的公共关系 [M]. 北京：红旗出版社，2016.
[8] 杨加陆. 公共关系学 [M]. 上海：复旦大学出版社，2016.
[9] 周安华. 公共关系：理论、实务与技巧 [M]. 5版. 北京：中国人民大学出版社，2016.
[10] 朱权. 公共关系基础与实务 [M]. 3版. 北京：机械工业出版社，2016.
[11] 李兴国. 公共关系学 [M]. 2版. 北京：中国人民大学出版社，2015.
[12] 秦勇，庞仙君. 现代公共关系学 [M]. 北京：北京交通大学出版社，2014.
[13] 乜瑛. 公共关系学 [M]. 3版. 杭州：浙江大学出版社，2017.
[14] 牛海鹏. 公共关系 [M]. 北京：中国人民大学出版社，2011.
[15] 丁光梅. 媒体公共关系研究 [M]. 北京：经济管理出版社，2013.
[16] 吴开松. 公共关系学 [M]. 上海：上海财经大学出版社，2015.
[17] 张克非. 公共关系学 [M]. 3版. 北京：高等教育出版社，2014.
[18] 何修猛. 现代公共关系学 [M]. 3版. 上海：复旦大学出版社，2015.
[19] 张云. 公关心理学 [M]. 4版. 上海：复旦大学出版社，2019.
[20] 李占才. 公共关系学概论 [M]. 上海：上海交通大学出版社，2005.
[21] 李道平. 公共关系学 [M]. 4版. 北京：经济科学出版社，2011.
[22] 居延安. 公共关系学 [M]. 5版. 上海：复旦大学出版社，2013.
[23] 张岩松. 现代公共关系学 [M]. 3版. 北京：经济管理出版社，2014.
[24] 寇玉琴. 战略公关：理论、方法与例证 [M]. 上海：上海交通大学出版社，2012.
[25] 李亚子，乔雅洁. 现代公共关系理论与实务 [M]. 西安：西安电子科技大学出版社，2014.
[26] 潘彦维，杨军. 公共关系 [M]. 北京：北京师范大学出版社，2011.
[27] 黄忠怀. 公共关系学 [M]. 上海：华东理工大学出版社，2011.
[28] 李萍，路世云. 公共关系 [M]. 北京：中国水利水电出版社，2011.